公路工程施工与项目管理

李海贤　杨兴志　赵永钢　主编

吉林科学技术出版社

图书在版编目（CIP）数据

公路工程施工与项目管理 / 李海贤，杨兴志，赵永钢主编． -- 长春：吉林科学技术出版社，2021.6

ISBN 978-7-5578-8363-8

Ⅰ．①公… Ⅱ．①李… ②杨… ③赵… Ⅲ．①道路工程 Ⅳ．①U415

中国版本图书馆 CIP 数据核字 (2021) 第 127466 号

公路工程施工与项目管理

主　　编	李海贤　杨兴志　赵永钢
出 版 人	宛　霞
责任编辑	汪雪君
封面设计	薛一婷
制　　版	长春美印图文设计有限公司
幅面尺寸	185mm×260mm
开　　本	16
字　　数	350 千字
印　　张	15.75
印　　数	1-1500 册
版　　次	2021 年 6 月第 1 版
印　　次	2022 年 1 月第 2 次印刷
出　　版	吉林科学技术出版社
发　　行	吉林科学技术出版社
地　　址	长春净月区福祉大路 5788 号
邮　　编	130118

发行部电话 / 传真　0431—81629529　　81629530　　81629531
　　　　　　　　　　　 81629532　　81629533　　81629534

储运部电话　0431—86059116

编辑部电话　0431—81629518

印　　刷	保定市铭泰达印刷有限公司
书　　号	ISBN 978-7-5578-8363-8
定　　价	65.00 元

前　言

公路工程建设产品复杂多样，施工中需要投入大量人力、财力、物力、机具等，同时，需要根据施工对象的特点和规模、地质水文气候条件、图纸、合同及机械材料供应情况等，充分做好施工准备、施工技术工艺、施工方法方案等，以确保技术经济效果，避免出现事故，这就对工程建设施工管理技术人员提出了较高的要求。

公路工程施工项目属于一次性工程，其特点是规模大、变动因素多、施工单位流动性强、行业竞争激烈，这些特性既要求必须加大项目的管理工作，使公路施工企业按照项目管理要求设置施工组织机构，组建施工队伍，对工程项目实施过程组织，又要保证工程进度、质量、劳动、机械、材料、成本、安全、环境、资料、竣工验收等方面能相互协调，并得到很好的控制，以保证项目顺利完成。同时，新技术、新工艺、新设备、新材料的不断涌现，对公路工程人员的要求越来越高。公路工程基层施工组织中的技术人员的业务水平和管理能力的高低，已经成为公路工程建设项目能否有序、高效、高质量完成的关键。公路工程项目管理的实务在于注重实用性、可操作性，注重项目管理知识体系的完备性，力求将管理学基本原理、项目管理的基本理论与公路工程施工项目的特殊性相结合，读者通过对本书的阅读，能对公路工程施工项目管理的特殊性有较深入的认识，能形成较为系统、全面、整体优化的管理理念，能对公路工程施工项目管理中存在的问题找出较合理的解决措施。

目　录

第一章 施工技术的概述与施工准备

第一节 公路施工的组成与发展概况

一、公路的分级与组成

（一）公路的分级

1.公路分级

交通运输部颁布的《公路工程技术标准》将公路根据功能和适应的交通量分为五个等级，即高速公路、一级公路、二级公路、三级公路、四级公路。

（1）高速公路：专供汽车分向、分车道行驶，并应全部控制出入的多车道公路。

四车道高速公路应能适应将各种汽车折合成小客车的年平均日交通量25000~55000辆。

六车道高速公路应能适应将各种汽车折合成小客车的年平均日交通量45000~80000辆。

八车道高速公路应能适应将各种汽车折合成小客车的年平均日交通量60000~100000辆。

（2）一级公路：供汽车分向、分车道行驶，并可根据需要控制出入的多车道公路。

四车道一级公路应能适应将各种汽车折合成小客车的年平均日交通量15000~30000辆。

六车道一级公路应能适应将各种汽车折合成小客车的年平均日交通量25000~55000辆。

（3）二级公路：供汽车行驶的双车道公路。

二级公路应能适应将各种汽车折合成小客车的年平均日交通量5000~15000辆。

（4）三级公路：主要供汽车行驶的双车道公路。

三级公路应能适应将各种车辆折合成小客车的年平均日交通量2000~6000辆。

（5）四级公路：主要供汽车行驶的双车道或单车道公路。

双车道四级公路应能适应将各种车辆折合成小客车的年平均日交通量2000辆以下。

单车道四级公路应能适应将各种车辆折合成小客车的年平均日交通量400辆以下。

2.公路分类

公路按其在公路网的地位与作用分为以下五类。

（1）国道：在国家公路网中，具有全国性政治经济、国防意义，并经确定为国家干线的公路。

（2）省道：在省公路网中，具有全省性政治、经济、国防意义，并经确定为省级干线的公路。

（3）县道：具有全县性政治、经济意义，并经确定为县级的公路。

（4）乡道：主要为乡村生产、生活服务，并经确定为乡级的公路。

（5）专用公路：专为企业或其他单位提供运输服务的道路，如专门或主要为工矿、林区、油田、农场、军事要地等与外部连接的公路。

（二）公路的组成

1.路基工程

路基是按照道路的平面位置、纵面线形和一定的技术要求修筑的作为路面基础的岩土构造物。路基是路面的基础，又是公路的重要组成部分。按路基横断面形状的不同，通常可分为路堤、路堑和半填半挖路基三种形式。

2.路面工程

路面是在路基之上用各种筑路材料铺筑的供汽车行驶的层状构造物，其作用是保证汽车能全天候地在道路上安全、迅速、舒适、经济的运行。路面结构一般由面层、基层、底基层与垫层组成。

面层是直接承受车轮荷载反复作用和自然因素长期影响的结构层。按面层所用材料的不同，可划分为柔性路面、刚性路面和半刚性路面三种。作为柔性路面的典型代表，沥青路面可由一层到三层组成。三层式沥青路面的表面层应根据使用要求设置抗滑、耐磨、密实稳定的沥青层，中面层、下面层应根据公路等级、沥青层厚度、气候条件等选择适当的沥青结构层。

基层是设置在面层之下，并与面层一起将车轮荷载的反复作用传递到底基层、垫层土基，起主要承重作用的层次。基层可分为柔性基层（沥青稳定碎石、沥青贯入式、级配碎石、级配砾石等）半刚性基层（水泥稳定土或粒料、石灰或粉煤灰稳定土或粒料等）、刚性基层（碾压式水泥混凝土、贫混凝土等）、混合式基层（上部使用柔性基层、下部使用半刚性基层）等。对于高速公路、一级公路，应采用水泥稳定粒料、石灰粉煤灰稳定粒料、沥青碎石以及级配碎砾石等材料铺筑。高速公路、一级公路的底基层和二级及二级以下公路基层和底基层，除上述类型材料外，也可采用水泥稳定土石灰稳定土、石灰粉煤灰稳定土、石灰工业废渣、填隙碎石等或其他适宜的当地材料铺筑。

　　垫层是设置在底基层与土基之间的结构层，起排水、隔水、防冻、防污等作用。各级公路当需要设置垫层时，一般可采用水稳性好的粗粒料或各种稳定性材料铺筑。

　　3.桥涵工程

　　桥梁是为道路跨越河流山谷或人工障碍物而建造的构造物；涵洞是为宣泄地面水流而设置的横穿公路的小型排水构造物。

　　（1）按桥梁总长和跨径的不同分类：特大桥、大桥、中桥、小桥和涵洞。交通运输部颁布的《公路桥涵设计通用规范》给出了桥涵的分类。

　　（2）按桥梁受力体系分类：可分作梁式桥、拱式桥、刚架桥、吊桥四种基本体系，其中梁式桥以受弯为主，拱式桥以受压为主，吊桥以受拉为主。另外，由上述四大基本体系的相互组合，又派生出在受力上具有组合特征的组合体系桥型，如目前在我国广为流行的斜拉桥等。

　　4.隧道

　　隧道是为公路从地层内部或水下通过而修建的结构物。当公路需要翻越高山或穿过深水层时，为了改善平纵线形和缩短路线长度，经过技术、经济比选，可选用隧道方式。

　　5.排水及防护工程

　　排水工程是为了排除地表水及地下水而设置的排水构造物。除桥涵外，还有边沟截水沟、急流槽、盲沟、渗井和渡槽等路基排水构造物和路面排水构造物组成的道路排水系统。防护工程是为了加固路基边坡、确保路基稳定的结构物，如在路基边坡修建的填石边坡、砌石边坡、挡土墙护脚和护面墙等构造物。

　　6.交通工程设施

　　交通工程设施是针对高等级公路行车速度快、通过能大、交通事故少、服务水平高的特点设置的，它包括安全设施、管理设施、服务设施、收费设施、供电设施、环保设施等。

　　（1）安全设施：整个交通工程系统的最基本的部分，主要有标志、标线、视线诱导标、护栏、隔离栅、防眩设施和照明设施等。

　　（2）管理设施：控制、监视、通信数据采集与处理设施。

　　（3）服务设施：服务区、加油站、公共汽车停靠站等。

　　（4）收费设施：收费站等。

　　（5）供电设施：这是为了使整个交通工程系统正常运行而设置的配套设施。

　　（6）环保设施：为减少公路交通环境污染而设计的声屏障、减噪路面、绿化工程及公路景观（自然景观及人文景观）。

二、公路施工的发展概况

（一）我国公路施工技术发展回顾

我国在公路施工技术上有着悠久的历史，据史料考证，早在公元前 2000 年，我国已修建有可供行驶牛车、马车的道路。在西周时期道路建设已粗具规模，唐代是我国古代道路发展的鼎盛时期，形成了以城市为中心的四通八达的道路网，其间在道路结构、施工方法等方面作了许多创新。到了清代，对道路进行了功能分级，分为官马大路、大路、小路三个等级。其中仅官马大路已达 2 000 km 以上。

20 世纪初，在第一辆汽车进入我国后，通行汽车的公路就随之诞生了，1908 年建成了我国历史上的第一条公路，即广西的龙州至那堪公路。到新中国成立前，我国近代道路发展缓慢，并且屡遭破坏，40 多年间修建的公路不足 80 000 km，其中铺有高级、次高级路面的还不到 350 km。在这一时期，就施工技术而言，修建的多为天然泥土路、泥石路或泥结碎石路；就施工手段而言，主要是人工挑拾、石碾压实。虽然那时也引进了一些筑路机械，但由于配件和燃料供应困难，机械的利用率很低。到新中国成立初期，全国仅有推土机 200 余台，压路机还不足百台，拌和机刚过百台。

新中国成立以后，随着我国公路建设事业的蓬勃发展，公路施工技术水平也相应地得到了较快地提高。新中国成立后不久，全国从上到下成立了各级公路施工专业队伍，并颁布了相应的公路技术规范或规则，使公路施工及管理迅速走上了正轨。20 世纪 50 年代，由专业施工队伍负责承担施工任务的康藏公路、海南岛公路、成都至阿坝公路等 10 余条重点公路工程相继竣工。结合这些公路自然条件复杂、工程艰巨、工期要求短等特点，在施工中探索、创造了土石方大爆破施工、泥结碎石路面施工和泥结碎石路面加铺级配磨耗层和保护层施工、软土等特殊地基的处理等一系列的公路施工技术，使我国的公路施工技术水平有了一个整体上的提高。20 世纪 60~80 年代，是我国公路发展的普及阶段，这个时期共修建公路 800 000 km。其中，高级、次高级路面（主要是渣油路面）达 100 000 km。这些公路以三级、四级公路和等外路为主，基本上是采取发动群众和以手工操作方式为主进行施工的。因此，施工机械的发展和推广应用比较缓慢。

1988 年是我国公路交通史上不平凡的一年，随着沪嘉高速公路于 1988 年 10 月 31 日的建成通车，结束了我国大陆没有高速公路的历史，这是我国公路建设迈入现代化的新起点。自 20 世纪 80 年代开始建设高速公路以来，我国高速公路的建设快速发展。1999 年底，我国高速公路通车总里程突破 10 000 km，位列世界第四；2001 年底达到 19 000 km，已跃居世界第二；至 2008 年底，我国高速公路的通车总里程实现了 60 300 km，直逼高速公路世界第一的美国；至 2015 年底达到 120 000 km。按照我国公布的高速公路网发展规划，到 2020 年基本建成国家高速公路网，届时我国高速公路通车总里程将达 350 000 km。

为适应高等级公路高标准和高质量的要求，我国公路施工技术也获得了前所未有的发展。这些发展与变化主要体现在以下几个方面。

1.制定或修订公路工程技术规范，建立起了一整套符合我国国情的公路施工控制、检测及验收标准。

2.机械化施工水平大大提高，各种先进的筑路机械广泛应用于公路工程的施工。全国各地组建了一批设备先进、种类齐全的公路机械化施工队伍，公路施工实现了由手工操作逐步向机械作业方式的转变。到目前，全国公路施工部门已拥有一大批国产和进口的技术先进、种类齐全、成龙配套的筑路机械、试验仪器和检测设备，大型筑路机械已达 30 余万台（套），固定资产原值已达 30 多亿元。

3.新技术、新工艺、新材料得到广泛应用，进而取得了巨大的社会经济效益。

4.施工的控制及检测手段日臻完善，从而有力地保证了工程质量，加快了施工进度。

（二）公路施工技术的发展趋势

随着世界各国技术经济的进步、交通事业的发展和人们物质文化要求的提高，对公路建设也提出了更高的要求，这主要表现为：一是对公路功能的要求越来越高，如通行能力、承载能力及行车的安全性与舒适性等；二是对公路整体线形、路容路况的要求越来越高，特别是山区公路及旅游区道路，其路线与周围环境的协调性成为重要的评价指标；三是对公路环保的要求越来越高，如对行车污染和噪声的限制等；四是对公路的施工速度、施工质量和管理水平要求越来越高，在施工中将普遍采用自动化机械设备进行快速而且优质的作业。

针对上述要求，公路施工必将向着机械化、自动化、生物化学化、标准化和工厂化方向发展。

1.在公路施工方案的拟订和选择方面：将充分利用计算机及其他现代先进手段，综合考虑施工材料、机具、工期、造价等因素，进行方案比选与优化，以获取最大的社会经济效益。

2.在施工工艺方面：土石方爆破、稳定土、旧有沥青及水泥混凝土再生、工业废料筑路及水泥、沥青、土壤外加剂等的工艺水平将有突破性进展。

3.施工机械方面：将研究使用一条龙的单机配套机械进行流水作业和多功能的联合施工机械；为实现施工机械自动化，还将使用电子装置、自控装置和激光技术，对施工现场进行遥控监测。

4.在施工检测技术方面：将研究使用能自动连续量测动、静两种荷载作用下的路基、路面弯沉仪和曲率半径仪；研究使用冲击波、超声波测定强度和弹性模量；研究使用同位素方法测定密实度和厚度以及研究使用计算机自动连续量测路面抗滑性能和平整度的仪器的使用等。

5.在施工作业方面：将大量使用预制结构，使人工构造物的施工实现标准化和工厂化。

6.在特殊路基的处理方面：将充分应用生化技术，最大限度地利用当地材料。

7.各种环保和交通工程设施：如声屏墙、减噪路面及绿化工程等的施工技术将提高到一个新的水平。

8.施工技术的发展：施工技术的发展将更好地满足设计要求，设计与施工的结合将更加密切。

第二节　公路施工的方法与程序

一、公路施工的方法与特点

（一）施工的方法

高等级公路的施工方法主要有人工、简易机械化、机械化、水力机械化和爆破、水利机械化等。

1.人工施工法

人工施工法是使用手工工具进行公路施工的方法。这种施工方法效率低、劳动强度大，不仅要占用大量的劳动力，而且施工进度慢，工程质量也难以保证。但在山区低等级公路路基工程中，当机械无法进入施工现场或施工场地难以展开机械化作业时，就不可避免地要采用人工施工法。

2.简易机械化施工法

简易机械化施工法是以人力为主，配以简易机械的公路施工方法。与人工施工法相比较，能适当地减轻劳动强度，而且可以加快施工进度，提高施工质量。在我国目前的施工生产条件下，特别是山区一般公路建设中，仍是一种值得推广的施工方法。

3.机械化施工法

机械化施工法是使用配套机械，主机配以辅机，相互协调，共同形成主要工序的综合机械化作业的公路施工方法。机械化施工可以极大地提高劳动生产率，减轻劳动强度，显著地加快施工进度，提高工程质量，而且安全程度高，是加速公路工程建设和实现公路施工现代化的根本途径。

4.爆破施工法

爆破施工法是通过爆破震松岩石、硬土或冻土，开挖路堑或采集石料的施工方法。这种方法是道路施工，特别是山区公路施工不可或缺的重要施工方法。

5.水力机械化施工法

水力机械化施工法是利用水泵、水枪等水力机械，喷射出强力水流，冲散土层，并流运至指定地点沉积的施工方法。这种方法需要有充足的水源和电源，适于挖掘比较松散的土质和地下钻孔工程。施工方法的选择，应根据工程性质、工程数量、施工期限以及可能获得的人力和机械设备等条件综合考虑。为了适应我国公路建设标准高和速度快的要求，近年来许多施工单位都先后从国内外购置了大量现代化筑路机械与设备，在高等级公路施工中，基本实现了机械化或半机械化作业，迅速提高了施工质量和劳动效率，大大加快了公路工程建设的步伐。

（二）施工特点

作为一种特定的人工构造物，公路工程施工与工业生产比较，虽然公路施工同样是把一系列的资源投入产品（即工程）的生产过程，其生产上的阶段性和连续性，组织上的专门化和协作化也与之基本相符。但是，公路施工与一般工业生产和其他土建工程施工（如房屋建筑）仍有所不同。

1.公路工程属于线性工程

一般一条公路项目的建设路段少则几千米，多则数十千米、数百千米以上，路线跨越山川、河谷。路线所经路段难以完全避开不良地质地区，如滑坡、软基、冻土、高填深挖等路段；在地形复杂的地段，难以避免地要修建大桥、特大桥、隧道、挡墙等结构物。这就使公路项目建设看似简单，实际上却比一般土木工程项目复杂得多。由于公路路线所经路段地质特性的多变性，使公路路基施工复杂、多变性凸显，结构物的施工也因地质条件的不确定性，经常导致设计变更、工期延长，使进度控制、质量控制、投资控制的难度大大增加。

2.公路工程项目构成复杂

公路工程项目的单位工程包括：路基土石方工程、路面工程、桥梁工程、隧道工程、互通立交工程沿线设施及交通工程、绿化工程等。各单位工程中的作业内容差异很大，如桥梁工程，随不同的桥型，施工技术差异很大。这也决定了公路工程项目施工的技术复杂性和管理的综合性。

3.公路工程项目规模庞大

施工过程缓慢，工作面有限，决定了其较长的工期。高速公路的施工工期通常在2~5年，工期长意味着在工程建设中面临着更多的不确定因素，承担着更大的风险。

4.公路工程项目建设投资大

高速公路造价一般为2000万~4000万元/km，有时甚至更高。工程建设需要的巨大资金能否及时到位，是保障工程按期完工的前提。资金投入对于投资活动的成功与否关系重大，同时，在工程建设中要求有高质量的工程管理，以确保项目的工期投资和质量目标的实现。

二、公路施工的基本程序

施工程序是指施工单位从接受施工任务到工程竣工阶段必须遵守的工作程序，主要包括接受施工任务、签订工程承包合同、组织施工和竣工验收等。

（一）签订工程承包合同

1.接受施工任务的方式

施工企业接受任务的方式主要有三种。

（1）上级主管单位统一布置任务，安排计划下达。

（2）经主管部门同意，自行对外接受任务。

（3）参加招投标，中标而获得任务。

2.接受任务的要求

（1）查证核实工程项目是否列入国家计划。

（2）必须有批准的可行性研究、初步设计（或施工图设计）及工程概（预）算文件。

3.接受任务的方式

（1）签订工程承包合同，对工程接受加以肯定。

（2）施工承包合同的内容主要包括承包的依据方式：工程范围、工程质量、施工工期、工程造价、技术物资供应、拨款结算方式、奖惩条款等。

（二）施工准备工作

施工准备工作是为拟建工程的施工建立必要的技术和物质条件，统筹安排施工力量和现场。施工准备工作也是施工企业搞好目标管理，推行技术经济承包的依据。要编制好施工组织设计，以保证工程建设的顺利进行。其作用是发挥企业优势，合理资源供应，加快施工速度，提高工程质量，降低工程成本。

（三）组织施工

1.施工准备就绪后，向监理工程师提交开工报告，经同意即可开工。

2.按施工顺序和施工组织设计中所拟定的施工方法进行施工。

3.组织施工应具备的文件有：（1）设计文件。（2）施工规范和技术操作规程。（3）各种定额。（4）施工图预算。（5）施工组织设计。（6）公路工程质量检验评定标准和施工验收规范。

（四）竣工验收

1.所有建设项目和单位工程都已按设计文件内容建成。

2.以设计文件为依据，根据有关规定和评定质量等级进行工程验收。

第三节　施工的技术准备与组织准备

一、技术准备

（一）熟悉与审查设计文件并进行现场核对

组织有关人员学习设计文件，其目的是对设计文件、设计图及资料进行了解和研究，使施工人员明确设计者的设计意图和业主要求，熟悉设计图的细节，并对设计文件和设计图进行现场核对。其内容主要包括以下方面。

1.设计图是否齐全，规定是否明确，与说明有无矛盾。

2.路基平断面、纵断面、横断面，构造物总体布置和桥涵结构物形式等是否合理，相互之间是否有错误和矛盾。

3.主要标高、尺寸、位置有无错误。

4.设计文件所依据的水文、气象、土壤等资料是否准确、可靠、齐全。

5.核对路线中线、主要控制点、水准点、三角点、基线等是否准确无误。

6.路线或构造物与农田、水利、航道、公路铁路、电信、管线及其他建筑物的互相干扰情况及其解决办法是否恰当，干扰可否避免。

7.对地质不良地段采取的处理措施。

8.主要材料、劳动力、机械台班等计算（含运距）是否准确。

9.施工方法、料场分布、运输工具、道路条件等是否符合实际情况。

10.结构物工程数量计算是否有误。

11.工程预算以及采用的定额是否合理。如现场核对时发现设计不合理或有错误之处，应做好详细记录并拟定修改意见，待设计技术交底时提交。

（二）补充调查资料

进行现场补充调查是为编制实施性施工组织设计收集资料。调查的内容主要有以下几点。

1.工程地点的水文、地形、气候条件和地质情况。

2.自采加工料场、当地材料可供利用的房屋情况。

3.当地劳动力资源、工业加工能力、运输条件和运输工具情况。

4.施工场地的水源、电源以及生活物资供应情况。

5.当地风俗习惯等。

（三）设计交桩和设计技术交底

工程在正式施工之前，应由勘测设计单位向施工单位进行交桩和设计技术交底。交桩应在现场进行，设计单位将路线测设时所设置的导线控制点和水准点及其他重要点位的桩志逐一移交给施工单位。施工单位在接受这些控制点后，要采取必要措施妥善地加固与保护。

设计技术交底一般由建设单位主持，设计、监理和施工单位参加。交底时设计单位应说明工程的设计依据、设计意图，并对某些特殊结构、新材料、新技术以及施工中的难点和需注意的方面详细说明，提出设计要求。施工单位则将在研究设计文件中发现的问题及有关修改设计的意见提出，由设计单位对有关问题进行澄清和解释，对于合理的修改设计的意见，必要时可在统一认识的基础上，对所讨论的结果逐一记录，并形成会议纪要，由建设单位正式行文，参加单位共同会签，作为与设计文件同时使用的技术文件和指导施工的依据以及进行工程结算的依据。

（四）建立工地实验室

1.工地实验室的作用

公路工程施工过程中，必须进行各种材料试验，以便选用合适的材料及其材料性能参数，才能保证公路工程结构物的强度和耐久性，并有利于掌握各种材料的施工质量指标，保证结构物的施工质量。

随着公路技术等级的提高，相应的筑路材料试验任务增大，并要求试验结果具有更高的准确性和可靠性。高等级公路的线形更趋于平、直，使路基工程的高填深挖及经过不良地带的路段增加。由于高等级公路对路面的行车性能及耐久性能提出更高的要求，相应地要求路基更为稳定，路面材料应具有更高的力学性能、耐磨蚀性和气候稳定性等。公路工程事业的进步，一方面，促进了其施工技术水平的不断提高，同时也推动了公路工程新材料的研究应用，并且使材料性能试验及质量检验工作显得日益重要；另一方面，随着经济体制改革的深化，要求不断改善公路工程的投资效益，因而工程质量问题已从一般化的要求变成了衡量工程施工单位技术质量水平的标志。因此，从某种意义上说，一项工程的质量如何，已关系到该公路施工单位以后的业务前景。基于上述情况，加强质量管理和施工质量检验、建立并充分发挥工地实验室的作用，是施工单位必须做的一项十分重要的工作。

2.工地实验室的主要工作内容

工地实验室是为施工现场提供直接服务的实验室，主要任务是配合路基、路面施工，对工地使用的各种原材料加工材料及结构性材料的物理力学性能以及施工结构体的几何尺寸等进行检测。

3.工地实验室的人员及设施

工地实验室的试验检测人员必须是施工单位试验检测机构的正式人员。工地实验室负责人应由施工单位试验检测机构负责人授权从事试验检测工作 3 年以上，具有交通运输部试验检测工程师资格的人员担任；工地实验室部门负责人需具有省交通厅试验检测员及以上资格的人员担任；一般试验检测人员需具有省交通厅试验检测员及以上资格或交通系统试验检测培训证的人员担任。未取得交通系统试验检测资格或培训证的人员不得上岗。

施工单位试验检测人员数量按施工合同额进行配备，5000 万元以下的至少 4 人；5000 万元以上、1 亿元以下的至少 6 人；1 亿元以上 2 亿元以下的至少 8 人；2 亿元以上的至少 10 人。工地实验室在工程项目完工之前，不准对人员和设备进行更换和调离。确实需要更换和调离的，应取得项目建设单位的书面批准。工地实验室面积应达到 300m²，并按检测项目要求合理布局，满足工地试验要求；设备安置要合理，便于操作，并保持环境整洁卫生。

工地实验室应按照合同和工程实际需要配备合格的试验检测仪器设备。工地实验室试验检测仪器设备在使用前必须通过计量检定或校准。试验检测仪器设备应由专人负责日常保养、保管，做好使用记录、保养记录，主要试验检测仪器设备应建立设备档案，仪器设备的操作规程要张贴上墙。

（五）编制施工组织设计

施工组织设计是指工程项目在施工前，根据设计人员、业主和监理工程师的要求以及主客观条件，对工程项目施工的全过程所进行的一系列筹划和安排。公路施工组织设计是指导公路施工的基本技术经济文件，也是对施工实行科学管理的重要手段。编制施工组织设计的目的在于全面、合理有计划地组织施工，从而具体实现设计意图，按质、按量、按期完成施工任务。实践证明，一个工程如果施工组织设计编制得好，并能得到认真地执行，施工就可以有条不紊地进行，否则将会出现盲目施工的混乱局面，造成不必要的损失。

1.编制原则

（1）严格遵守合同签订的或上级下达的施工期限，保质、保量、按期完成施工任务。对工期较长的大型项目，可根据施工情况，分期分批进行安排。

（2）科学、合理地安排施工顺序：在保证质量的基础上，尽可能缩短工期，加快施工进度。

（3）采用先进的施工方法和施工技术，不断提高施工机械化、预制装配化程度，减轻劳动强度，提高劳动生产率。

（4）应用科学的计划方法确定最合理的施工组织方法，根据工程特点和工期要求，因地制宜地快速施工、平行作业。对于复杂的工程应通过网络计划确定最佳的施工组织方案。

（5）落实季节性施工的措施，科学安排施工计划，组织连续、均衡的施工。

（6）严格遵守施工规范、规程和制度，认真按照基本建设程序办事，根据批准的设计文件与工期要求安排进度。严格执行有关技术规范和规程，提出具体的质量、安全控制和管理措施，并在制度上加以保证，确保工程质量和作业安全。

2.编制施工组织设计的程序

施工组织设计需要遵守一定的程序，根据合同要求和施工现场的具体条件，按照施工的客观规律，协调和处理好各个影响因素的关系，用科学的方法进行编制。

3.施工组织设计的主要内容

（1）工程概述：包括简要说明工程项目、施工单位、业主、监理机构、设计单位、质检单位名称、合同开工日期和竣工日期、合同价；简要介绍项目的地理位置、地形地貌、水文、气候、交通运输、水电供应等情况；介绍施工组织机构设置及职能部门之间的关系；说明工程结构、规模、主要工程量；说明合同特殊要求等。

（2）施工技术方案：包括施工方法（特别是冬期和雨期以及技术复杂的特殊施工方法），施工程序（重点是施工顺序及工序之间的衔接），决定采用的新技术、新工艺、新材料和新设备，技术安全措施、质量保证措施等。

（3）施工进度计划：主要是对施工顺序、开始和结束时间、搭接关系进行综合安排，包括以实物工程量和投资额表示的工程的总进度计划和分年度计划以及所需用的工日数和机械台班数。

（4）施工总平面图布置：必须以平面布置图表示，并标明项目建设的位置、生产区、生活区、预制厂、材料场、爆破器材库等的位置。

（5）劳动力需要量和来源：包括总需要量和分工种、分年度的需要量在内。

（6）施工现场平面布置。

（7）施工机械、建筑材料，施工用水、用电的分年度需要量及供应方案。

（8）便道、防洪、排水和生产、生活用房屋等设施的建设及时间要求。

（9）施工准备工作进度表：包括各项准备工作的负责单位、完成时间及要求等。

施工组织设计用文、图、表三种形式表示，互相结合，互相补充。凡能用图表表示的，应尽量采用图表。因为图表便于"上墙"，能形象、准确、直观地说明问题，有利于指导现场施工。

4.施工组织设计的编制步骤

（1）施工方案的制定：编制施工组织设计首先遇到的问题就是选择和制定施工方案，如果这个问题得不到解决，施工组织设计乃至以后的施工工作就不可能进行。所以，施工方案的优劣，在很大程度上决定了施工组织设计质量的好坏和施工任务能否圆满完成。

施工方案是指对项目施工所作的总体设想和安排。施工方案应包括：施工方法和施工机具的选择，施工段划分，施工顺序，新工艺、新技术、新机具、新材料、新管理方法的使用，有关该工程的科学试验项目安排等。选择和制定施工方案，首先要考虑其是否可行，同时还要做到技术先进、经济合理、施工安全，应全面权衡，通盘考虑。施工方法是施工方案的核心内容，它对工程的实施具有决定性的作用。确定施工方法应突出重点，凡是采用新技术、新工艺和对本工程质量起关键作用的项目以及工人在操作上还不够熟练的项目，应详细而具体，不仅要拟定进行这一项目的操作过程和方法，而且要提出质量要求以及达到这些要求的技术措施，并要预见可能发生的问题，提出预防和解决这些问题的办法。对于一般性工程和常规施工方法则可适当简化，但要提出工程中的特殊要求。

确定施工方法，应考虑工程项目的特点，结合现场一切有关的自然条件和施工单位拥有的施工经验和设备，吸收国内外同类工程成功的施工方法和先进技术，以达到施工快速、经济和优质的目的。

（2）施工进度计划的编制：施工进度计划是对施工顺序、开始和结束时间、搭接关系进行综合安排。施工进度计划是施工组织设计中最重要的组成部分，它必须配合施工方案的选择进行安排，它又是劳动力组织、机具调配、材料供应以及施工场地布置的主要依据，一切施工组织工作都是围绕施工进度计划来进行的。

编制施工进度计划的目的是要确定各个项目的施工顺序，开竣工日期。一般以月为单位进行安排，从而据此计算人力、机具、材料等的分期（月）需要量，进行整个施工场地的布置和编制施工预算。

施工进度计划一般用图示法表现。进度计划的图形可以采用横道图、S形曲线、"香蕉"曲线、网络图等。通常采用横道图，它的形式简单、醒目，易绘制、易懂；还可以在施工过程中在同一图上描绘实际进度。与计划进度相比，当工程项目及工序比较简单，且它们之间的关系也不太复杂，其工序衔接及进度安排凭已有施工经验即可确定时，可以直接绘制横道图进度计划；当工程项目以及工序之间的相互关系比较复杂、各工序的衔接及进度安排有多种方案需进行比较时，则要用网络图求得最优先计划，再整理绘制成横道进度图。

（3）资源供应计划：资源供应计划包括劳动力供应计划、材料供应计划、施工机械和大型工具供应计划、预制品供应计划等，这些计划是根据施工进度计划编制的，是计划进度的保证性计划，是进行市场供应的依据。

（4）场外运输计划：将各种物资从产地或交货地点运到工地仓库、料场，称为场外运输。场外运输计划应解决的主要问题是正确选择运输方式及运输工具，以达到降低成本和加速工程进度的目的。

（六）施工现场规划和场地布置

1.施工现场规划和场地布置

施工现场和场地布置是施工组织设计的基本内容之一，它需要考虑的问题很多、很广泛，也很具体。它是一项实践性、综合性很强的工作，只有充分掌握了现场的地形、地物、熟悉了现场的周围环境和其他有关条件，并对本工程情况有了一个清楚与正确的认识之后，才能做到统筹规划，合理布局。

施工现场规划和场地布置情况应以场地平面布置图表示出来。在施工场地平面布置图内应表示出公路的平面位置、场地内需要修建的各项临时工程和露天料场、作业场的平面位置和占地面积以及场地内各种运输线路（包括由场外运送材料至工地的进出口线路）。

2.材料加工及机械修配场地的规划和布置

施工单位为满足本身的需要，有条件时应设置采石场、采砂场、混凝土构件预制场、金属加工厂、机械修配厂等。对于预制场，一般宜设在工地上，以减少构件的运输。对于砂石材料开采场，宜设在材料产地。如有两个或两个以上的产地可供选择时，选择的条件首先是材料品质要符合设计要求；其次是运输距离要近；最后是开采的难易程度、成材率的高低。预制场的选择要综合考虑，做出综合经济分析。对于材料加工场地，则设在原材料产地较为有利。

3.工地临时房屋的规划与布置

工地临时房屋主要包括施工人员居住用房、办公用房、食堂和其他生活福利设施用房以及实验室、动力站、工作棚和仓库等。这些临时房屋应建在施工期间不被占用、不被水淹、不受塌方影响的安全地带。现场办公用房应建在靠近工地，且受施工噪声影响小的地方；工人宿舍、文化生活用房，应避免设在低洼潮湿、有烟尘和有害健康的地方；此外，房屋之间还应按消防规定相互隔离，并配备灭火器。

4.工地仓库及料场布置

工地储存材料的设施，一般有露天料场、简易料棚和临时仓库等。易受大气侵蚀的材料，如水泥、铁件、工具、机械配件及容易散失的材料等，宜储存在临时仓库中，钢材、木材等宜设置简易料棚堆放；砂石、石灰等一般在露天料场中堆放。仓库、料棚、料场的位置，应选择在运输及进出料都方便，而且尽量靠近用料最集中、地形较平坦的地点。设置临时仓库、料棚时，应根据储存材料的特点，进出料的便利程度以及合理的储备定额，来计算需要的面积。面积过大会增加临时工程费用，过小可能满足不了储备需要及增加管理费用。

5.施工场内运输的规划

在工地范围内，从仓库、料场或预制场等地到施工点的料具、物资搬运，称为场内运输。场内运输方式应根据工地的地形、地物、材料在场内的运距、运量以及周围道路和环境等因素进行选择。如果材料供应运输与施工进度能密切配合，做到场外运输与场内运输一次完成，即由场外运来的材料直接运至施工使用地点，或场内外运输紧密衔接，材料运到场内后不存入仓库、料场，而由场内运输工具转运至使用地点，这是最经济的运输组织方法。这样可节省工地仓库、料场的面积，减少工地装卸费用。但这种场内外运输紧密结合的组织方法在工程实践中是很难做到的。大量的场内运输工作是不可避免的，必须做好施工场内运输规划。

（七）工地供电的规划

工地用电主要包括各种电动施工机械和设备的用电以及室内外照明的用电。公路工程施工离不开电，做好工地供电的组织计划，对保证施工的顺利进行有着重要的关系。工地用电应尽可能利用当地的电力供应，从当地电站、变电站或高压电网取得电能。在当地没有电源，或电力供应不能满足施工需要的情况下，则要在工地设置临时发电站。最好选用两个来源不同的电站供电，或配备小型临时发电装置，以免工作中偶然停电造成损失。同时，还要注意供电线路、电线截面、变电站的功率和数目等的配置，使它们可以互相调剂，不致因为线路发生局部故障而引起停电。

（八）工地供水的规划

公路工程施工离不开水，施工组织设计必须规划工地临时供水问题。确保工地用水和节省供水费用。

二、组织准备

施工企业通过投标方式获得工程施工任务后，应根据签订的施工合同的要求，迅速组建符合本工程实际的施工管理机构，组织施工队伍进场施工。同时，为保证工程按设计要求的质量、计划规定的进度和低于合同运价的成本，安全顺利地完成施工任务，还应针对施工管理工作复杂、困难多的特点，建立一整套完善的施工管理制度，采用科学的管理方法，切实有效地开展工作。

施工组织准备工作的主要任务是：组建施工项目经理部；选配强有力的施工领导班子和施工力量；强化施工队伍的技术培训。

（一）施工机构的组建和人员的配备

这里的施工机构是指为完成公路施工任务负责现场指挥、管理工作的组织机构。根据我国具体情况及以往的公路施工经验，施工机构一般由生产系统、职能部门和行政系统等组成。

（二）建立健全各项管理制度

1.施工计划管理制度

施工计划管理是施工管理工作的中心环节，其他管理工作都要围绕计划管理来开展。计划管理包括编制计划、实施计划、检查和调整计划等环节。由于公路施工受自然条件的影响大，其他客观情况的变化也难以准确预测，这就要求施工计划必须经过充分调查研究后制订，同时在执行过程中应随时检查，发现问题及时采取措施解决，必要时还应对计划进行调整修改，使之符合新的客观情况，保证计划的实现。

2.工程技术管理制度

工程技术管理是对施工技术进行一系列组织、指挥、调节和控制等活动的总称。其主要内容包括：施工工艺管理、工程质量管理施工技术措施计划、技术革新和技术改造安全生产技术措施、技术文件管理等。要搞好各项技术管理工作，关键是建立并严格执行各种技术管理制度，只有执行技术管理制度，才能很好地发挥技术管理作用，圆满地完成技术管理的任务。

3.工程成本管理制度

工程成本管理是施工企业为降低工程成本而进行的各项管理工作的总称。工程成本管理与其他管理工作有着密切的联系，施工企业总的技术水平和经营管理水平的高低，均能直接或间接地反映在成本这个指标上。工程成本的降低，表明施工企业在施工过程中活劳动（支付劳动者的报酬）和物化劳动（生产资料）的节约。活劳动的节约说明劳动生产率的提高，物化劳动的节约说明机械设备利用率的提高和建筑材料消耗率的降低。因此，建立成本管理制度，加强对工程成本的管理，不断降低工程造价，具有十分重要的意义。

4.施工安全管理制度

安全生产关系到人民群众生命和财产安全，关系到改革发展和社会稳定大局。加强施工安全劳动保护对公路工程的质量、成本和工期有重要意义，也是企业管理的一项基本原则。其基本任务是：正确贯彻执行"以人为本"的思想和"安全第一、预防为主、综合治理"的方针。建立安全施工责任制，加强安全检查，开展安全教育，在保证安全施工的条件下，创优质工程。

第四节　物资准备与施工现场准备

一、物资准备

物资准备是指施工中必需的劳动手段和施工对象的准备。它是根据各种物资需要量计划，分别落实货源、组织运输和安排储备，以保证连续施工的需要。准备工作主要内容包括以下内容。

1.建筑材料准备

首先根据工程量用预算的方法进行工、料、机分析，按批准的施工进度计划的使用要求、材料储备定额和消耗定额，分别按材料名称、规格、使用时间进行汇总，编制材料需要量计划，同时根据不同材料的供应情况，随时注意市场行情，及时组织货源，签订供货合同。主要包括：

（1）路基、路面工程所需的砂石料、石灰、水泥、工业废渣、沥青等材料的准备；

（2）沿线结构物所需的钢材、木材、砂石料和水泥等材料的准备。

2.施工机具设备的准备

根据采用的施工方案和施工进度计划，确定施工机械的类型、数量和进场时间，确定施工机具的供应方法和进场后的存放地点和方式，提出施工机具需要量计划，以便及时组织机械进场，保证工程的顺利进行。

3.周转材料准备

周转材料准备主要是指模板和架设工具。根据批准的施工进度计划和施工方案编制周转材料的需要计划，组织周转材料进场。

二、施工现场准备

（一）恢复定线测量

1.承包人应检查工程原测设的所有永久性标桩，并将遗失的标桩在接管工地14天之内通知监理工程师，然后根据监理工程师提供的工程测设资料和测量标志，在28天之内将复测结果提交监理工程师。上述测量标志经检查批准后，承包人应自费进行施工测量和补充测量，并经监理工程师批准之后，在工地正确放样。

2.通过复测对持有异议的原地面标高，承包人应向监理工程师提交一份列出有误标高和相应的修正标高表。在监理工程师确定正确标高之前，对有争议的标高的原有地面不得扰动。

3.在合同执行期间，承包人应将施工中所有的标桩，包括转角桩、曲线主点桩、桥涵结构物和隧道的起终点、控制点以及监理工程师认为对放样和检验有用的标桩等，进行加固保护，并对水准点、三角网点等树立易于识别的标志。承包人应对永久性测量标志进行保护，直至工程竣工验收后，完整地移交给监理工程师。

4.承包人应根据批准的格式向监理工程师提供全部的测量标记资料，所有测量标记应涂上油漆，其颜色要得到监理工程师的同意，易于辨别。所有标桩保护和迁移的费用均由承包人承担，因施工而引起的标桩变动所发生的费用业主将不予以支付。

5.承包人应按照上述测量标志资料自费完成全部恢复定线、施工测量设计和施工放样。承包人应对施工测量、设计和施工放样工作的质量负责到底。

6.各合同段衔接处的测量应在监理工程师的统一协调下由相邻两合同段的承包人共同进行，将测量结果协调统一在允许的误差范围内。

（二）建造临时设施

1.临时房屋设施

临时房屋设施包括行政办公用房、宿舍、文化福利用房及作业棚等。临时房屋设施的需要量根据职工与家属的总人数和房屋指标确定。临时房屋修建的一般要求是：布置要紧凑，充分利用非耕地，尽量利用施工现场或附近已有的建筑物。必须修建的临时房屋，应以经济、实用为原则，合理选择形式（如装拆式、移动式建筑）以便重复使用。

2.仓库

仓库是为存放施工所需要的各种物资器材而设的。按物资的性质和存放量要求，其形式可以是露天、敞棚、房屋或库房。仓库物资储存量应根据施工条件通过计算确定，一方面应保证工程施工的需要，有足够的储量；另一方面又不宜储存过多，以免增加库房面积，造成积压浪费。其储存量可按下式估算

$$P = \frac{\alpha k t'}{t}$$

式中：

P ——某物料储存量（t 或 m^3）；

α ——该工程或施工段该材料总需要量（t 或 m^3）；

t ——该工程或施工段内工作天数（d）；

k ——物料使用不均匀系数，可取 1.5~2.0；

t' ——物料储存天数（d）。

为了保证物料及时顺利地卸入库内和发放使用，仓库必须设计有足够的卸装长度。在保证安全的条件下，应设在交通方便的地方，并利用天然地形组织装卸工作。对于材料使用量很大的仓库，应尽量靠近使用地点。

3.临时交通便道

工程在正式施工前，必须解决好场内外的交通运输问题。

在工地布设临时交通便道时应遵循下列原则。

（1）临时交通道路以最短距离通往主体工程施工场所，并连接主干道路，使内外交通便利。

（2）充分利用原有道路，对不满足使用要求的原有道路，应在充分利用的基础上进行改建，节约投资和施工准备时间。

（3）在本工程的施工与现有的道路、桥涵发生冲突和干扰之处，承包人都要在本工程施工之前完成改道施工或修建临时道路。临时道路应满足现有交通量的要求，路面宽度应不小于现有道路的宽度，且应加铺沥青面层。

（4）利用现有的乡村道路作为临时道路时，应将该乡村道路进行修整、加宽、加固及设置必要的交通标志，并经监理工程师验收合格后方可通行。

（5）工程施工期间，应配备人员对临时道路进行养护，以保证临时道路和结构物的正常通行。

（6）尽量避开洼地和河流，不建或少建临时桥梁。

4.工地临时用电

施工现场用电，包括生产用电和生活用电。其中，生活用电主要是照明用电；生产用电包括各种生产设施用电、主体工程施工用电、其他临时设施用电。

第二章　路基工程施工技术

第一节　路基工程基本知识

一、路基的概念与分类

公路路基是路面的基础，是线形承重主体，承受着自身土体的自重和路面结构的重量，以及由路面传递下来的行车荷载。没有稳定坚固的路基，就不会有一个好的路面，松软的路基会产生不均匀下沉现象，造成路面开裂和不平整，进而影响行车的速度、安全、舒适和道路的畅通。

根据填挖情况的不同，路基可分为路堤、路堑和填挖结合路基三种类型。路堤是指全部用岩、土（或其他填料）填筑而成的路基；路堑是指全部开挖形成的路基；当天然地面横坡比较大，一侧开挖，另一侧填筑时，称为填挖结合路基，也称半堤半堑路基。

对于一级公路和高速公路，路基又可分为整体式断面路基和分离式断面路基两类。对于路堤来讲，按路基的填土高度不同，又可划分为：矮路基（小于 1.5 m）、高路基（大于 18 m）和一般路基（1.5~18 m）。按填料不同，又可分为土质路基、石质路基和土石混合路基。路基在结构上又分为：上路堤和下路堤、路床。路床是指路面底面以下 0~0.8 m 的路基部分，又可分为上路床和下路床。上路堤是指路面底面以下 0.8~1.5 m 的填方部分，下路堤是指上路堤以下的填方部分。

路堑按其开挖方式的不同，又可分为：全挖式路基、台口式路基和半山洞式路基。按其材质不同，路堑又可分为土质路堑和石质路堑。

二、路基施工的特点和基本要求

1.路基施工的主要特点

（1）土石方数量大，不同路段工程数量差别大：一般平原微丘区的二级公路每千米土石方数量在 10 000~22 000 m³，山岭重丘区更是数量巨大，不同路段的挖填方数量差别大。

（2）材质差别大：无论是填方路段还是挖方路段，路基工程都是宜土则土，宜石则石。土路基本身也有不同土质类型，如粉性土、砂性土、黏性土、黄土，还有须加固处理的软土等。石质路基材质有可能是石灰岩、沉积岩、变质岩或是火山岩，无论其风化程度如何，只要其强度满足要求，都可以用作路基填料。在同一道路的同一路段上，出现多种材质混合的可能性比较大。

（3）施工方法因地制宜：由于地形地貌、地质水文、气象、现有交通条件等诸多条件的制约，施工方法，宜挖则挖、宜爆则爆，多种多样，因地制宜。

（4）路基工程和桥梁、涵洞、防护工程、路面工程等在施工中相互干扰、相互影响，应认真组织，妥善安排。

（5）应注意环境和生态保护，防止取土、弃土和排水沟、边沟等影响农田水利和排灌系统。

2.车辆荷载对路基工程的基本要求

（1）具有足够的整体稳定性。

（2）具有足够的强度，也就是抵抗变形的能力。

（3）具有足够的水温稳定性，即在最不利的水温条件下，保持路基的强度仍能满足设计和行车荷载对路基的要求。

3.路基工程施工的基本要求

（1）路基工程施工应满足设计和使用要求，并把试验检测作为主要的监控手段来指导路基工程施工。

（2）路基施工宜移挖作填，即使用路堑段的挖方用作路堤填筑段的填方，减少占用土地并有利于环境保护，减少对自然景观的破坏，保持与地形地貌的协调。

（3）路基施工应严格按照规范要求来组织，特殊地区的路基施工采取相应的技术措施。

（4）石方挖方路基的施工，不宜采取大爆破的方法进行。必须使用时，需请有相应设计施工资质的单位，做出专门的设计，反复论证后，按大爆破的有关规定组织和实施。

三、路基填料

路基填筑工程量巨大，路基填料的选择一般采取因地制宜的原则，宜土则土，宜石则石。凡是具有规定强度且能被压实到规定密实度和能形成稳定路基的材料均为适用的填料。也就是说，无论是细粒土、粗粒土或是爆破之后的岩石或工业废渣，只要符合一定的技术要求，都可以用作路基填料。但在路基填料的选择上还要注意以下几点。

1.路基填方应优先考虑使用级配较好的砾类土、砂类土等粗集料做填料，填料的最大粒径应小于150 mm。

2.当采用细粒土做填料时，最为符合规定。

3.泥炭、淤泥、冻土、强膨胀土、有机土及易溶盐超过允许含量的土，不得直接用于填筑路基。液限大于50%，塑性指数大于26的土以及含水量超过规定的土，也不得直接用于路基填料。确需使用上述土或黄土填筑路基时，必须采取一定的改善措施，使其满足要求，并取得监理工程师批准。

4.钢渣、粉煤灰等可用做路基填料，其他工业废渣使用前应进行有害物质的检测，以免对土地和水源造成污染。

5.浸水路基应选用渗水性良好的材料填筑，如中等颗粒的砂砾、级配碎石等，不应直接采用粉质土填筑。如必须采用细砂、粉砂等易液化的材料做填料时，应考虑防止震动液化的技术措施。

6.桥梁台背应优先选用渗水性好的填料，在渗水材料缺乏的地区，可以使用石灰、水泥、粉煤灰等单独或综合处置的细粒土。

7.填石路基的石块最大粒径应小于厚度的2/3，路床顶面50 cm厚度内不得使用石块填筑。

四、路基施工期间的防水与排水

1.在路基工程施工期间，为防止工程或附近农田、建筑物及其他设施受冲刷淤积，应修建临时排水设施，以保持施工场地处于良好的排水状态。

2.临时性排水设施应与永久性排水设施相结合。施工场地流水不得排入农田、耕地或污染自然水源，也不应引起淤积、阻塞和冲刷。

3.施工时，无论挖方或填方，都应做到各施工层表面不积水。因此，各施工层应随时保持一定的泄水横坡或纵向排水通道。挖方路基顶面或填方基底含水率过大时，应采取措施降低其含水率。

4.临时排水设施及排水方案应报请监理检查验收。

五、路基基本施工方法

路基施工方法大致可分为以下几种。

1.人工施工。采用手工工具，如小推车、扁担挑、铁锹挖、人工填筑人工石夯夯实的施工方法。人工施工工效低、进度慢，古代和近代的道路基本使用这种方法施工。目前道路施工中，特别小的项目和施工机械无法进入的区域，如庭院人行小路、块石路面，也主要采取人工施工方法。

2.简易机械化施工。以人工为主、简易机械为辅的施工方式，采取人工战术，大兵团作战，仅在碾压、整形等环节使用机械作业。20世纪80年代以前，由于缺乏机械，我国道路施工和河道清淤多采取这种施工组织方式。

3.机械法施工。使用配套机械（个别工序辅以人工）相互协调，共同形成主要工序的综合机械化施工方法，目前高等级公路的施工都采用这种方法。

4.爆破法施工。主要适用于石质路堑和隧道施工。

5.水力机械法施工。使用水泵、水枪等水力机械喷射强力水流，冲散土层并流至指定地点沉积。这种方法对电力和水源要求高，且沉积时间长，难以控制工程质量，目前在公路施工中很少使用。

六、路基填方试验路段

对于一级以上公路，或使用新材料、新技术、新工艺、新设备的施工路段，施工单位在正式施工之前，应首先进行一定长度的试验路段，试验路段的施工方法与正式施工相同。进行试验路段的目的是：确定填方施工的松铺厚度，验证最佳含水量范围，确定碾压组合形式，确定最佳的机械配套和施工组织。路段试验应对所有的试验环节做好记录，包括：压实设备的类型，碾压组合方式，碾压速度和碾压遍数，含水量的大小及均匀程度，有无出现翻浆及处理办法，填料的松铺厚度及压实厚度，最后实测的压实度等。试验结果作为以后该种填筑材料施工控制的重要依据。

第二节　一般路基施工

一、土质路堤施工

（一）施工取土

1.路基填方取土，应根据设计要求，结合路基排水和当地土地规划、环境保护要求进行，不得任意挖取。

2.施工取土应不占或少占良田，尽量利用荒坡、荒地，取土深度应结合地下水等因素考虑，利于复耕。原地面耕植土应先集中存放，以利再用。

3.自行选定取土方案时，应符合下列技术要求。（1）地面横向坡度陡于1∶10时，取土坑应设在路堤上侧。（2）桥头两侧不宜设置取土坑。（3）取土坑与路基之间的距离，应满足路基边坡稳定的要求。取土坑与路基坡脚之间的护坡道应平整密实，表面设1%~2%向外倾斜的横坡。（4）取土坑兼作排水沟时，其底面宜高出附近水域的常水位或与永久排水系统及桥涵出水口的标高相适应，纵坡不宜小于0.2%，平坦地段不宜小于0.1%。（5）线外取土坑等与排水沟、鱼塘、水库等蓄水（排洪）设施连接时，应采取防冲刷、防污染的措施。

4.对取土造成的裸露面，应采取整治或防护措施。

（二）施工方法

路堤填筑是把填料用一定方式运送上堤进行铺平、碾压密实的过程。路堤填筑分为分层填筑法、竖向填筑法和混合填筑法三种方法。

1.分层填筑法

路堤填筑根据不同的土质，从原地面逐层填起并分层压实，每层填土的厚度可按压实机具的有效压实深度和压实度确定。分层填筑法又可分为水平分层填筑和纵向分层填筑两种。

（1）水平分层填筑：填筑时按照横断面全宽分成水平层次，逐层向上填筑，如原地面不平，应由最低处分层填起，每填一层，经过压实符合规定要求之后，再填上一层，依此循环进行直至达到设计高程。

（2）纵向分层填筑：此方法适用于用推土机从路堑取土填筑距离较短的路堤，依纵坡方向分层，逐层向上填筑，原地面纵坡大于12%的地段常采用此法。

2.竖向填筑法

竖向填筑是指从路基一端或两端同时按横断面的全部高度，逐步推进填筑。此方法适用于无法自下而上填筑的深谷、陡坡、断岩、泥沼等运土和机械无法进场的路堤。

竖向填筑因填土过厚不易压实，施工时要选用沉陷量较小，透水性较好及颗粒粒径均匀的砂石材料或附近开挖路堑的废石方，并一次填足路堤全宽度；选用振动式或夯击式压实机械；暂时不修建较高级的路面，容许短期内自然沉落。

3.混合填筑法

在路堤下层竖向填筑，上层水平分层填筑，使上部填土经分层压实获得需要的压实度。此方法适应于因地形限制或填筑堤身较高，不宜采用水平分层法和竖向填筑法自始至终进行填筑的情况。在深谷陡坡地段填筑路堤，尽量采用混合填筑法。施工时可以单机作业，也可多机作业，一般沿线路分段进行，每段距以20~40m为宜，多在地势平坦或两侧有可利用的山地土场的场合采用。

（三）施工要点

1.地基表层处理应符合下列规定。（1）二级及二级以上公路路堤基底的压实度应不小于90%；三级、四级公路应不小于85%。路基填土高度小于路面和路床总厚度时，基底应按设计要求处理。（2）原地面坑、洞、穴等，应在清除沉积物后，用合格填料分层回填、分层压实。（3）泉眼或露头地下水，应按设计要求，采取有效导排措施后方可填筑路堤。（4）地基为耕地、松散土、水稻田、湖塘、软土、高液限土等时，应按设计要求进行处理，局部软弱的部分也应采取有效的处理措施。（5）地下水位较高时，应按设计要求进行处理。（6）陡坡地段、土石混合地基、填挖界面、高填方地基等都应按设计要求进行处理。

2.路堤填筑应符合下列规定。（1）性质不同的填料，应水平分层、分段填筑，分层压实。同一水平层路基的全宽应采用同一种填料，不得混合填筑。每种填料的填筑层压实后的连续厚度不宜小于 500 mm。填筑路床顶最后一层时，压实后的厚度应不小于 100 mm。（2）潮湿或冻融敏感性小的填料应填筑在路基上层，强度较小的填料应填筑在下层。在有地下水的路段或临水路基范围内，宜填筑透水性好的填料。（3）在透水性不好的压实层上填筑透水性较好的填料前，应在其表面设 2%~4% 的双向横坡，并采取相应的防水措施。不得在由透水性较好的填料所填筑的路堤边坡上覆盖透水性不好的填料。（4）每种填料的松铺厚度应通过试验确定。每一填筑层压实后的宽度不得小于设计宽度。（5）路堤填筑时，应从最低处起分层填筑，逐层压实；当原地面纵坡大于 12% 或横坡陡于 1∶5 时，应按设计要求挖台阶，或设置坡度向内并大于 4%、宽度大于 2m 的台阶。（6）填方分几个作业段施工时，接头部位如不能交替填筑，则先填路段，按 1∶1 坡度分层留台阶。如能交替填筑，则应分层相互交替搭接，搭接长度不小于 2 m。

3.选择施工机械：应考虑工程特点、土石种类及数量、地形、填挖高度、运距、气候条件、工期等因素经济合理地确定。填方压实应配备专用碾压机具。

4.压实度检测应符合以下规定。（1）用灌砂法、灌水（水袋）法检测压实度时，取土样的底面位置为每一压实层底部；用环刀法试验时，环刀中部处于压实层厚的 1/2 深度；用核子仪试验时，应根据其类型，按说明书要求办理。（2）施工过程中，每一压实层均应检验压实度，检测频率为每 1000 m^2 至少检验 2 点，不足 1000 m^2 时检验 2 点，必要时可根据需要增加检验点。

二、填石路堤施工

（一）填料要求

路堤填料粒径应不大于 500 mm，并不宜超过层厚的 2/3，不均匀系数宜为 15~20。路床底面以下 400 mm 范围内，填料粒径应小于 150 mm；路床填料粒径应小于 100 mm。膨胀岩石、易溶性岩石不宜直接用于路堤填筑，强风化石料、崩解性岩石和盐化岩石不得直接用于路堤填筑。

（二）填筑方法

填石路堤的填筑施工方式有倾填（含抛填）和逐层填筑、分层压实两种。倾填又可分为石块从岩面爆破后直接散落在准备填筑的路堤内和用推土机将爆破后堆置在半路堑上的石块以及用自卸汽车从远处运来的爆破石块推入路堤两种情况。高速公路、一级公路和铺设高级路面的其他等级公路的填石路堤不宜采用倾填式施工，而应采用分层填筑、分层压实的方法。二级及二级以下且铺设低级路面的公路在陡峻山坡段施工特别困难或大量爆破以挖作填时，可采用倾填方式将石料填筑于路堤下部，但倾填路堤在路床底面下不小于1.0 m范围内仍应分层填筑压实。

采用分层填筑方式施工，又可分为机械作业和人工作业两种方法。机械施工分层填筑时，高速公路及一级公路分层松铺厚度一般为50 cm，其他公路为100 cm。施工中应安排好石料运行路线，专人指挥，按水平分层，先低后高、先两侧后中央卸料。由于每层填筑厚度较大，故摊铺平整工作必须采用大型推土机进行，个别不平处应配合人工用细石块、石屑找平，如果石块级配较差、粒径较大、填层较厚，石块间的空隙较大时，可于每层表面的空隙里扫入石渣、石屑、中砂、粗砂，再以压力水将砂冲入下部，反复数次，使空隙填满。人工摊铺、填筑填石路堤，当铺填粒径25 cm以上石料时，应先铺填大块石料，大面向下，小面向上，摆平放稳，再用小石块找平，石屑塞填，最后压实；铺填粒径25 cm以下石料时，可直接分层摊铺，分层碾压。

（三）施工要点

1.基层处理时：其承载力应满足设计要求；在非岩石地基上填筑填石路堤前，应按设计要求设过渡层。

2.路堤施工前：应先修筑试验路段，确定满足孔隙率标准的松铺厚度、压实机械型号及组合、压实速度及压实遍数、沉降差等参数。

3.路床施工前：应先修筑试验路段，确定能达到最大压实干密度的松铺厚度、压实机械型号及组合、压实速度及压实遍数沉降差等参数。

4.岩性相差较大的填料应分层或分段填筑：严禁将软质石料与硬质石料混合使用。

5.中硬、硬质石料填筑路堤时：应进行边坡码砌。码砌边坡的石料强度、尺寸及码砌厚度应符合设计要求。边坡码砌与路基填筑宜基本同步进行。

6.压实机械宜选用自重不小于18 t的振动压路机。

7.在填石路堤顶面与细粒土填土层之间应按设计要求设过渡层。

（四）质量检验

1.上路堤、下路堤的压实质量标准。

2.填石路堤施工过程中的每一压实层，可用试验路段确定的工艺流程和工艺参数，控制压实过程；用试验路段确定的沉降差指标检测压实质量。

3.填石路堤填筑至设计标高并整修完成后，其施工质量应符合规定。

4.填石路堤成形后的外观质量标准：路堤表面无明显孔洞；大粒径石料不松动，铁锹挖动困难；边坡码砌紧贴、密实，无明显孔洞、松动，砌块间承接面向内倾斜，坡面平顺。

三、土石路堤施工

土石路堤是指石料含量占总质量 30%~70% 的土石混合材料填筑的路堤。

（一）填料要求

1.膨胀岩石、易溶性岩石等：不宜直接用于路堤填筑，崩解性岩石和盐化岩石等不得直接用于路堤填筑。

2.天然土石混合填料中：中硬、硬质石料的最大粒径不得大于压实层厚的 2/3；石料最大粒径不得大于压实层厚。

（二）填筑方法

土石路堤不得采用倾填方法，只能采用分层填筑，分层压实。

当土石混合料中石料含量超过 70% 时，宜采用人工铺填，即先铺填大块石料，且大面向下，放置平衡，再铺小块石料、石渣或石屑嵌缝找平，然后碾压。当土石混合料中石料含量小于 70% 时，可用推土机将土石混合料铺填，每层铺填厚度应根据压实机械类型和规格确定，不宜超过 40 cm。用机械铺填时应注意避免硬质石块，特别是集中在一起的尺寸大的硬质石块。

（三）施工要点

1.在陡坡、斜坡地段，土石路堤靠山一侧应按设计要求做好排水和防渗处理。

2.压实机械宜选用自重不小于 18 t 的振动压路机。

3.施工前应根据土石混合材料的类别分别进行试验路段施工，确定能达到最大压实干密度的松铺厚度、压实机械型号及组合、压实速度及压实遍数、沉降差等参数。

4.碾压前应使大粒径石料均匀分散在填料中，石料间孔隙应填充小粒径石料、土和石渣。

5.压实后透水性差异大的土石混合材料，应分层或分段填筑，不宜纵向分幅填筑。如确需纵向分幅填筑，应将压实后渗水良好的土石混合材料填筑于路堤两侧。

6.土石混合材料来自不同料场，其岩性或土石比例相差较大时，宜分层或分段填筑。

7.填料由土石混合材料变化为其他填料时，土石混合材料最后一层的压实厚度应小于 300 mm，该层填料最大粒径宜小于 150 mm，压实后，该层表面应无孔洞。

8.中硬、硬质石料的土石路堤，应进行边坡码砌：码砌边坡的石料强度、尺寸及码砌厚度应符合设计要求。边坡码砌与路堤填筑宜基本同步进行。软质石料土石路堤的边坡按土质路堤边坡处理。

（四）质量检验

1.中硬、硬质石料土石路堤在施工过程中的每一次压实层，可用试验路段确定的工艺流程和工艺参数，控制压实过程；用试验路段确定的沉降差指标，检测压实质量。路基成形后质量应符合规定。

2.软质石料填筑的土石路堤应符合地基表层处理的规定。

3.土石路堤的外观质量标准包括路基表面无明显孔洞；大粒径填石无松动，铁锹挖动困难；中硬、硬质石料土石路基边坡码砌紧贴、密实，无明显孔洞、松动，砌块间承接面应向内倾斜，坡面平顺。

四、挖方路基施工

（一）土质路开挖

1.土方开挖方法路堑开挖施工，除需考虑当地的地形条件、采用的机具等因素外，还需考虑土层的分布及利用。在路堑开挖前，应做好现场伐树除根等清理工作和排水工作。如果移挖作填时，还应将表层土单独摒弃，或按不同的土层分层挖掘，以满足路堤填筑的要求。路堑的开挖方法根据路堑深度、纵向长短及现场施工条件，可采用横向挖掘法、纵向挖掘法和混合式挖掘法。

（1）纵向全宽掘进开挖（横挖法）：是在路线一端或两端，沿路线纵向向前开挖。单层掘进开挖，其高度即等于路堑设计深度，掘进时逐段成型向前推进，由相反方向运土送出。单层掘进的高度受到人工操作安全及机械操作有效因素的限制，如果施工紧迫，对于较深路堑，可采用双层纵向掘进开挖，上层在前，下层随后，下层施工面上留有上层操作的出土和排水通道。双层或多层开挖，增多了施工工作面，加快了施工进度，层高应视施工方便且能保证安全面定，一般为 1.5~2.0 m。

（2）横向通道掘进开挖（纵挖法）：是先在路堑纵向挖出通道，然后分段同时由横向掘进。此法工作面多，既可人工施工，亦可机械施工，也可分层纵向开挖，即将路堑分为宽度和深度都合适的纵向层次向前掘进开挖，可采用各式铲运机施工。在短距离及大坡度时，可用推土机施工，如较长、较宽的路堑，可用铲运机并配以运土机具进行施工。

（3）混合式掘进开挖：是横挖法和纵挖法的混合使用，即先顺路堑开挖通道，然后沿横向坡面挖掘，以增加开挖坡面，每一开挖坡面应能容纳一个施工组或一台开挖机械作业。在较大的挖土地段，还可沿横向再挖沟，配以传动设备或布置运土车辆。当路线纵向长度和深度都很大时，宜采用混合式开挖法。

2.土方开挖施工要点

（1）土方开挖应自上而下进行，不得乱挖超挖，严禁掏底开挖，土方应分类开挖分类使用，非适用材料应按设计要求或作为弃方按规定处理。开挖过程中，应采取措施保证边坡稳定。开挖至边坡线前，应预留一定宽度，预留的宽度应保证刷坡过程中设计边坡线外的土层不受到扰动。

（2）路基开挖中，基于实际情况，如需修改设计边坡坡度、截水沟和边沟的位置及尺寸等时，应及时按规定报批。边坡上稳定的孤石应保留。开挖至零填、路堑路床部分后，应尽快进行路床施工；如不能及时进行，宜在设计路床顶标高以上预留至少 300mm 厚的保护层。采取临时排水措施，确保施工作业面不积水。挖方路基路床顶面终止标高，应考虑因压实而产生的下沉量，其值通过试验确定。

（3）边沟与截水沟应从下游向上游开挖，截水沟通过地面坑凹处时，应将凹处填平夯实。边沟及截水沟开挖后，应及时进行防渗处理，不得渗漏、积水和冲刷边坡及路基。

（4）挖方路基施工遇到地下水时，应采取排导措施，将水引入路基排水系统，不得随意堵塞泉眼。路床土含水量高或为含水层时，应采取设置渗沟、换填、改良土质、土工织物处理措施，路床填料应具有良好的透水性能。

（二）石质路施工

1.石质路堑施工注意事项

采用松土法或破碎法施工应注意的事项与土质路堑开挖基本相同。当采用爆破施工时，应注意以下事项。

（1）爆破影响区内既有建筑物、管线的调查：一旦确定采用爆破法开挖岩石后，应查明爆破区内有无电力、电讯、供排水管道等地面、地下管线，既有建筑物的类型权属、年限等。若有还应明确其具体的平面位置、埋置深度、迁移可行性。此外，对开挖边线范围外的既有建筑物、各类管线距离权属也应充分调查，以便制定爆破方案，确保线外建筑物、管线的安全。

（2）报请当地公安等部门审批爆破方案：对大型、中型爆破，确定方案后，应分别报送当地公安局建筑物及管线的直接单位及主管部门、监理工程师审批。

（3）持证上岗：持证上岗是杜绝爆破伤亡事故的根本保证。凡从事爆破作业的施工人员均必须经过专业培训，取得爆破证书后才能上岗。必须一人一证，严禁一证多人使用。

（4）清渣工作：清渣应自上而下，将松动的、破碎的岩石撬落。不准掏"神仙渣"（即在下面往里掏成悬岩状，石渣在自重的作用下坍落），以免坍塌伤人。目前多用大功率推土机集石，装载机装车；或直接用斗容量 1.5~2.0 m³ 的正铲挖掘机装车。对特大的孤石，可采用钢钎炮二次爆破解小。

（5）安全：爆破施工安全包括爆破器材安全管理、施工操作安全及警戒线之内的其他人员、物资安全。爆破施工是一项危险作业，要求杜绝各种事故的发生，做到安全生产。

对爆破作业的每一道工序，都必须认真执行各有关爆破安全规程，有组织、有计划、有步骤地进行施工。为了避免事故，石方爆破作业以及爆破器材的管理、加工、运输检验和销毁等工程均应按国家现行的《爆破安全规程》执行。

爆破器材安全管理。所有爆破器材、雷管、炸药应在指定地点分开存放，相距不得小于 1 km，距离施工现场不得小于 3 km。存放仓库应保持良好的通风，设置避雷设施。库房周围设围墙，无关人员不得入内，严禁烟火。仓库应配备 24 小时全天候看守的警卫值勤人员，配备良好的、足够的防火设备。临时性爆破器材仓库禁止安装电灯照明，可用自然采光或安全手电筒。临时性爆破器材仓库的最大库存量：炸药 10 L，雷管 20000 发，导火索 10 000 m。库房内设单独的发放间，雷管和炸药分开存放，间距在 8 m 以上。爆破器材应有专人负责入库、发出，健全各种手续。在雷雨黑夜天气不得办理爆炸物品的收发工作。

施工操作安全。爆破施工环节，包括钻孔、导洞开挖，装药、堵塞、起爆，瞎炮处理等，这些环节都具有危险性。

钻孔和导洞开挖时，所有作业人员必须戴安全帽和必要的劳保用品。洞口和险道设置栏杆，并有足够的照明。洞内采用 12~36 V 的低压安全灯，严禁高压或明火照明。洞口开挖前应处理危石，以确保安全，否则采取支撑。导洞深度越过 6 m 时，应采取通风措施。经常检查洞内风量、气压和有害气体含量。装药、堵塞、起爆阶段，应注意以下几点：①炮孔、洞室完成后及时报验，合格后方可装药；②起爆药包只准在爆破附近的安全地点进行；③在炸药、雷管送达洞口前，将洞内所有电线取出，改用绝缘手电筒或蓄电池灯照明，严禁烟火；④装药、堵塞严格按设计要求操作，不准用块石压盖药包，并注意保护起爆线；⑤装药、堵塞后，由经过专职培训合格的爆破工连线；⑥爆破区边界和通道设岗哨和标志，爆破信号和解除信号要及时、显著；⑦爆破后应对爆破现场进行认真检查，发现瞎炮及时、安全处理。

（6）排水：节理发育的岩石，例如，石灰岩地区，地表水会沿裂缝缝隙往下渗入，一般不用设截水天沟。但在开挖区内应在纵向、横向形成坡面，确保工作面不积水。其他石质路堑视现场而定。

2.炮型的选择

公路工程爆破炮型种类繁多，分类方法也不尽相同。影响炮型选择的因素很多，包括石方的集中程度，路堑开挖深度，地质、地形条件，公路路基横断面形状及施工机械。其中施工机械往往是决定炮型选择的决定性因素。

按工作动力不同，凿岩机可分为风动凿岩机、液压凿岩机、电动凿岩机和内燃凿岩机。风动凿岩机采用压缩空气为动力，结构简单，质量轻，工作安全可靠，操作维修方便，适用于任何硬度的岩石。液压凿岩机是近年发展起来的一种新型凿岩机，具有单一动力，低消耗，实现一人多机操作，现场调整参数等优点。目前爆破大多采用这类凿岩机械。电动凿岩机、内燃凿岩机或因可靠性差，或因笨重实际没有前两种使用普遍。

3.公路工程特殊爆破技术

公路工程施工中比较常用的有光面爆破、预裂爆破、定向爆破、微差爆破、松动爆破等。下面就以上特殊爆破技术作简要介绍。

（1）光面爆破：是指在开挖界面的周边，适当排列一定间隔的炮孔，在有侧向临空面的情况下，用控制抵抗线和落量的方法使爆破后的坡面保持光滑、顺直、平整而不受明显破坏的爆破方法。光面爆破具有以下特点：①爆破后成型规整，路基断面符合设计轮廓，特别在松软岩层中更能显示出光面爆破的作用；②爆破后不产生或很少产生爆震裂隙，新岩面保持原有稳定性，岩体承载能力不致下降，因而可有效地保证施工安全，为快速施工创造有利条件；③新岩壁平整，通风阻力小，岩面上应力集中现象减少，在深部岩壁表面可以减少岩爆危害。

光面爆破属于控制爆破，其机理是沿开挖轮廓线布置间距减少的平行炮眼，在这些岩面炮眼中进行药量减少的不耦合装药（即采用间隔药包、间隔钻孔装药，通常是使炮孔直径大于药卷直径 1~2 倍），然后同时起爆，爆破时沿这些炮眼的中心联线破裂成平整的光面。光面爆破时由于采用不耦合装药，药包爆炸后，炮眼壁上的压力显著降低，此时药包的爆破作用为准静压作用，当炮孔压力值低于岩石抗压强度时，在炮眼壁上不至于造成"压碎"破坏，因此爆炸引起的应力和凿岩时在炮眼壁上造成的应力状态相似，只能引起少量的径向细微裂隙。裂隙数目及其长度随不耦合系数（一般为 1.1~3.0，其中 1.5~2.5 用得较多）和装药量不同而不同，一般地在药包直径一定时，不耦合系数值愈大，药量愈小，则细微裂隙数愈少而长度也愈短。光面炮眼同时起爆时，由于起爆器材的起爆时间误差，不可能在同一时刻爆炸，先起爆的药包的爆炸应力作用在炮眼周围产生细微径向裂隙，由于相邻炮眼的导向作用，结果沿相邻两炮眼中心联线的那条径向裂隙得到优先发育，在爆炸气体作用下，这条裂隙继续延伸和扩展，在相邻两炮眼的炮眼联线与眼壁相交处产生应力集中，此处拉应力值最大，该相邻两炮眼中爆炸气体的气楔作用将这些径向裂隙加以扩展，成为贯通裂隙，最后造成光面。

光面爆破施工的主要技术要点有以下几点。①选择要求工作空间较小的优良钻机，精确凿岩，控制炮眼底部的偏离，严格保持炮孔在同一平面内。②光面爆破应在主炮起爆之后，间隔时间在 25~50 m/s 范围内；同一排炮孔必须同时爆破，以免影响起爆质量，最好用传爆线起爆。③采用恰当的药包结构，并控制装药量。一般地，光面爆破装药量比正常减少 1/3~1/2，炮孔直径不大于 50 mm，且大于药卷直径 1~2 倍，或采用间隔药包、间隔钻孔装药。④边孔间距可通过计算确定，也可由工地试验决定，曲线边孔应加密到 0.2 m，采用小孔径，可间隔 1~2 孔装药。

（2）预裂爆破：是沿岩体设计开挖面与主孔之间布置一排预裂主炮孔，并使预裂炮孔超前主炮孔起爆（一般超前 50~150 m/s 起爆），从而沿设计开挖面将岩石拉断，形成贯通预裂，使爆破主体与山体分离形成隔震减震带，为全部爆破完成后岩石开挖面形成要求的轮廓的一种爆破方法。

预裂爆破是在没有侧向空面和最小抵抗线的情况下，按一定间距钻一排小孔距平行炮孔，孔内装入少量炸药，在开挖区主爆起爆之前，这些炮孔首先爆破，预裂出一条裂缝，预裂缝在一定范围减小主炮炮孔的爆破震动效应，使开挖界限以外的山体或建筑物免遭爆破震动的破坏，并且防止额外超爆，有效保护开挖边坡，减小破坏。预裂爆破是在光面爆破基础上发展起来的一项特殊爆破技术。

施工时，为了获得良好的预裂爆破效果除选择合理的爆破参数、起爆顺序和布孔方式外，更应精确掌握施工方法、操作要点，掌握好"孔深、方向和倾斜角度"三大要素，一般孔底的钻孔偏差不应大于 15 cm。对钻孔的质量应十分重视，符合设计要求。

（3）定向爆破：就是利用爆破的作用，将大量的岩石和土按照指定的方向搬移到一定的地点，并堆积成一定形状的填方。定向爆破的基本原理，就是炸药在岩石或土内部爆炸时，岩石和土是沿着最小抵抗线，即沿着从药包到临空面最短距离的方向而抛出去，因此，合理选择临空面并布置炮孔是定向爆破的一个重要问题。临空面可以利用自然的地形，也可以在爆破地点，用人工方法造成需要的孔穴或空向槽作为临空面，以便能够按照需要的方向，将爆破的岩石抛向指定的位置。

（4）深孔多排微差爆破：指前后或相邻炮孔内的药包以毫秒的时间间隔（一般为 15~75 m/s）依次起爆。微差爆破的特点是在装药量相等的条件下，可减震 1/3~2/3；前发药包为后发药包开创了临空面，从而可以扩大自由面，有利于应力的增加，增加岩块间的碰撞挤压作用，加强了岩石的破碎效果；降低各排孔一次爆破的堆积高度，有利于挖掘机作业；由于逐发或逐排依次爆破，减少了岩石挟制力，可节省近 20% 的炸药量，并可增大孔距，提高每钻孔炸落方量。

使用光面爆破的地质条件：①岩体稳定性好，坡顶上部无倾向路基的堆积覆盖层；②有多向临空面；③岩体的结构面层理、产状与路线平行；④岩体构造无软弱结构面、不整合面、软弱夹层。

施工中应注意的几个问题。①施工前必须准确地测定设计边坡线和预裂孔的位置。②施工中切实控制好"孔深、方向和倾斜角度"三大要素。各预裂孔应相互平行，孔底落在同一水平面上。预裂孔的角度与边坡坡度一致。③严格保持炮孔在同一平面内，炮孔间距和最小抵抗线之比小于 0.8。④控制装药量，采用间隔药包，炮孔直径大于药卷直径 1~2 倍。⑤光面炮在主炮之后起爆，时间间隔 25~50 m/s。⑥同一排孔要同时起爆，应尽量采用传爆起爆，以提高爆破效果。⑦严格执行《爆破安全规程》，确保爆破安全。

（三）挖方路基边坡坡度

土质挖方边坡坡度主要与边坡高度、土的湿度、密实程度、地下水、地表水情况、土的成因、类型及生成时代等因素有关。岩石挖方边坡坡度主要与岩性、地质构造、岩石的风化破碎程度、边坡高度、地下水及地表水等因素有关。挖方路基的边坡坡度要求与施工要点主要有以下几点。

1.土的挖方边坡坡度应根据调查路线附近已建工程的人工边坡及自然山坡稳定状况确定。

2.砾石类土的挖方边坡坡度主要与砾石土成因、岩块成分和大小、密实程度及休止角有关，并应结合当地水文条件和边坡高度进行对比分析、论证确定边坡坡度大小。

3.在边坡施工中，由于设计的边坡坡度可能与现场的实际土质等情况不相符合，因此，施工技术人员应注意随着填、挖的进行，对影响边坡坡度稳定的因素进行认真的观察分析，如发现设计的边坡坡度不能满足边坡稳定时，应按相关规定考虑变更设计，以确保边坡稳定。

（四）机械化施工要点

1.采用机械按横挖法开挖路堑且弃土（或以挖作填）运距较远时，宜用挖掘机配合自卸汽车作业，每层台阶高度可增加到 3~4 m，亦可用推土机开挖。若弃土或以挖作填运距超过推土机的经济运距时，可用推土机推土堆积，再用装载机配合自卸汽车运土。

2.机械开挖路堑时，配以平地机或人工分层修刮平整边坡。

3.采用机械按纵挖法开挖路堑。（1）当采用分层纵挖法挖掘的路堑长度较短（小于 100 m），开挖深度不大于 3 m，地面坡度较陡时，宜采用推土机作业。（2）推土机作业时，每一铲挖地段的长度应能满足一次铲切达到满载的要求，一般为 5~10 m。铲挖宜在下坡时进行，对普通土下坡坡度宜为 10%~18%，不得大于 30%；对于松土下坡坡度不宜小于 10%，不得大于 15%；傍山卸土的运行道应设有向内稍低的横坡，但应同时留有向外排水的通道。（3）当采用分层纵挖法挖掘的路堑长度较长（超过 100 m）时，宜采用铲运机作业。（4）对于拖式铲运机和铲运推土机，其铲斗容积为 4~8 m³ 的适宜运距为 100~400 m；容积为 9~12 m³ 的适宜运距为 100~700 m。自行式铲运机适宜运距可照上述运距加倍。铲运机在路基上的作业距离不宜小于 100 m。有条件时宜配备一台推土机（或使用铲运推土机）配合铲运机作业。（5）铲运机运土道，单道宽度不应小于 4 m，双道宽度不应小于 8 m；重载上坡纵坡不宜大于 8%，空驶上坡纵坡不得大于 50%；弯道应尽可能平缓，避免急弯；路基表层应在回驶时刮平，重载弯道处表面应保持平整。（6）铲运机作业面的长度和宽度应使铲斗易于达到满载。在地形起伏的工地，应充分利用下坡铲装；取土应沿其工作面有计划地均匀进行，不得局部过度取土而造成坑洼积水。（7）铲运机卸土场的大小应满足分层铺卸的需要，并留有回转余地。填方卸土应边走边卸，防止成堆，行走路线外侧边缘至填方边缘的距离不宜小于20 cm。

4.当路线纵向长度和挖深都很大时，宜采用混合式开挖法，即将横挖法与通道纵挖法混合使用。先沿路堑纵向挖通道，然后沿横向坡面挖掘，以增加开挖坡面。每一坡面应设一个施工小组或一台机械作业。

5.开挖边沟、修筑路拱、刷刮边坡、整平路基表面时，宜采用平地机配合其他土方机械作业。

6.弃方。（1）施工前，应对设计提供的弃土方案进行现场核对，若有疑问，应及时处理。（2）弃土不得占用耕地，沿河弃土不得影响排洪、通航，不得加剧河岸冲刷。不得向水库、湖泊、岩溶漏斗及暗河口处弃土。禁止在贴近桥墩台、涵洞口处弃土。（3）沿线弃土堆设置应符合设计要求；设计无要求时应符合下列规定：弃土应相对集中堆放，并与周边环境相协调，严禁随意处理；弃土堆的几何尺寸、压实程度、位置，应保证路基边坡和弃土堆自身的稳定。弃土堆的边坡不陡于1.0∶1.5，顶面向外设不小于2%的横坡，其内侧高度不宜大于3 m；在地面横坡陡于1∶5的路段，不得在高于路堑边坡顶的山坡上方设弃土堆；在山坡上侧的弃土堆，应连续而不间断，并在弃土堆上侧设置截水沟。山坡下侧的弃土堆，应每隔50~100 m设宽度不小于1 m的缺口排水，排水主流方向不得对地面结构物及农田等造成不利影响，必要时可设人工沟渠导引排水。弃土堆坡脚应进行防护和加固。（4）弃土应按设计要求进行压实并及时完成弃土场的防护、排水工程。

第三节　特殊路基施工

一、软土路基施工

淤泥、淤泥质土以及天然强度低、压缩性高、透水性小的一般黏性土统称为软土。软土路基天然含水率大于等于35%与液限；天然孔隙比大于等于1 m；十字板抗剪强度小于35 kPa；压缩系数宜大于0.5 MPa^{-1}。

高速公路路基的软土系指：标准贯击数小于4，无侧限抗压强度小于50kPa，含水量大于50%的黏性土和标准贯击数小于10，含水量大于30%的砂性土。

软土无论是按沉积成因还是按土质划分，它们都具有共同的工程性质，即：（1）颜色以深色为主，粒度成分以细颗粒为主，有机质含量高。（2）天然含水量高，容重小，天然含水量大于液限，超过30%；相对含水量大于10；软土的饱和度高达100%，甚至更大。

（3）天然孔隙比大，一般大于 1 m。（4）渗透系数小，一般小于 10~6 cm/s 数量级，沉降速度慢，固结完成所需时间较长。（5）黏粒含量高，塑性指数大。（6）高压缩性，压缩系数大，基础沉降量大，一般压缩系数大于 0.5 MPa^{-1}。（7）强度指标小，软土的快剪黏聚力小于 10kPa，快剪内摩擦角小于 5%。固结快剪黏聚力小于 10 kPa，快剪内摩擦角小于 5°；固结快剪的强度指标略高，黏聚力小于 15 kPa，内摩擦角小于 10°。（8）软土的灵敏度高，灵敏度一般在 2~10，有时大于 10，具有显著的流变特性。软土路基应进行路基处理并观测路堤沉降，按图纸或经监理工程师批准的处理方法进行施工。

（一）软土路基处理方法

1.换填法：是将原路基一定深度和范围内的淤泥挖除，换填符合规定要求的材料，使之达到规定压实度的方法。换填时，应选用水稳性或透水性好的材料，分层铺筑，逐层压实。

2.抛石挤淤法：是在路基底从中部向两侧抛投一定数量的碎石，将淤泥挤出路基范围，以提高路基强度。所用碎石宜采用不易风化的大石块，尺寸一般不小于 0.15 m。抛石挤淤法施工简单、迅速、方便。适用于常年积水的洼地，排水困难，泥炭呈流动状态，厚度较薄，表层无硬壳，片石能沉达底部的泥沼或厚度为 3~4 m 的软土；适用于在特别软的地面上施工由于机械无法进入，或是表面存在大量积水无法排出时；适用于石料丰富，运距较短的情况。

3.排水固结法：堆载预压法、真空预压法、降水预压法、电渗排水法，适用于处理厚度较大的饱和软土和冲填土路基，但对于较厚的泥炭层要慎重选择。

4.胶结法：（1）水泥搅拌桩：水泥搅拌桩的适用范围为淤泥、淤泥质土、含水量较高的地层、地基承载力不大于 120 kPa 的黏性土、粉土等软土路基。在有较厚泥炭土层的软土路基上，宜通过试验确定其适用性，并可适量添加磷石膏以提高搅拌桩桩身强度。当地下水中含有大量硫酸盐时，应选用抗硫酸盐水泥。冬期施工时，应注意负温。注意十字板剪切强度（Sn）为 35 kPa 所对应的静力触探总贯入阻力（P_0）约为 750 kPa 对处理效果的影响。（2）高压喷射注浆法：高压喷射注浆法的适用范围为淤泥、淤泥质土、黏性土、黄土、砂土、人工填土和碎石土等路基。尤其适用于软弱路基的加固。湿陷性黄土以及土中含有较多的大粒径块石、坚硬性黏性土、大量植物根茎或过多有机质时，应根据现场试验结果确定其适用程度。对地下水流速较大或涌水工程以及对水泥有严重侵蚀的路基应慎用。（3）灌浆法：灌浆法适用于处理淤泥、淤泥质土、粉土和含水量较高，且路基承载力标准值不大于 120 kPa 的黏性土等地基。当用于处理泥炭土或地下水具有侵蚀性时，宜通过试验以确定其适用性。（4）水泥土夯实桩法：水泥土夯实桩法适用于地下水位以上的素填土、淤泥质土和粉土等。

5.加筋土法：适用范围为人工填土砂土的路堤、挡墙、桥台等；土工织物适用于砂土、黏性土和软土的加固，或用于反滤、排水和隔离的材料；树根桩适用于各类土，主要用于既有建筑物的加固及稳定土坡、支挡结构物；锚固法能可靠地锚固土层和岩层。对软弱黏土宜通过重复高压灌浆或采用多段扩体或端头扩体以提高锚固段锚固力。对液限大于 50% 的黏性土，相对密度小于 0.3 的松散砂土以及有机质含量较高的土层，均不得作为永久性锚固地层。

6.振冲置换法：适用于不排水剪切强度 $20\ kPa \leqslant CU \leqslant 50\ kPa$ 的饱和软黏土、饱和黄土及冲填土。对不排水剪切强度小于 $20\ kPa$ 的地基应慎重选择。此法能使天然路基承载力提高 20%~60%。

7.水泥粉煤灰碎石桩（简称 CFG 桩）法：CFG 桩法适用于淤泥、淤泥质土、杂填土、饱和及非饱和的黏性土、粉土，能使天然路基承载力提高 70%以上。

8.钢渣桩法：适用于淤泥、淤泥质土、饱和及非饱和的黏性土、粉土。

9.石灰桩法：适用于渗透系数适中的软黏土、杂填土、膨胀土、红黏土、湿陷性黄土。不适合地下水位以下的渗透系数较大的土层。当渗透系数较小时，软土脱水加固效果不好的土层慎用。

10.强夯置换法：适用于饱和软黏土，一般适合于 3~6 m 的浅层处理。

11.砂桩法：适用于软弱黏性土，但应慎用，且需要较长的时间，对不排水剪切强度小于 15 kPa 的软土应采用袋装砂井桩。

12.夯坑基础法：适用于软黏土、非饱和的黏性土、夯填土湿陷性黄土。

13.强夯法：适用于碎石、砂土、杂填土、素填土、湿陷性黄土及低饱和度的粉土和黏性土。对于高饱和度的粉土和黏性土，需经试验论证后方可使用，且应设置竖向排水通道。该法处理深度可达 10 多米，但强夯的震动可能会对周围环境造成不良影响，因此，使用时要求考虑周围环境因素。

14.振冲法：是一种不添加砂石材料的振冲挤密法，一般宜用于 0.75 mm 以上颗粒占土体 20%以上的砂土，而添加砂石材料的振冲挤密法宜用于粒径小于 0.005 mm 的黏粒含量不超过 10%的粉土和砂土。

15.挤密碎石桩法：适用于松散的非饱和黏性土、杂填土、湿陷性黄土、疏松的砂性土。对饱和软黏土应慎重使用。

（二）软土路基施工方法

1.抛石挤淤施工

（1）抛石挤淤应按设计要求或监理工程师的要求进行。

（2）应选用不易风化的片石，片石厚度或直径不宜小于 300 mm。

（3）当软土地层平坦，软土成流动状时，填土应沿路基中线向前成三角形方式投放片石，再渐次向两侧全宽范围扩展，使泥沼或软土向两侧挤出。当软土地层横坡陡于 1：10 时应自高侧向低侧抛投，并在低侧边部多抛填，使低侧边部约有 2 m 的平台。

（4）片石抛出软土面或抛出水面后，应用较小石块填塞垫平，用重型压路机压实。

2.垫层施工

垫层处置施工通常用于松软过湿的表面，采用排水、铺设填料或以掺加剂加固使地表层强度增加。防止地基局部剪切变形，从而保证重型机械通行，又使填土荷载均匀分布在地基上。

垫层材料宜采用无杂物的中、粗砂，含泥量应不小于 5%；也可采用天然级配型砾料，其最大粒径应小于 50 mm，砾石强度应不低于四级。垫层应分层摊铺压实，碾压到规定的压实度。垫层宽度应宽出路基边脚 500~1000 mm，两侧宜用片石护砌或采用其他方式防护。垫层采用砂砾料时，应避免粒料离析。在软路基、湿路基上铺以 0.3~0.5 m 厚度的排水层，有利于软湿表层的固结，并形成填土的底层排水，在一定程度上能提高地基强度，使施工机械可以通行。碎石、岩渣垫层的一般厚度为 0.4 m 左右，并铺设单层或双层土工织物或土工网格，有利于均匀支承填土荷载，提高地基承载力，减少地基的沉降量。掺合料垫层是利用掺合料（石灰、水泥、土、加固剂）以一定剂量混合在填料土中，可改变地基的压缩性和强度特性，从而保证施工机械的通行，垫层大部分松散，应进行大部或全部防护。

3.袋装砂井施工

（1）袋装砂井施工工艺流程为：施工设备的准备—沉入套管—袋装砂沉入—就地填砂或井—预制砂袋沉放。

（2）袋装砂浆的成孔方法可根据机械设备条件进行比较选择：专用的施工设备一般为导管式的振动打设机械，只是在进行方式上有差异。成孔的施工方法有五种，即锤击沉入法、射水法、压入法、钻孔法及振动贯入法等。

（3）施工要点。①中砂、粗砂中大于 0.6 mm 颗粒的含量宜占总质量的 50% 以上，含泥量小于 3%，渗透系数大于 5×10^{-2} mm/s。砂袋的渗透系数应不小于砂的渗透系数。②袋装砂井施工应符合以下规定：砂袋露天堆放时，应有遮盖，不得长时间暴晒；砂袋应垂直下井，不得扭结、缩颈、断裂、磨损；拔钢套管时，如将砂袋带出或损坏，应在原孔位边缘重打；连续两次将砂袋带出时，应停止施工，查明原因并处理后方可施工；砂袋在孔口外的长度，应能顺直伸入砂垫层至少 300 mm。③袋装砂井施工质量应符合规定。

二、黄土地区路基施工

（一）黄土路基的特点

湿陷性黄土一般呈黄色或黄褐色，粉土含量常占 60% 以上，含有大量的碳酸盐、硫酸盐等可溶盐类，天然孔隙比在 1 左右，肉眼可见大孔隙。在自重压力或自重压力与附加压力共同作用下，受水浸湿后土的结构迅速破坏而发生显著附加下沉。

（二）施工准备工作

黄土地区路基施工，应做好施工期排水，将水迅速引离路基。在填挖交界处引出边沟时，应做好出水口的加固，排水设施接缝处应坚固不渗漏。

（三）湿陷性黄土地基的处理方法

湿陷性黄土地基应采取拦截排除地表水的措施，防止地表水下渗，减少地基地层湿陷下沉。其地下排水构造物与地面排水沟渠必须采取防渗措施。

若地基土层有强湿陷性或较高的压缩性，且容许承载力低于路堤自重压力时，应考虑地基在路堤自重和作用下所产生的压缩下沉。除采用防止地表水下渗的措施外，可根据湿陷性黄土工程特性和工程要求，因地制宜采取换填土、重锤夯实、强夯法、预浸法、挤密法、化学加固法等措施对地基进行处理。

（四）黄土填筑路堤要求

1.路床填料不得使用老黄土，路堤填料不得含有粒径大于 100 mm 的块料。

2.在填筑横跨沟壑的路基土方时，应做好纵横向界面的处理。

3.黄土路堤边坡应拍实，并应及时予以防护，防止路表水冲刷。

4.浸水路堤不得用黄土填筑。

（五）黄土路堑施工要求

1.路堑路床土质应符合设计要求，密实度不足时，应采取措施碾压至要求的压实度。

2.路堑施工前，应做好堑顶地表排水导流工程，路堑施工期间，开挖作业面应保持干燥。

3.路堑施工中，如边坡地质与设计不符，可提出修改边坡坡度。

（六）地基陷穴处理方法

陷穴表面的防渗处理层厚度不宜小于 300 mm，并将流向陷穴的附近地表水引离。对现有的陷穴、暗穴，可以采用灌砂、灌浆、开挖回填等措施，开挖的方法可以采用导洞、竖井和明挖等。

挖方边坡坡顶以外 50 m 范围内、路堤坡脚以外 20 m 范围内的黄土陷穴宜进行处理。挖方边坡坡顶以外的陷穴，若倾向路基，应作适当处理。对串珠状陷穴应彻底进行处置。

三、膨胀土路基施工

（一）路基特性

1.膨胀土黏性含量很高，其中 0.002 mm 的胶体颗粒一般超过 20%，黏粒成分主要由亲水矿物组成。土的液限 $WL>40\%$，塑性指数 $Ip>17$，多数在 22~35。自由膨胀率一般超过 40%。

2.膨胀土有显著的吸水膨胀、失水收缩两种变形特性，一般强度较高，压缩性低，易被误认为是较好的地基土。

（二）路堤填筑技术

强膨胀土稳定性差，不应作为路堤填料；中等膨胀土宜经过加工后作为填料，用于二级及二级以上公路路堤填料时，改性处理后胀缩总率应不大于 0.7%；弱膨胀土可根据当地气候、水文情况及道路等级加以应用，对于直接使用中、弱膨胀土填筑路堤时，应及时对边坡及顶部进行防护。

高度不足 1 m 的路堤，应按设计要求采取换填或改性处理等措施处置。表层为过湿土，应按设计要求采取换填或进行固化处理等措施处置。填土高度小于路面和路床的总厚度，基底为膨胀土时，宜挖除地表 0.30~0.60 m 的膨胀土，并将路床换填为非膨胀土或掺灰处理。若为强膨胀土，挖除深度应达到大气影响深度。

（三）路基碾压施工

根据膨胀土自由膨胀率的大小，选用工作质量适宜的碾压机具，碾压时应保持最佳含水量；压实土层松铺厚度不得大于 30 cm；土块应击碎至粒径 5 cm 以下。

在路堤与路堑交界地段，应采用台阶方式搭接，其长度不应小于 2 m，并碾压密实。

（四）路堑开挖

挖方边坡不要一次挖到设计线，沿边坡预留厚度 30~50 cm 一层，待路堑挖完时，再削去边坡预留部分，并立即浆砌护坡封闭。膨胀土地区的路堑，高速公路、一级公路的路床应超挖 30~50 cm，并立即用粒料或非膨胀土分层回填或用改性土回填，按规定压实，其他各级公路可用膨胀土掺石灰处置。

（五）路基填筑

膨胀土路基填筑松铺厚度不得大于 300 mm；土块粒径应小于 37.5 mm。路基完成后，当年不能铺筑路面时，应按设计要求做封层，其厚度应不小于 200 mm，横坡不小于 2%。

四、滑坡地段路基施工

1.对于滑坡的处置，应分析滑坡的外表地形滑动面，滑坡体的构造、滑动体的土质及饱水情况，以了解滑坡体的形式和形成的原因，根据公路路基通过滑坡体的位置、水文、地质等条件，充分考虑路基稳定的施工措施。

2.路基滑坡直接影响到公路路基稳定时，无论采用何种方法处理，都必须做好地表水及地下水的处理。

3.对于滑坡顶面的地表水，应采取截水沟等措施处理，不让地表水流入滑动面内。必须在滑动面以外修筑 1~2 条环截水沟，对于滑坡体下部的地下水源应截断或排出。

4.在滑坡体未处置之前，禁止在滑坡体上增加荷载（如停放机械、堆放材料、弃土等）。

5.对于挖方路基上边坡发生的滑坡，应修筑一条或数条环形水沟，但最近一条必须离滑动裂缝面最小 5 m 以外，以截断流向滑动面的水流。截水沟可采用砂浆封面浆或砌片（块）石修筑，滑坡上面出现裂缝须填土进行夯实，避免地表水继续渗入，或结合地形，修建树枝形及相互平行的渗水沟与支撑渗沟，将地表水及渗水迅速排走。

6.当挖方路基上边坡发生的滑坡不大时，可采用刷方（台阶）减重、打桩或修建挡土墙进行处理以达到路基边坡稳定。采用打桩时，桩身必须深入到滑动面以下设计要求的深度；采用修建挡土墙时，挡土墙基础必须置于滑动面以下的硬岩层上。同时，宜修统排水沟暗沟（或渗沟）排出地下水。滑坡较大时，可采用修建挡土墙、钢筋混凝土锚固桩或预应力锚索等方法处理，无论采用何种方法处理，其基础都必须置于滑动面以下的硬岩层上或达到设计要求的深度。同时宜修筑深渗沟、排水涵洞（管）或集水井。

7.填方路堤发生的滑坡，可采用反压土方或修建挡土墙等方法处理。

8.沿河路基发生的滑坡，可修建河流调治构造物（堤坝、丁坝、稳定河床等）及挡土墙等处理。

9.滑坡表面处置可采用整平夯实山坡，填筑积水坑，堵塞裂隙或进行山坡绿化固定表土。

五、岩溶地区路基施工

以地下水为主、地表水为辅，以化学过程（溶解和沉淀）为主、机械过程（流水侵蚀和沉积、重力崩塌和堆积）为辅的对石灰岩等可溶性岩石的破坏和改造作用叫岩溶作用。

岩溶作用所造成的地表形态和地下形态叫岩溶地貌，岩溶作用及其产生的特殊地貌形态和水文地质现象统称为岩溶。我国西南地区岩溶现象分布比较普遍，在广西、贵州、云南及川东、鄂西、湘西、粤北一带连成一片，石灰岩分布面积达 56 万平方千米；全国石灰岩分布面积约 130 万平方千米，是岩溶比较发达的国家。

（一）岩溶地区公路路基工程的主要病害

1.由于地下岩溶水的活动，或因地表水的消水洞穴阻塞，导致路基基底冒水、水淹路基、水冲路基以及隧道冒水、冒泥等病害。

2.由于地下岩溶洞穴顶板的坍塌，引起位于其上的路基及其附属构造物发生坍陷、下沉或开裂。

3.由于溶沟、溶槽、石芽等的存在造成地基不稳定，影响路基及其构筑物的稳定性或安全问题。

4.某些岩溶形态的利用问题，如利用天生桥跨越地表河流，利用暗河、溶洞扩建隧道等。

此外，岩溶地区除了石灰岩类岩溶外，尚分布着各类危及路基的崩坍、岩堆，这类岩石多数属于炭质泥岩、页岩、麻岩、云母岩。还有煤田、矿区、油田及地下水过量开采和利用，形成的采空区，往往引起路基沉陷、变形或开裂。这些地区修筑的路基具有相似处，把它们一并论述。

因此，在岩溶地区建造公路，应全面了解路线通过地带岩溶发育的程度和岩溶形态的空间分布规律，以便充分利用某些可以利用的岩溶形态，避让或防治影响路基稳定的岩溶病害。

（二）岩溶形态及岩溶类型

岩溶地区岩溶的形态类型很多：有石芽和溶沟（槽）、溶蚀裂隙、漏斗、溶蚀洼地、坡立谷和溶蚀平原、溶蚀残丘、孤峰和峰林槽谷、落水洞、竖井、溶洞暗河、天生桥、岩溶湖、岩溶泉以及土洞等。比较常见的岩溶形态有以下几种。

1.漏斗：其是常见的地表岩溶形态之一，由地表层的溶蚀和侵蚀作用伴随塌陷作用而成，呈碟状或倒锥状，平面上呈圆形或椭圆形，直径和深度一般由数米至数十米。

2.溶蚀洼地：许多相邻的漏斗经流水溶蚀不断扩大汇合而成溶蚀洼地，平面上呈圆形或椭圆形，但规模比漏斗更大，直径由数百米至一两千米。溶蚀洼地周围有溶蚀残丘或峰丛、峰林，底部常有落水洞和漏斗。

3.坡立谷和溶蚀平原：溶蚀洼地充分发育，相邻的洼地彼此连通，发展成坡立谷。坡立谷长度、宽度从几十米至数千米不等，四周山坡陡峻，谷底宽平，覆盖着溶蚀残余的黄色、棕色或红色的黏性土,有时还有河流冲积层。常有河流纵贯坡立谷,河水从一端流入,于另一端被落水洞吸收,转入地下成暗河。有些坡立谷还耸立着孤峰。坡立谷进一步发展,即形成开阔宽广的溶蚀平原,溶蚀平原上还有许多其他岩溶形态。

4.槽谷:是岩溶地区比较常见的一种长条形的槽状谷地,谷底平坦,谷坡陡峻,主要是由水流长期溶蚀而形成。由于河谷底部发育有一系列漏斗、落水洞等,地表水流不断漏失,使原来的河谷失去排水作用,即成干谷。槽谷在大部分时间是干涸的,但在暴雨季节和排水不畅时,则会出现暂时的水流。

5.落水洞、竖井:落水洞和竖井多由岩石裂隙经流水长期溶蚀扩大或由岩层坍陷而成,呈垂直或稍倾斜状,下部多与溶洞或暗河连通,是地表通向地下的流水通道。在广西所见的,直径多在 10 m 以下,深度多在 10~30 m。落水洞常产生在漏斗、槽谷、溶蚀洼地和坡立谷的底部,或河床的边缘,多呈串珠状分布。在雨季,由于落水洞排水不畅,常使槽谷、溶蚀洼地和坡立谷产生暂时性的积水,甚至发生淹水现象。

6.溶洞:是一种近于水平方向发育的岩溶形态,常由溶水对岩层的长期溶蚀和塌陷作用而形成,是早期岩溶水活动的通道。规模较大的水平溶洞系统,主要是在岩溶水的水平循环带中产生的。溶洞系统比较复杂,规模形态变化很大,除少部分洞身比较顺直,断面比较规则外,大部分是忽高忽低,忽宽忽窄,洞身曲折起伏很大。洞内普遍分布各种堆积物,有时还有河流流痕及砂砾、卵石冲积物,支洞多,常有丰富的岩溶水。

7.暗河、天生桥:暗河是地下岩溶水汇集、排泄的主要通道,在岩溶发育地区,地下大部分都有暗河存在。其中部分暗河常与地面的槽谷伴随存在,通过槽谷底部的一系列漏斗、落水洞使两者互相连通。因此,可以根据这些地表岩溶形态的分布位置,概略地估计暗河在地下的发展方向。地下的暗河河道或溶洞塌陷,在局部地段有时会形成横跨水流的天生桥。

8.岩溶泉:岩溶水流出地面即成岩溶泉。它是岩溶发育地区分布最广泛的一种岩溶现象,其中以下降泉居多,上升泉较少。岩溶泉有经常性和间歇性之分。间歇性泉旱季干涸,雨季流水。

当暗河流向非岩溶地区时,在可溶岩层与非可溶岩层接触带的边缘,经常是岩溶泉最发育的地方。

9.岩溶湖:由于槽谷、溶蚀洼地、坡立谷中的大型强斗底部的消水通道堵塞,或溶蚀平原局部洼地集水而成的湖泊。在溶洞中也常有小型的地下岩溶湖存在。

10.土洞:在槽谷、坡立谷底部和溶蚀平原上,可溶性岩层常为第四纪的松散土层所覆盖,由于地下水位降低或水动力条件的改变,在岩溶水的淋滤潜蚀、搬运作用下,使上部土层下落,流失或坍塌,形成大小不一、形态不同的土洞。如广西、贵州和粤北等地土层覆盖的岩溶地区（即埋藏岩溶地区），由于人为抽水、排水引起地下水位的变动，常形成土洞，直接危害路基的稳定。

（三）岩溶路基施工技术要点

岩溶地区路基常见病害主要表现为地下水位高而侵蚀路基路面，导致土基软化，路面开裂；暴雨时节冲垮路基，路床地面以下潜伏洞穴而产生凹陷。一般公路受造价的制约，当地往往又缺乏路基用土，故而采用矮路堤。矮路堤所固有的排水不畅、地基强度不足等病源在此得到充分暴露。因此，岩溶地区地基处理的措施是排水、填洞、跨越、利用。岩溶地下水应因势利导，采用疏导、排除、降低地下水位的方法，消除对路床软化的影响，保证路基处于干燥或中湿状态。所有冒水的溶洞在施工中均不能堵塞水的出路。一般的做法是在与地下水道相连的漏斗、消水洞处一律修建涵洞。疏导建筑物一般可采用明沟、泄水洞、渗沟、涵洞等。

（四）崩坍、岩堆地区路基基底处理概要

在陡峭的山坡上，由于人工开挖、自然营力、风化、爆破的作用，岩（土）体从陡峭斜坡上向下倾倒崩落、翻滚，破坏过程急剧、短促而猛烈，这个过程称崩坍。崩坍后的岩（土）体原来结构完全被打乱，互无联系，大石块抛落较远，土体集中，堆积而成倒石堆或岩堆。崩坍、岩堆地区路基处理的关键是边坡整治。路线应尽量避免通过原有的崩坍、岩堆地段。确有必要通过时，应探明其深度、范围、工程数量，采取清挖至原状土、设支挡结构物、桩基顶面打钢筋混凝土盖板、桩基与岩堆共同组成复台地基等措施。之后，按填土或填石路基施工。

六、冻土地区路基施工

（一）多年冻土地区路基施工

1.冻土的定义及特征

凡温度为负温或零温并含有冰的各种土均称为冻土。如果土中只有负温而不含冰时则称为寒土。冬季冻结、夏季全部融化的土层称为季节冻土，季节冻结层又称季节作用层、活动层。冬季冻结，一两年内不融化的土层称为隔年冻层。冻结状态持续三年以上的土层称为多年冻土。

季节冻土地区的表层土夏季融化，冬季冻结，所以是季节冻土。根据其与下伏多年冻土的关系又可分为季节冻结层和季节融化层。其中，季节冻结层夏季融化，冬季冻结时不与多年冻土层衔接或其下为融土层，季节融化层是夏季融化，冬季冻结时与多年冻土完全衔接的土层。不衔接多年冻土属于前者，衔接多年冻土属于后者。

（1）多年冻土上限、下限及冻土厚度：在多年冻土地区，地表以下的一定深度内，每年夏季融化，冬季冻结，该层称为季节融化层。在该深度以下的土则终年处于冻结状态，称为多年冻土。这一深度称为季节融化层底板或多年冻土上限。从地表到达这一深度的距离即为季节融化层厚度或多年冻土上限的埋深。

多年冻土层的底部称作多年冻土下限。下限处的地温值为0℃。下限以上为多年冻土，以下为融土。上限和下限之间的距离称为多年冻土厚度。

多年冻土厚度是多年冻土的重要标志之一，它反映着冻土的发育程度；冻土层的厚度对评价建筑物地基稳定性有着重要意义，是进行各类型建筑地层基础设计不可缺少的依据。多年冻土薄的在10m以下，最厚的多年冻土在大小兴安岭可超过100 m。

（2）多年冻土分类：多年冻土按含冰量分类，可分为少冰冻土、多冰冻土、富冰冻土、饱冰冻土和含土冰层五类。

（3）多年冻土上限的类别及用途：多年冻土上限有天然上限和人为上限两种。天然状态的多年冻土上限为其天然上限。因受人类活动影响改变了地温与气温的热交换条件，破坏了天然条件下的热平衡状态导致多年冻土上限发生变化，变化后的多年冻土上限即为人为上限。

人为多年冻土上限决定了多年冻土融化下沉计算的下部界线；而天然上限往往是厚层地下冰的埋藏深度。在建筑物地基的融沉计算中应包括融沉和压密下沉两部分。

2.冻土地区的不良地质现象

多年冻土地区的不良地质对公路建设会产生多种病害。因此，有必要了解冻土地区不良地质现象的形成和发展，以便采取预防措施。多年冻土地区之所以会形成不良地质现象，在于多年冻土地区不仅气候严寒，而且还有多年冻土层作为底板使地表水的下渗和多年冻土层上水的活动受到约束，这是冻土地区不良地质现象发生和存在的基本条件。多年冻土地区的不良地质现象主要有冰丘、冰锥、地下冰和冻土沼泽等。

3.冻土地区公路路基的主要病害

（1）融沉：融沉多发生在含冰量大的黏质土地段。当路基基底的多年冻土上部或路堑边坡上分布有较厚的地下冰层时，由于地下冰层埋藏较浅，在施工及使用过程中，因原来的自然环境条件发生变化，使多年冻土局部融化，上覆土层在土体自重力及外力的作用下产生沉陷，造成路基变形。融沉主要表现在路堤向阳侧路肩及边坡开裂、下滑，路堑边坡溜坍等。融沉现象一般以较慢的速度下沉，但有时也会经过一段时间的慢速下沉后，突发大量的沉陷，并使两侧部分地基土隆起。产生的原因是路基基底由于含冰量大的黏质土融化后处于过饱和状态，几乎没有承载能力，又因路堤两侧融化深度不同，使基底形成一个倾斜的冻结滑动面。在外荷载的作用下，过于饱和的黏质土顺着冻结面挤出，路堤瞬间产生大幅度的沉陷，通常称为突陷。这样的突陷危及行车的安全。

（2）冻胀：多发生在季节性冻结深度较大的地区及多年冻土地区，以多年冻土地区较严重。其原因是地基土及填土中的水冻结时体积膨胀。水分的来源是地表水或地下水对路基土的浸湿。冻胀的程度与土质及土中的含水量高低有关。

（3）冰害：主要是指在路堤上方出露地表的泉水，或开挖路堑后地下水自边坡流出，在隆冬季节随流随冻，形成积冰掩埋路基或边坡挂冰、堑内积冰等病害。冰害在严寒的多年冻土地区尤为严重。对路基工程来说，路堑地段较路堤地段冰害要多，其发生在浅层地下水发育的低填浅挖及零填挖地段的冰害危害程度更大。

4.多年冻土地区路基施工

（1）资料收集。多年冻土地区有关资料的收集，是路基施工前的一项关键性工作。只有对多年冻土地区气象资料、地质资料及冻土的物理力学性质资料等，在施工中进行综合考虑，采用切实可行的技术措施，才能确保工程质量。包括：①气象资料，一年中冻结和融化的期间；积雪的时间和厚度（历年来的平均值、最大值和最小值）；年降水量、降雨季节；年平均气温，一月平均气温，七月平均气温，年最低气温和年最高气温；按大地貌单元收集多年冻土的多年地温资料。②地质资料，地形特征，植被状况，公路的方位及日照条件；季节冻融层的厚度，土的种类和融化后的潮湿程度；多年冻土层的成因、分布、构造、土质和含冰状况，多年冻土层的上限和下限；多年冻土不良物理地质地段起讫里程及平面分布范围；厚层地下冰的成因、厚度、埋藏深度和分布范围；热融滑坍、热融沉陷及热融湖（塘）发生热融变化的原因，发展阶段及地下冰的分布及暴露情况等，热融湖（塘）的地表排水条件及水位变化情况；对融冻泥流、寒冻堆塌以及因热融产生的基底松软地段，也应收集必要的地质资料；冰锥的类型及规模，冰锥发育地段的冻土情况和水文地质情况；对冰丘及爆炸性充水鼓丘应查明成因，发生、发展的特点，变迁情况及积冰量等；沼泽的成因、类型与地表水和地下水的联系、冻土特征、埋藏深度、植物群落、泥炭和淤泥厚度及其含水量；渗水土、砂、石料及保温材料的来源、蕴藏量和运输方法等。③冻土的物理力学试验资料，物理试验资料包括总含水量、天然相对密度、含冰率、塑性指数、比热、导热系数、渗透系数；力学试验资料包括抗剪强度、压缩性能。

（2）路堤。①路堤最小填土高度：保护多年冻土上限不下降的最小高度 H_1；防治翻浆和冻胀的最小填土高度 H_2，可根据当地已有的公路调查资料确定；当路堤高度达不到 H_1 的要求时，冻土上限可能下降，路基基底则应进行处理。②饱冰冻土及含土冰层地段路堤。

$$H_1 = H_d - H_0$$

式中：

H_1——从天然地面算起的填土高度；

H_d——保温厚度；

H_0——将上限深度换算成保温材料时的当量厚度。

当路堤高度小于最小填土高度 H_1 时,基底的饱冰冻土或含冰层则需进行部分或全部换填。当饱冰冻土层或含土冰层较厚,全部换填有困难且不经济时,则可作部分换填。换填后的路堤换算高度仍应满足 H_1 的要求。换填材料,应选用保温、隔水性能均较好的细颗粒土,并注意做好地表排水工程。当地表潮湿时,路基顶部应填筑不少于 0.5m 的渗水土,以防止冻害。

如在暖季施工,为防止换填基底的地下冰融化积水,应在换填基底下面铺设渗水土层,厚度为 0.3~0.5 m。当饱冰冻土层或含土冰层较薄,且在路基顶面以下小于 H_1 的深度时,则可采用全部换填土的方法。

当用细颗粒土换填时,可按上述部分换填的方法进行;如用粗颗粒土做换填料时,其上部应铺设大于 1.0 m 厚的黏性土隔水层,隔水层下铺 0.2 m 的反滤层（砂或反扣草皮）。设置保温护道、护脚。饱冰冻土或含土冰层地段的路堤,当靠近基底（包括换填基底）仍有饱冰冻土层或含土冰层,且有可能融化时,可设保温护道、护脚于路堤一侧或两侧。护道或护脚所用保温材料宜就地取材。用草皮时,草根应向上一层一层叠铺;最外一层草根宜多带泥土,以便打实形成保护层,如采用泥炭时,其表面应包 0.2 m 厚的黏性土保护层,以防保温材料流失或被浸湿。沿线两侧 20 m 内植被和原生地貌应严加保护。

不论基底地质条件如何,首先应根据水源特点及补给情况,在路堤一侧或两侧设置排水沟或挡水埝,将上游水源截断,必要时增设桥涵,排除地表积水。修建在塔头草泥沼地段的路堤,应自路堤坡脚 20 m 以外,挖取塔头草,反铺在基底塔头朝空隙间,并加以夯实,使其成为良好的基底隔温层。路堤填土后塔头草垫层受压下降,因此在反铺塔头草时,基底的中间部分可以适当加高 0.2 m,并且向两侧坡脚做成拱形,反铺塔头草的宽度,应伸出路堤坡脚外 1~2 m。

当采用细颗粒土填筑路堤时,在排水困难的低洼地或沼泽地段,应采取防止路基冻胀、翻浆的措施。一般可在路堤底部填筑毛细水隔断层,其厚度以在路堤沉降后尚高出地面以上 0.5m 为宜。为防止隔断层受污染、阻塞面失效,其上应加铺反滤层（草皮、碎石或砂）。泥炭被压缩的沉降量可按软土地基沉降计算方法进行计算。受挤压的泥炭厚度以多年冻土层上限为界。

（3）路堑。①饱冰冻土及含冰土层地段的路堑：在饱冰冻土及含冰土层地段挖方,由于土中含冰量大,季节融化后或上限下降均会使基底处于过湿软弱状态,同时出现严重沉陷。在这类地段一般多采用部分或全部换填的措施,坡面亦应采取保温及其他措施。边坡：如用夯填泥炭、草皮或夯填黏土、草皮铺砌坡面时,边坡坡度用 1.0 : 1.5~1.0 : 2.0；

当用叠砌草皮反扣塔头草铺砌坡面时，边坡坡度用 $1:1.0\sim1:1.5$。铺砌厚度均应满足保温层要求；基底全部换填时，换填厚度及结构要求与路堤基底全部换填的情况相同；部分换填时，厚度要大于或等于 H 结构要求与路堤基底部分换填的情况相同；边沟均应有防渗措施；断面形式。当路堑边坡上局部埋藏有饱冰冻土或含土冰层时，可以拓宽路堑，将冰层全部清除。若全部清除工程量过大、不经济时，则可局部换填加固。②富冰冻土地段的路堑：细粒土中的路堑，当融化后不致造成边坡滑坍和基底松软时，可按一般路堑考虑。但由于细粒土在季节融化层中的湿度较大，为防止基底冻胀、翻浆，基底应换填渗水性土，换土厚度一般不小于 0.5 m。

（4）零断面与低填浅挖。①零断面与低填浅挖地段，必须铲除地表的草皮和泥炭层，换填足够厚度的渗水土，并加强排水，使基底干燥，保证路基稳定性。如条件许可，可按照挖方保温措施处理。另外还需注意防止路基积雪。②半填半挖地段路基的挖方部分，应按路堑基底及边坡的要求处理，高度小于 0.5 m 的路堤基底，亦考虑按路堑基底的要求换填，并设过渡带。

（二）季节性冻融翻浆地区路基施工

季节性冻融地区的路基在冰冻过程中，土中的水分不断地向上移动，使路基上部的水分含量大大增加。春融期间，由于土基含水量过多，强度急剧降低，再加上行车的作用，路面会发生弹簧、裂缝、鼓包、冒泥等现象，形成翻浆。主要发生在我国北方各省及南方的季节性冰冻地区。

翻浆的发生，不仅会破坏路面，妨碍行车，严重的还会中断交通。因此，在翻浆地区修筑公路，对水文及水文地质不良地段，要注意详细调查沿线地表水、地下水、路基土和筑路材料的情况，以便采取相应的处理措施。从设计与施工两方面综合考虑，防止翻浆的发生。

1.防治翻浆的工程措施

（1）做好路基排水、提高路基。施工前应根据设计文件对翻浆地段进行现场详细调查，按水文、地质情况，做好场地排水工作。施工中要切实做好排水设施，防止地表水或地下水侵入路基，使路基土体保持干燥，从而减轻冻结时水分聚流的来源，这是预防和处理地表水和地下水翻浆的首要措施。提高路基，增大路基边缘至地下水或地面水位间的距离，使路基上部土层保持干燥，在冻结过程中不致因过分聚冰而失去稳定，是一种效果显著、简便易行、比较经济的常用措施，主要适用于取土方便的地段。在路线穿过农田地段，为了少占农田，则应与路面结构综合考虑，以确定合理的填土高度。

在有些中冰冻、重冰冻地区及粉性土地段，亦不能单靠提高路基保证道路的稳定性，要与其他措施配合应用。如在路堤填土高度受限制时，可在底槽做 1%~3% 的横坡，上铺

15~30 cm 厚的砂垫层（砂的质量以不含粉砂和杂质泥土的粗砂为宜，不宜用细砂）进行处理。

（2）铺设隔离层：隔离层设在路基中一定深度（一般设在土基 80 cm 左右）处，其目的在于防止水分进入上部路基，从而保持上部土基干燥，防止翻浆发生。隔离层按使用材料可分为透水性及不透水性隔离层两类。①透水性隔离层一般由碎石、砾石或细砂等做成，铺在聚冰层之下，其厚度为 10~20 cm，并在其上面、下面反铺草皮，防止隔离层被淤塞。隔离层的底部应高出地表水面 25 cm 以上，并向路基两侧做 3% 的横坡排水。②不透水隔离层分不封闭式（仅隔断毛细水）和封闭式（隔断毛细水和横向渗水）两种。

不透水隔离层，可用两层油毡中间涂沥青铺成，也可在压实整平的土基上直接喷洒一层厚度为 0.2~0.5 cm 的沥青或渣油（用油量为 2~3 kg/m²）；或在土基上铺筑 8%~10% 的沥青土或 6%~8% 的沥青砂（厚 2.5~3 cm）；还可以在土基上直接铺塑料薄膜等。施工中严防石块及其他尖物刺穿不透水隔离层。隔离层在应用中应注意两点：①不透水隔离层适用于不透水路面的路基中，在透水路面下只能设透水隔离层。②在盐渍土地区的翻浆路段，隔离层深度应同时考虑防止盐胀和次生盐渍化等要求。

（3）设路基盲沟。①横向盲沟：公路纵坡大于 3% 的翻浆路段，当中级路基（岔道、辅道等）基层采用透水性材料时，为了及时排出透水层内的纵向水流和春融期土基化冻时的多余水分，可在路槽下设置横向盲沟。横向盲沟可设成人字形，纵向间距 10 m 左右，深度 20~40 cm，易淤塞，使用中应予注意。②排水渗沟：为了降低路基附近的地下水位，可采用有管渗沟。为了拦截并排除流向路基的层间水，可采用排水渗沟。

（4）换土处理。采用水稳性好、冰冻稳定性好、强度高的粗颗粒土换填路基上部，可以提高土基的强度和稳定性，这是高等级公路中常用的处理方法。换土主要适用于因路基标高限制，不允许提高路基，且附近有砂石材料可利用的路段及原有路基土质不良路段。换填厚度根据地区情况、强度要求及换填材料等因素确定，一般换填 40~60 cm 路基就可以基本稳定。

（5）改善路面结构层。①铺设砂（砾）垫层：砂（砾）垫层对防治翻浆主要有以下三方面的作用：能隔断毛细水上升；融期具有蓄水（汇积从路基化冻土层中渗出的水量）、排水（利用暗管式路肩盲沟砂垫层中汇积的水排出去，以疏干土基）作用；在冻结和融化时，砂（砾）垫层可减轻路面冻胀和融沉。排除砂垫层中水分的方法，有整体式砂垫层和砂垫层与纵向或横向排水暗管配合的形式。暗管一般用石棉水泥管或陶瓷管。纵向暗沟中的水宜在纵断最低处，或在一定距离处设横向暗管排除。砂（砾）垫层适用于盛产砂石地区，可选用砂砾、粗砂或中砂为材料，要求砂中不含杂质、泥土。砂垫层路段两端，要用不透水的黏性土封闭，以防止翻浆的蔓延。施工时要洒适量水，用履带式拖拉机碾压，效果较好。透水性很差的黏性土路基，一般不宜使用蓄水的砂（砾）垫层。②石灰土防治翻浆主要有两方面的作用：由于石灰土具有一定板体性，可使行车荷载传至土基上的应力分布均匀，并逐渐扩散减小；石灰土水稳性和冰冻稳定性均较好，力学强度也较高。③煤渣石灰土结构层：煤渣石灰土结构层防治翻浆的作用，与石灰土大致相同，水稳走性则比石灰土好。煤渣石灰土结构层厚度可根据地区经验确定，也可按现行路面设计方法计算确定，一般应不小于 15 cm。配合比一般为：石灰：土：煤渣=（8~10）：（37~20）：（55~70），做基层时用高限，做垫层时用低限。采用煤渣石灰土时应注意以下几点。煤渣石灰土可处理轻、中、重冰冻地区的各种翻浆，特别适于做基层，也适于做垫层；煤渣石灰土所用的土石灰的要求与石灰土相同，煤渣选用烧透的碎块，其中大于 2mm 烧结块的含量应超过 75%，大颗粒不得超过 3.5 cm，细粉末不宜过多。施工要求与石灰土相同；煤渣石灰土不耐磨耗，其上必须加铺面层或沥青磨耗层。④防冻层：在冰冻地区，对高级或次高级路面除按强度设计路面结构层的厚度外，还需按允许冻胀值核算路面总厚度，使之不小于防冻层的厚度。当填土高度不能满足规范要求时，均需按允许冻胀值对路面结构层厚度进行核算。防冻层材料要求冰冻稳定性良好，在潮湿状态下冻结时也不产生明显冻胀。除路面面层外，还可采用炉渣、矿渣、加固土、砾石、碎石、贝壳和砂等。⑤水泥稳定砂砾结构层：水泥稳定砂砾结构层防治翻浆的作用，与石灰土、煤渣石灰土类似，但其强度和水稳定性则较石灰土和煤渣石灰土均高。

2.季节性冻融翻浆路基施工要点

（1）排水。在施工前应认真了解地形及水文地质情况，凡是可能危害路基强度稳定性的地表水和地下水，均应采取有效的临时性或永久性措施，使水能迅速排出路基之外。路床面应保持良好的排水状态。从路堑到路堤必须修建过渡边沟并无阻塞现象。各层填土应有路拱，表面无积水。施工后，各式沟、管、井、涵等能形成完整有效的排水系统。

（2）路堤。①原地面处理：水文地质不良和湿软地段，可视情况在地表铺填厚度不小于 30 cm 的砂砾，或做局部挖除换填处理。当路堤高度低于 20 cm 时（包括挖方土质路段）应翻松 30~50 cm 并分层整形压实，其压实度为 93%~95%，高速公路、一级公路取高限，其他公路取低限。②填料：宜选用水稳性良好的土填筑路基。路基上部受冰冻影响部位，应选用水稳性和冻稳性均较好的粗粒土。冻土、非渗水性过湿土、腐殖土禁止用于填筑各层路堤。压实时的含水量应控制在最佳含水量+2%范围内。③取土场：宜设置集中取土场，排水困难地段更宜集中取土。④碾压：各层表面碾压前应用平地机进行整平和修整路拱，切实控制松铺厚度以及填料的均匀性。压实后各层表面的平整度，用 3 m 直尺测量，其间隙高度不宜大于 20 mm，成形后路床顶面应进行弯沉检查或用不小于 20 t 的压路机碾压检验有无软弹现象。⑤路堤高度：应满足路基能全年处于干燥或中湿状态。填筑低路堤时，应根据具体情况采取相应技术措施。⑥为使路基预拱度和稳定性满足设计要求，施工中各类冻融翻浆防治方法可综合选用。

（3）路堑。①石方段超挖回填部位应选用符合要求的石渣，压实度不得低于95%，禁止使用劣质开山料或覆盖土回填或找平。超挖部分不规则或超挖不超过8 cm时，可用混凝土修补找平。整平层宜采用级配碎石或水泥稳定碎石、二灰稳定碎石类等半刚性材料。②土质路或遇水崩解软化的风化泥质页岩等类路堑的路床压实度如不符合规定要求时，应翻松压实或根据土质情况，换填符合路床强度并满足压实度要求的足够厚度的好土，然后加强排水措施，如封闭路肩浆砌边沟等。③有裂隙水、层间水、潜水层、泉眼等路段，应分别采取切断、拦截、降低等措施，如加深边沟和设置渗沟、渗管、渗井等。

第四节　路基防护与支挡设施

一、路基防护与支挡

（一）路基防护与支挡工程类型

路基防护与支挡工程中，一般把防止风化和冲刷，主要起隔离、封闭作用的措施称为防护工程。防护工程不能承受外力作用，所以要求路基本身必须是稳定的。把防止路基或山体因重力作用而滑移，地基承载力不足而沉陷，主要起支承和加固作用的结构物称为支挡工程。它们当中有些措施往往兼有防护与加固作用。路基防护与支挡工程设施，按其作用不同，可分为边坡坡面防护、冲刷防护及支挡建筑物三大类。

1.坡面防护

主要是保护路基边坡表面，免受雨水冲刷，减缓温差及温度变化的影响，防止和延缓软弱岩土表面的风化、碎裂、剥蚀演变进程，从而保护路基边坡的整体稳定性，在一定程度上还可美化路容，协调自然环境。常用类型有植物防护、浆（干）砌片石及混凝土预制块、坡面处置及综合防护等。

2.冲刷防护

用于防护水流对路基的冲刷与淘涮，可分为直接防护和间接防护等。直接防护类型有植物防护、砌石防护与加固等。间接防护主要指设置导流结构物，如丁坝、顺坝、防洪堤、拦水坝等，必要时进行疏浚河床改变河道，以改变水流方向，避免或减缓水流对路基的直接破坏作用。

3.支挡建筑物

用以防止路基变形或支挡路基本身或山体的位移，以保证其稳定性，常用的类型有挡土墙、土垛、石垛及浸水挡土墙等。

（二）植物防护施工

进行公路边坡坡面防护，必须考虑当地的气候特点、边坡类型和工程经济特点。植物的选择应根据植物学特性，考虑公路结构、护管条件、环境条件等。优先选择本地区的绿化植物、乡土植物和园林植物等；注重种类和生态习性的多样性；与附近的植物和风景等诸多条件相适应；兼顾近期和远期的植物规划，慢生和速生种类相结合；花、枝、叶形态美观的植物。植物的配置应考虑如下条件：根据季节的变化要求，使用不同季节相变化的植物，丰富公路景观。南方一般地区植物防护种类宜做到花常开、叶常绿；北方有条件地区宜做到三季有花、四季常绿；有条件地区植物防护的空间配置在平面和立面的基础上，可采用自然式和规则式；草地与周围植物应根据景观、功能要求，利用对比等手法进行配置。

边坡的植物防护配比一般应通过种子发芽率试验和种植试验确定，种植试验一般分路堤边坡和路堑边坡，其中路堑边坡又可分为阳坡土质、阴坡土质、阳坡土夹石、阴坡土夹石、缀花边坡及纯石质边坡进行不同配比的试验，根据试验边坡植物的生长情况确定施工配比。

1.植物防护的技术要求

（1）公路边坡植物防护应与主体工程相互协调。①路堤或路堑边坡，考虑高度和坡度，利用护坡道、平台、碎落台，在满足土壤和灌木条件的前提下，进行植物防护。②一般坡度缓于1：1.5的路基边坡可种植乔木，大乔木种植坡度缓于1：4，中乔木种植坡度缓于1：3。③坡度较陡、土质不佳时，可设计支架或砌筑植树坑，混凝土、砌石或喷射砂浆的边坡，可在边坡脚挖筑种植坑、槽填客土或坡面预留坑、槽填客土种植。

（2）土质或以土质为主的边坡，宜用灌木或混播抗逆性强的草种，并可多选用豆科植物进行植物防护，通过管护逐步稳定。种植香根草防护的路堤边坡。

（3）边坡平台宜选择灌木或小乔木植物防护。

（4）混凝土、砌石或喷射砂浆的边坡，可选择攀缘或悬垂的植物以及抗逆性强的灌木或小乔木植物防护。

（5）土夹石边坡，应结合防护工程，改善水肥条件后，用灌木或草本植物防护。

2.植物防护施工时间的选择

（1）边坡植物防护需在土建工程完成后进行：在土建施工完成并清除场地废物和其他有碍植物生长的杂物，边坡平整后开始边坡植物防护施工，上边坡植物防护应在边坡工程治理稳定后进行。

（2）施工季节宜在春季、雨季、秋季：春季在3~4月；雨季在5~9月；秋季在10~11月。

（3）植物防护施工应根据植物特性适时种植。①耐寒树种秋季落叶后种植为宜；耐寒性较差或珍贵的边缘树种宜在春季种植。②常绿树种、针叶树类宜在春季或雨季种植；常绿阔叶树类在春季、雨季种植效果好。③草地建植：采用营养体繁殖的，适宜时间是春末、夏初和深秋，以雨季为好。播种的时间，一般冷季型草以秋季为好，暖季型草宜在春末夏初。

3.植物防护的施工流程和施工方法

（1）公路边坡播种植物防护的施工流程及施工方法。公路边坡喷播播种防护的工艺流程为：①坡面整理：进行喷播的场地废物和其他有碍植物生长的杂物清除和边坡平整，填平低洼。草地种植前，宜打碎土块至 30 mm 以下，不得超过 60 mm。施用底肥以用有机肥为主，均匀撒布或条施、穴施，并与土壤充分拌和。对土壤较硬、节理发育差、种子着床困难的边坡，采用挖沟、挖槽、打孔等技术进行处理，以保证种子的附着及生长；对较贫瘠的坡面施以底肥，增加植物对贫瘠土壤的适应能力。对拱形（或人字形）护坡工程的坡面需做成行距 15~20 cm、深 5~8 cm 的横沟，六角空心砖坡面只松土不做槽。对不适应植物生长的边坡土壤，进行换土处理，所换土壤必须符合植物防护技术规范中对土壤的要求。对于可能产生径流冲刷的坡面，应采取截排水措施，避免径流对种植坡面的冲刷，影响种植效果。②种子处理：种子的处理是影响植物生长最直接的因素。根据各种子生长特性，采取不同的处理方法。如白三叶，提前 24 小时进行根瘤接种，使根瘤的复活及附着繁殖较为充分；对部分苗木种子，如车桑子、刺槐等要提前用温水（一般为 50℃左右的温水）或 5% 的氢氧化钠溶液浸泡 12 小时，做催芽处理；如苗木种子壳较硬难以出苗，应进行种子的破壳处理，以保证灌木的正常出苗。③施工：由于在初期，树苗出芽、生长一般较草的出芽、生长速度慢，如果树、草同时播种，出苗初期的阳光、养分等被草吸收，树苗生长速度慢，甚至死亡。为此，对于树草混播的植物防护应采用两步施工，即先点播，后喷播。采用点播法种植树种，采用喷播法种植草种。当土质松散，急需快速植物防护的边坡，可采取先喷播、后补播的工艺流程。无论采用那一种施工方法，都需施足底肥。

点播：种子种植一般每平方米 4~6 穴，穴深 3~5 cm，穴宽 10~15 cm。肥料与种子以 2：1 的体积充分混合后，一次点播到穴位内，每穴点播种子 5~10 粒后立即覆土，等小苗长到 2~3 cm 高后，即可实施喷播。

喷播：公路边坡坡面一般采用液压喷播法进行植物防护施工，喷播的配比按设计和试验结果（发芽率试验、喷播试验的植物生长情况）进行，种子配备应按两天施工用量提前一天配备好，并挂好标签，以免混用。

喷播程序如下：配料—注水—搅拌—喷播—覆盖。

配料是在喷播车料箱注水的同时，首先加入复合肥和纤维材料（如锯木面等），在注水到约 3/5 时加种子、黏结剂（如胶粉）、保水剂（如纸浆等）以及土壤防蚀剂，注满水后搅拌 15 min 即可用高压水把混合好的液体均匀喷播在坡面上。喷播施工后及时覆盖无纺布，用 U 形铁丝、铁钉、木（竹）钉间隔 60~100cm 把无纺布固定在坡面上。如果是一次施工法，即树种和草种同时一次喷播，由于灌木种子的种皮较厚，应在喷播前用 50℃温水浸泡 12 小时（或进行破壳处理，或在 5%的氢氧化钠溶液中浸泡 12 小时）后再与其他种子拌和，以提高发芽率。但应注意出芽不宜过长，否则在喷播时幼芽易损伤，反而影响成苗率。

（2）公路边坡直播播种防护的施工流程及施工方法。①应采用新鲜的种子，其纯度、重量、含水量、净度和发芽率等应合格。②发芽困难需处理后播种的草种，应进行催芽处理。常用的处理方法有：冷水浸种、机械处理、药物催芽、高温催芽等。③播种以撒播为主，还可以采用开沟条播、穴播等方法。播种均匀，播种后应及时覆土滚压，或用齿耙拉松表土，埋没种子 1~2 cm。④设计的播种量应根据现场情况适当调整。种子发芽率高、填土湿润、疏松、建坪时间充足的，播种量可适当减少；相反，则相应增加。⑤播种后，为保持土壤水分、调节土温和抑制其他杂草，宜覆盖无纺布，苗高 6~8 cm 后可适时揭布。⑥出苗前后应重点进行水肥管理，出苗一周内，尤其要保持土壤水分，并可采用复合肥追肥增加苗势。

（3）三维植被网垫植草施工流程及施工方法、三维植被网垫植草法，种子均匀且用量省，降雨或浇水时不易被冲刷、流失，防止水土流失效果明显。三维植被网垫植草可按以下步骤施工：清理边坡—整平坡面—润湿坡面—铺网垫—用竹（木）钉固定网垫—撒细土—播种—撒土覆盖—浇水养护—后期管理。

4.植物防护的施工质量控制

（1）确定施工质量控制点。①喷播的施工气候；配比、称量的准确，搅拌的均匀性，灌木种子的催芽率，喷播的均匀性、覆盖固定的牢固性。②栽植的树苗质量（树根的完整性、分级情况）；运输对树苗的损伤保护；坑距、坑的尺寸，风大地段的树苗固定情况，底肥施作情况。③葡萄茎繁殖法的根茎长度、种植时的出露情况。④两步施工法的施工间隔。⑤揭布时机。⑥施肥量施肥时的气候。⑦浇水的时机。

（2）公路边坡植物护坡质量检测要求。①成活率的指标。②边坡喷播植物、灌木成活率指标。③覆盖率的指标。

（三）坛工防护施工

1.喷浆、喷射混凝土防护

喷浆、喷射混凝土防护适用于易风化和坡面不平的岩石挖方边坡。喷浆、喷射混凝土的水泥用量较大，可用于重点工程或重点防护地段。根据实践经验，比较经济的砂浆是用水泥、石灰、河沙及水四种原材料，厚度一般为 1~3 cm（喷浆）或 7~15 cm（喷射混凝土）。对较陡或易风化的坡面，可以在喷射混凝土防护之前先铺设加筋材料，加筋材料可以用铁丝网或土工格栅。喷浆、喷射混凝土坡面应设置泄水孔，一般按 2~3 m 间距和排距设置。

（1）喷浆、喷射混凝土防护的施工流程：喷浆、喷射混凝土防护一般按下列工序和步骤进行：施工前准备—测量放样—清理坡面—准备水泥浆或喷射混凝土—预留泄水孔—（打锚孔—清孔—插锚杆—压力灌浆—检查锚杆抗拔力—挂网）—（预留伸缩缝）—喷浆或喷射混凝土—（切缝机切缝—封缝）。

（2）喷浆、喷射混凝土防护的施工方法：①施工前，要清除坡面的活岩、虚渣、浮土、草根等杂物，坡面如有较大的裂缝、凹坑时，应先嵌补牢实，使坡面平顺整齐；岩体表面要冲洗干净，土体表面要平整、密实、湿润；对坡面渗水进行处理。②材料要符合设计规定，不得使用三无产品；钢筋不得有污锈。③泄水孔通常采用预留的方法形成，即在喷浆、喷射混凝土之前将硬塑料管或 PVC 管或钢管或其他地方性材料做成的管子（如竹筒等）放置在泄水孔设计位置，泄水管应外倾、固定，用纸团或木桩堵孔，然后进行喷浆施工，施工完毕后，除掉堵塞排水管的纸团或木桩就可以形成泄水孔。也可以用坡面喷浆、喷射混凝土之后采用风钻钻凿泄水孔。④每 10~15 m 设置一条伸缩缝，用浸沥青木板或塑料泡沫放置在伸缩缝位置，并加以固定，然后进行喷射施工形成伸缩缝；也可以在喷射施工完成后用切割机切割形成伸缩缝。等混凝土凝固后用熔化沥青浇筑封闭伸缩缝。⑤在伸缩缝的下三角位置，可用边长为 30~50 cm 的木板形成木模，在这个三角形木模内，不喷浆、喷射混凝土，用做排水，填土后即可进行绿化。⑥喷射应自下而上进行，喷嘴要垂直坡面，并经常保持 1 m 左右的距离。当混凝土厚度大于 7 cm 时，宜分两层喷射。⑦混凝土 C15 或 C20，配合比（水泥：沙：碎石）为 1：2：2~1：2：3，水灰比 1：0.45~1：0.55。速凝剂用量视品牌，经试验确定。⑧喷射厚度应均匀，喷射次数及厚度，应根据岩体风化、表面破碎情况而定；一般喷 2~3 次即可，厚度为 1~3 cm（喷浆）或 7~15 cm（喷射混凝土）。⑨喷射告一段落后，要进行全面检查，如发现空白点或薄层处，应进行补喷。⑩应采取多种方法保证喷层厚度，如用预嵌标钉、刻槽和激光断面仪等方法检查，每 50 m 长度的边坡，至少应抽检一个断面的上、中、下三处厚度，看其是否符合设计，误差不得大于 10%。

（3）喷浆、喷射混凝土防护施工的质量控制与检查：①喷浆、喷射混凝土施工前，坡面应稳定、平整，并清理干净和处理好坡面渗水，否则不得进行施工；②使用规定的原材料和按规定的方法准备材料；③喷浆或喷射混凝土前，应按 2~3 m 间距和排距放置排水管形成排水孔，或喷射施工完毕后钻凿排水孔；④检查伸缩缝模板的位置准确到位后，才能进行喷射施工；⑤材料配比应符合设计要求，并随时检查配比称量和留足试件进行强度试验；⑥喷射施工中，用预嵌标钉、喷层凿取试件等方法标示检查、控制喷层的厚度并不得有漏喷；⑦喷浆、喷射混凝土防护施工的质量检查内容及方法。

2.勾缝与灌浆防护

勾缝适用于比较坚硬，且裂缝多而细的岩石边坡，防止水分浸入岩层内造成病害。灌浆防护适用于坚硬，但裂缝较宽和较深的岩石边坡，借砂浆的胶结力，使坡面表层成为一个整体的防水层。

（1）勾缝与灌浆防护的施工流程。勾缝或灌浆施工可以按以下步骤进行：清理坡面—拌制砂浆或混凝土—冲洗裂缝—勾缝或灌浆—打磨、抹平—养生。

（2）勾缝与灌浆防护的施工方法有以下三种。①施工前应清除坡面的活岩、虚渣、浮土、草根等杂物，将缝内冲洗干净，并依缝宽和缝深分别按下列要求施工：岩体较坚硬，不容易风化，节理多而细者，宜用勾缝，砂浆应嵌入缝中与岩体牢固结合；节理、裂缝宽度较大者，宜用砂浆灌缝，可用 1∶4 或 1∶5（质量比）的水泥砂浆捣插密实，必要时可用压浆机灌注，灌浆应灌满至缝口抹平；缝宽大而深时，宜用水泥混凝土灌注，可按体积比为 1∶3∶6 或 1∶4∶6 配合比配料灌注振捣密实，灌满至缝口抹平。②在坡面有渗水、泉水的位置应留排水口，在每台坡脚每 2~3 m 处也应留一个排水口。排水口的施工是先留一条或几条节理面，长 5 cm 左右，不进行灌浆或勾缝。③补缝后 3~5 min 进行打磨、抹平，使表面光滑，并用麻袋或青草将缝覆盖，洒水养生。

（3）勾缝与灌浆防护施工的质量控制与检查：①施工前，坡面应稳定、平整，并清理干净和处理好地下水，否则不得进行勾缝或灌浆施工；②使用规定的原材料和按规定的方法准备材料；③灌浆施工过程中，应检查控制灌浆孔的间距、深度和浆液配比、灌浆压力；④注意预留排水口；⑤施工完毕后，必须注意养护；⑥勾缝、灌浆施工的质量检查内容及方法。

3.护面墙

在各种软质岩层和较破碎岩石的挖方边坡，为免受大气、降雨因素影响而修建的护墙，称为护面墙。施工方法有干砌和浆砌两种，多用于易风化的片岩、绿泥片岩、泥质页岩、千枚岩及其他风化严重的软岩挖方边坡防护。

（1）护面墙的构造与布置：护面墙除自重外，还能承担部分墙后土体压力，一般要求挖方边坡能自身稳定。护面墙每 10 m 长设置一道伸缩缝（或沉降缝），缝宽 2 cm，嵌以沥青麻絮（如果不是浸水护面墙，可不进行封缝处理），并每隔 2~3 m 设置 5 cm×5 cm 或 10 cm×10 cm 或 5 cm×10 cm 的泄水孔。公路用地紧张时，护面墙通常与边沟直接相连。当采用梯形断面边沟时，护面墙的面墙可作为边沟的外侧沟帮；当采用带盖板的矩形断面边沟时，边沟外侧沟帮仅 17 cm 宽，且与护面墙相连，这种护面墙有时又叫带边沟的护面墙。护面墙基础应置于稳定的地基上，埋深应根据地质条件确定，在冰冻地区应埋置在冰冻线以下不小于 0.25 m。护面墙的前趾低于边沟底面。墙背顶应用浆砌石或砂浆或黏土填埋密实，以防止雨水渗入墙后引起墙体破坏。护面墙多采用浆砌片石结构，在缺乏石料的地区，也可采用现浇混凝土或预制混凝土块砌筑。混凝土不应低于 C15，砌筑用砂浆不应低于 M5，寒冷地区不应低于 M7.5。在石质较好的路段，护面墙墙身中间可以不铺砌，留出拱形、圆形、方格形等空隙，以节省浆砌圬工，并可以作为排水、绿化等用途。

（2）护面墙的施工流程。护面墙可按下面的工序和步骤进行施工：施工前准备—刷坡—测量放样—基坑开挖—基坑检查—基础砌筑—基础检查—墙身砌筑（预留泄水孔）—墙顶抹面—墙身勾缝—墙背回填（泄水孔处设置反滤层）—交工验收。

（3）护面墙的施工方法有以下六种。①浸水路基处的墙体应选择在枯水季节施工。②护面墙施工前，应清除表面松动岩石、浮渣，边坡能够自稳。③护面墙应挂线砌筑施工，墙背要紧贴坡面，不得干填或乱填碎石块。④护面墙每 10 m 长或基础土质有变化时应设置伸缩缝（或沉降缝），缝宽 2 cm，施工时可在伸缩缝（或沉降缝）处放置厚 2 cm 塑料泡沫，有过水要求的护面墙，应用沥青麻丝填缝，以防挡墙外面的水进入坡体内。⑤护面墙每隔 2~3 m 设 5 cm×5 cm 或 10 cm×10 cm 或 5 cm×10 cm 的方形泄水孔，或直径为 5cm 的圆形泄水孔，泄水孔必须高于原地面线 20 cm（或在洪水位以上 30 cm），泄水孔必须向外倾斜、直顺、无堵塞、无孔洞漏水现象，泄水孔进水口要设置反滤结构。⑥泄水孔的反滤结构可以采用如下三种形式：粒料反滤层；反滤土工布包裹砂反滤层；无砂混凝土反滤层。砂做反滤层施工时，以进水口为中心，形成边长为 30 cm 的进水口集料反滤层；反滤土工布包裹砂施工，是用土工布做成外形比泄水孔稍大的口袋，用 2~5 mm 的砂填装后，塞进泄水孔就可以形成反滤结构；无砂混凝土反滤施工是采用规定的砂粒按《公路路基施工技术规范》的规定拌和后，用无砂混凝土封堵泄水孔的进水口，封闭长度为 5~10 cm，即可形成无砂混凝土反滤结构。

对于严重潮湿或严重冻害的土质边坡，在未进行排水前，不宜直接砌筑护面墙，而应该先排水。排水方法可采用塑料管、PVC 管、竹筒等将坡体水导出，然后再砌筑护面墙。在护面墙达到坡体出水处时，应该设置泄水孔，等该泄水孔的砌筑砂浆和抹面砂浆凝固后才可用泄水孔导水，或直接把排水管砌筑在墙体中，排水管就作为泄水孔。

泄水孔的施工方法是：砌筑护面墙时，在泄水孔位置处的墙体上先留 5 cm 宽或 10 cm 宽的沟槽，并进行抹面或勾缝，在槽上方盖上较平整的片石，然后将编织袋或水泥包装袋（可防止砂浆漏入预留沟槽内）铺在片石上，再抹砂浆，接着砌筑上面的墙体，这种方法能保证排水孔不堵塞。在护面墙上设置泄水孔，也可在砌筑时直接将塑料管、PVC 管、竹筒埋置在泄水孔位置处作为泄水孔。

4.干砌片石护坡

适用于土质、软岩及易风化、破坏较严重的填挖方路基边坡，以防止雨、雪水冲刷。在砌面防护中，宜首选干砌片石结构，这不仅节省投资，而且可以适应较大的边坡变形。如在冻胀严重的路段，干砌片石就显得特别优越。对土质填方路段也能适应路基边坡沉陷变形。但干砌片石护坡受水流冲击时，细小土颗粒易被流水冲刷带走，而引起较大的沉陷。

（1）干砌片石护坡的构造与布置：常用的干砌片石结构分单层铺砌和双层铺砌两种，单层铺砌结构厚 0.25~0.35 m，双层铺砌下层厚 0.15~0.25 m，上层厚 0.25~0.35 m。为防止坡面土层被水流冲出和减轻漂浮物的撞击力，应在干砌防护下面设置碎石或砂砾构成的垫层（反滤层）。垫层一般厚度为 0.1~0.2 m，在一定条件下，也可以用反滤土工布代替。干砌片石护坡坡脚应视土质情况，设置不同埋深的基础。基础的砌筑有两种：墁石铺砌基础和抛石、堆石基础。被防护的边坡自身应符合稳定性的要求，一般坡率应大于 1：1~1.0：1.5。

（2）干砌片石护坡的施工流程：干砌片石护坡可按下列工序及步骤进行施工：施工前准备—刷坡—测量放样—基坑开挖—基坑验收—基础砌筑—基础检查—墙身砌筑—墙顶封面—交工验收。

（3）干砌片石护坡的施工方法：①尽量安排在枯水季节施工；②石料应为新鲜或微风化、坚硬、有棱角和不会冻结而破裂的岩石，其重力密度不应小于 24 kN/m³，在经常浸水的部位，用不易风化岩石；③在防护的边坡上铺石应设垫层，垫层材料最好为碎石或砾石。当边坡材料符合垫层要求时可不设垫层；④铺砌应设置基础，在冲刷情况比较严重时，应设浆砌片石脚墙基础；⑤铺砌应自下而上进行，不损坏垫层；石块应栽砌，大面与坡面垂直，厚度与坡面平行，各石块应彼此镶紧，各砌层间应错缝砌筑；⑥铺石护坡最好在新筑路堤沉实或经可靠的夯实以后再施工；⑦在受水后易发生湿陷而引起较大变形的黄土、石膏地区不宜采用干砌片石防护。

（4）干砌片石护坡施工的质量控制与检查：①施工前，坡面应稳定、平整，并清理干净和处理好地下水，否则不得进行施工；②使用规定的原材料，规格尺寸和强度不符合要求的石料不得用作砌筑；③基础开挖必须到位，验收合格后方可进行墙体砌筑，否则不得进行墙体的砌筑，严禁超挖回填虚土；④石块应栽砌，大面与坡面垂直，厚度与坡面平行，各石块应彼此镶紧，错缝砌筑；⑤随时监督检测砌筑厚度，保证护坡厚度；⑥干砌片石的质量检测项目和方法。

5.浆砌片石护坡

是公路建设，特别是高速公路建设中常用的工程防护方法。浆砌片石护坡是用水泥砂浆将片石空隙填满，使砌石成为一个整体，以保护坡面不受外界因素（水、大气等）的侵蚀，所以比干砌片石有更高的强度和稳定性。

（1）浆砌片石护坡的构造与布置：浆砌片石护坡采用的水泥砂浆一般为 M5，受水流冲刷或寒冷地区应采用 M7.5 或 M10；浆砌片石护坡所使用的石料应是不易风化的坚硬岩石或大块卵石，厚度为 0.25~0.5 m；护坡底面铺设厚 0.1~0.15 m 的碎石或砂砾组成的垫层，在一定条件下，也可以采用与垫层等效的反滤土工布代替；浆砌片石护坡应视土质情况设置砌石基础，其埋深应为护坡厚度的 1.5 倍以上（在冰冻地区设置在冰冻线以下 0.25 m）；浆砌片石护坡应每隔 10~15 m 或地质条件发生变化处设置宽 2 cm 的伸缩缝（或沉降缝），并按 2~3 m 间距预留泄水孔。

（2）浆砌片石护坡的施工流程。浆砌片石护坡可按下列工序及步骤进行施工：施工前准备—刷坡—测量放样—基坑开挖—基坑验收—基础砌筑—基础检查—护坡铺砌—护坡勾缝—墙顶封面—交工验收。

（3）浆砌片石护坡的施工方法有以下四种。①采用人工或机械开挖基础，基础应埋入冲刷线以下 0.5~1.0 m，否则须有防止冲刷基础措施；在寒冷地区应埋入冰冻线以下 0.25 m。②墙身部分每隔 2~3 m，设 5 cm × 5 cm 或 10 cm × 10 cm 或 5 cm × 10 cm 的方形泄水孔或孔径为 5 cm、10 cm 的圆形泄水孔一个，上下两排错位布置，最好呈梅花形分布。泄水孔施工可以采用如下方法：在泄水孔位置处先砌成 5 cm × 5 cm、10 cm × 10 cm 或 5 cm × 10 cm，向外倾斜 3% 的沟槽，并用砂浆抹平，然后干砌沟槽顶面，用水泥袋、塑料布等工地废旧薄层材料盖住沟槽顶的干砌片石后，接着砌筑上面的墙体；在泄水孔位置处放置直径为 5~10 cm 的 PVC 管、竹筒等材料，并向外倾斜 3% 的泄水管，然后继续砌筑上面的护坡。如果需要节省材料，重复利用 PVC 管、竹筒，应该在砂浆初凝后慢慢抽出 PVC 管、竹筒等材料，并用清水冲洗干净，以备后面的泄水孔施工之用。③泄水孔的进水口需设置反滤结构，其施工方法同护面墙反滤层。④沿护坡及墙身长度每隔 10~15 m 设沉降缝一道；基底土质有变化处，亦需设置沉降缝，缝宽 2 cm。在施工过程中可在沉降缝设计位置处先放置 2 cm 厚的泡沫板，以保证沉降缝的直顺度。当边坡为浸水坡面时，缝内应填塞沥青麻絮，防止河水倒灌入路基内，使路基湿软而降低强度和产生淘刷。

6.拱形骨架植草护坡

多用于稳定的土质挖方路基边坡的防护。土质边坡一般采用液压喷播植草进行绿化施工；对风化严重的石质边坡，可在骨架中间透空部分填土后再进行种草、种树等植物防护工作。根据拱形骨架所采用的材料不同，又可分为浆砌片石拱形骨架植草护坡、现浇混凝土拱形骨架植草护坡、预制混凝土块拱形骨架植草护坡等类型。

（1）拱形骨架植草护坡的构造与布置：护坡坡度与路基边坡坡度一致，一般在 1：1 左右，每一台护坡垂直高度为 8~10 m，沿坡长每隔 10~15 m 设置一条伸缩缝（沉降缝），缝宽 2cm 左右，一般设置在拱肋的拱顶处，伸缩缝（沉降缝）上下对齐。拱形护坡的拱肋通常设计成 L 形断面，通过肋条上的拦水埝拦截汇集坡面径流，以减少雨水对坡面的冲刷。在路堤坡面的防护中，为了克服拦水带设置在路面容易形成积水的问题，取消拦水带，采用在最高一道护坡肋上的空格用砂浆或浆砌封面。

（2）拱形骨架植草护坡的施工工艺。①浆砌片石拱形骨架植草护坡的施工流程：浆砌片石拱形护坡可按下列工序及步骤进行施工：施工前准备—刷坡—全站仪定位放样，拱形模放样—人工开挖竖肋和拱肋沟槽—验槽—铺砌竖肋沟底—铺砌竖肋沟帮—支拱形铁皮模—砌筑拱肋—竖肋和拱肋抹面—骨架中间回填客土—植草绿化。②预制混凝土块拱形骨架植草护坡的施工流程：预制混凝土块拱形骨架植草护坡的施工流程及步骤同浆砌片石拱形骨架植草护坡。

（四）沿河路基防护施工

沿河路基防护包括坡岸防护、导流构造物防护和其他防护。各种防护都必须加强基础处理和圬工质量，防止水流冲刷，保证路基稳定。沿河路基防护工程基础应埋设在局部冲刷线以下不小于1m或嵌入基岩内；导流构造施工前，根据现场具体情况采取相应措施，避免冲刷农田、村庄、公路和下游路基。

1.抛石防护

当水流流速为3.0~5.0 m/s时，宜采用抛石防护。抛石防护类似于陡坡路堤在坡脚处设置石垛。抛石体边坡坡度和石料粒径应根据水深、流速和波浪情况确定，石料粒径应大于300 mm，宜用大小不同的石块掺杂抛投；坡度应不陡于抛石石料浸水后的天然休止角。抛石厚度宜为粒径的3~4倍，用大粒径时，不得小于2倍。流速大、水很深、波浪高的路段，抛石应采用粒径较大的石块。抛石石料应选用质地坚硬、耐冻且不宜风化崩解的石块。

2.石笼防护

当水流流速大于5.1 m/s或过多压缩河床，造成上游壅水时，宜用石笼防护或设置驳岸、浸水挡土墙等支挡结构物。石笼防护主要用于缺乏大石块的地区，它是用铁丝编织成长方体或圆柱体框架，内装石料，设置在坡脚处。石笼形状根据设计要求或不同情况和用途选用，笼内填石选用浸水不崩解和不易风化的石料，粒径不小于4 cm，一般为5~20 cm；外层石料要求有棱角，内层用较小石块填充。编制石笼时，应注意各部分尺寸正确，以利于石笼与石笼之间紧密连接。安置石笼时，用于防止冲刷淘底的石笼，应与坡脚线垂直，且堤岸一端固定；用于防止堤岸边坡冲刷时，则垒码平铺成梯形，单个石笼的大小，以不被相应速度的水流冲动为宜，铺设时须用厚0.2~0.4 m的碎（砾）石垫层铺平，底层各角可用铁棒固定于基底。

3.浸水挡土墙和土工膜袋防护

（1）浸水挡土墙施工应符合下列规定：①浸水挡土墙应选用坚硬未风化且浸水不崩解的石块；②应注意浸水挡土墙与岸坡的衔接。

（2）土工膜袋防护施工应符合下列规定：①按设计要求整平坡面，放线定位，挖好边界处理沟；②膜袋铺展后应拉紧固定，防止充填时下滑。③充填材料应根据设计要求和实际情况合理选用，充填应连续；④需要排水的边坡，应适时开孔设置排水管；⑤膜袋顶部宜采用浆砌块石固定，有地面径流处，坡顶应采取防护措施，防止地表水侵蚀膜袋底部；⑥岸坡膜袋底端应设压脚或护脚棱体，有冲刷处应采取防冲措施；⑦膜袋护坡的侧翼宜设压袋沟；⑧膜袋与坡面间应按设计要求铺设好土工织物滤层。

二、路基排水设施施工

路基排水设施可以及时排出地表径流，降低土基湿度，保持路基常年处于干燥和中湿状态，使路基工作区内的土基含水量降低到一定的范围内，确保路基路面具有足够的强度与稳定性。

（一）路基排水的一般要求

路基内的水源来自地表水和地下水。地表水主要是由降水形成的地面径流，地下水是从地面渗入并滞留于上层的滞留水和地下含水层内的潜水。路基排水的目的是通过采取有效措施，使路基内含水量保持在允许范围内，保证路基经常处于稳定状态，满足使用要求。

1.流向路基的地表水和地下水，需在路基范围以外的地点设置截水沟与排水沟或渗沟进行拦截，并引离至指定地点，路基范围内的水源，分别采用边沟、渗沟、渗井和排水沟予以排除。路基排水一般向低洼一侧排除，必须横跨路基时，尽量利用拟设的桥涵，必要时设置涵洞、倒虹吸或渡槽；水流落差较大时，应在较短段落上设置跌水或急流槽。

2.对于明显的天然沟槽，一般宜依沟设涵，不必勉强改沟与合并。对于沟槽不明显的漫流，应在上游设置束流设施，加以调节，尽量汇集成沟导流排除。对于较大水流，注意因势利导，不可轻易改变流向，必要时配以防护加固工程，进行分流或束流。为了提高截流效果，减少工程量，地面沟渠宜大体沿等高线布置，尽可能使沟渠垂直于流水方向，且应力求短捷、水流通畅。沟渠转弯处要求以圆曲线相接，以减小水流的阻力。排水沟的出水口应设置急流槽将水流引出路基或引入排水系统。

3.各种排水设备必须地基稳固，不得渗漏或滞留，并具有适当纵坡，以控制与保持适当的流速。沟槽的基底与沟底沟壁，必要时予以加固，不得溢水渗水，防止损害路基和引起水土流失。

4.施工前，应校核全线排水设计是否完善、合理，必要时应提出补充和修改意见，使全线的沟渠、管道、桥涵组合成完整的排水系统，完成临时排水设施。临时排水设施应尽量与永久排水设施相结合，排水方案应因地制宜、经济实用。施工期间，应经常维护临时排水设施，保证水流畅通。

5.路堤施工中，各施工作业层面应设2%~4%的排水横坡，层面上不得有积水，并采取措施防止水流冲刷边坡。

6.路堑施工中，应及时将地表水排走。

（二）常见排水设施

路基路面排水设施可分为地上的排水设施和地下的排水设施。地面排水设施有边沟、截水沟、排水沟、跌水、急流槽、倒虹吸、渡水槽、蒸发池等,它们分别设置在路基的不同部位,共同形成完整的路基地面排水系统。各类地表排水设施的沟槽顶面应当高出设计水位 0.1~0.2 m,地表排水设施的断面形状和尺寸应满足排泄设计流量的要求,不产生冲刷和淤积。地表排水沟渠宜短不宜长,以使水位不过于汇集,做到及时疏散、就近分流、同时,也应兼做其他流水的用途。

1.边沟

挖方路基以及填土高度低于路基设计要求的临界高度的路堤,在路肩外缘均应设置纵向人工沟渠,称为边沟。其主要功能在于排除路基用地范围内的地表水,包括路面、路肩和边坡的流水。边沟断面形式主要有梯形、矩形、三角形、流线形等,按公路等级、所需排水设计流量、位置和土质或岩质选定。

2.截水沟

是设置在挖方路基边坡坡顶以外或山坡路堤上方的适当位置,用以拦截路基上方流向路基的地表水,减轻边沟的水流负担,保护挖方边坡和填方坡脚不受流水冲刷和损害的人工沟渠。它是多雨地区、山岭和丘陵地区路基排水的重要设施之一。截水沟设在路堑坡顶或路堤坡脚外侧,要结合地形和地质条件沿等高线布置,将拦截的水顺畅地排向自然沟谷或水道。降水量较少或坡面坚硬和边坡较低以致冲刷影响不大的地段,可以不设截水沟;反之,若降雨量较多,且暴雨频率高,山坡覆盖层松软,坡面较高,水土流失较严重的地段,必要时可设置两道或多道截水沟。截水沟的横断面形式一般为梯形,沟壁边坡坡度因土质条件而异,一般采用 1∶1~1∶1.5。沟底宽度和深度不小于 0.5 m,地质或土质条件差,有可能产生渗流或变形时,应采取相应的防护措施。截水沟下游应有急流槽,把路堑或路堤坡面截水沟汇集的雨水导入天然水沟或排水沟。

3.排水沟

主要用于排除来自边沟、截水沟或其他水源的水流,并将其引至路基范围以外的指定地点。当路线受到多段沟渠或水道影响时,为保证路基不受水害,可以设置排水沟或改移渠道,以调节水流、整治水道。排水沟的横断面形式一般采用梯形,尺寸大小应经过水力水文计算而定。排水沟的布置,必须结合地形等条件,离路基尽可能远些,转向时,尽可能采用较大半径(10~20 m 以上),缓慢改变方向,距路基坡脚的距离一般不宜小于 3~4 m;排水沟长度一般不超过 500 m;纵坡大于 7%时,应设置跌水或急流槽。

4.跌水与急流槽

均用于陡坡地段,沟底纵坡可达 100%。由于纵坡大、水流湍急、冲刷作用严重,所以跌水与急流槽必须用浆砌石块或水泥混凝土砌筑,且应埋设牢固。在陡坡地段设置跌水结构物,可在短距离内降低水流流速、消减水流能量,避免出水口下游的桥涵结构物、自然水道或农田受到冲刷。跌水成台阶式，有单级跌水和多级跌水之分。跌水两端的土质沟渠，应注意加固，保持水流畅通，不致产生水流冲刷和淤积，以充分发挥跌水的排水效能。急流槽的纵坡，比跌水的平均纵坡更陡，结构的坚固稳定性要求更高，是山区公路、回头曲线沟通上下线路基排水及沟渠出水口的一种常见排水设施。急流槽主体部分的纵坡依地形而定，一般可达 67%，如果地质条件良好，需要时还可以更陡，但结构要求更严，造价亦相应提高，设计时应通过比较确定。按水力计算特点，由进水口、槽身和出水口三部分组成。

若沟槽横断面不同，为了能平顺衔接，可在急流槽的进、出水口与槽身连接处设过渡段，出水口部分设消力池。各部分的尺寸，根据水力计算确定。急流槽的基础必须稳固，端部及槽身每隔 2~5 m 在槽底设耳墙埋入地面以下，以防止滑动。当槽身较长时宜分段砌筑每段 5~10 m 的预留伸缩缝，并用防水材料填塞。在开挖坡面的急流槽与边沟交汇处，应在边沟设置沉淤池或消能池，一方面可以沉积泥砂，另一方面可以起到消能作用，避免泥砂堵塞边沟和水流冲刷边沟，导致边沟遭到破坏。

5.盲沟与渗沟

设在路基边沟下面的暗沟称为盲沟，其目的是拦截或降低地下水。盲沟造价通常高于明沟，发生淤塞时，疏通困难，甚至需要开挖重建。设置在路基两侧边沟下的盲沟，主要作用是降低地下水位，防止毛细水上升至路基工作范围内，形成水分积聚而造成冻胀和翻浆，或土基过湿而降低强度等。路基在挖方与填方交界处的横向盲沟，用以拦截和排除路堑下面的层间水或小股泉水，保持路堤填土不受水害。盲沟设置在地面以下起引排、集中水流的作用，无排渗水和汇水的作用。简易的盲沟结构主要由粗粒碎石、细粒碎石及不透水层组成。采用渗透方式将路基工作区或以下较浅的大面积地下水汇集于沟内，并沿沟把水排到指定地点，此种地下排水设施统称为渗沟。渗沟有填石渗沟、管式渗沟、洞式渗沟三种形式。三种渗沟均应设置排水层（或管、洞）、反滤层、封闭层。由于渗沟具有汇集水流的功能，渗沟沿程必须是"开放的"。

6.渗井

当路基附近的地表水或浅层地下水无法排除，影响路基稳定时，可设置渗井，将地表水或地下水经渗井通过下透水层中的钻孔流入下层透水层中排除。渗井直径 50~60 cm，井内填充料含泥量应小于 5%，按单一粒径分层填筑，不得将粗细材料混杂填塞。在下层透水层范围内填碎石或卵石，上层不透水层范围内填砂或砾石，填充料应采用筛洗过的不同粒径的材料，井壁和填充料之间应设反滤层。渗井离路堤坡脚不应小于 10 m，渗井顶部四周用黏土填筑围护，井顶应加筑混凝土盖，严防渗井淤塞。渗井开挖应根据土质选用合理的支撑形式，并应随挖随支撑，及时回填。

7.检查井

为检查维修渗沟，每隔 30~50 m 或在平面转折和坡度由陡变缓处设置检查井。检查井一般采用圆形，内径不小于 1.0 m，在井壁处的渗沟底应高出井底 0.3~0.4 m，井底铺一层厚 0.1~0.2 m 的混凝土，混凝土强度必须达到 5 MPa，井基如遇不良土质，应采取换填、夯实等措施。兼起渗井作用的检查井的井壁，应在含水层范围设置渗水孔和反滤层。深度大于 20 m 的检查井，蹬出梯要牢固。井口顶部应高出附近地面 0.3~0.5 m，并设井盖、井框，井盖应平稳，进口周围无积水。

（三）边沟、截水沟与排水沟的施工

通常把边沟、截水沟与排水沟笼统地称为"水沟"，其施工工艺和施工方法非常相似。水沟的施工流程为：施工准备（清理现场、核查设计布置是否合理、组织施工人员及施工机械材料准备）—测量放样—撒石灰线（机械开挖）或挂线（人工开挖）—沟槽开挖—人工修整—验槽—水沟加固（水沟沟底纵坡大于 3%时、土质水沟采用矩形断面时、需要防止水沟水流下渗时）。

当公路用地比较紧张时，边沟、排水沟和碎落台截水沟多采用矩形断面形式，需要结合其他防护工程进行加固处理。高等级公路为了行车安全和增加路面视觉宽度，常在边沟顶面加带槽孔的混凝土盖板。

混凝土盖板的高等级公路边沟施工流程为：全站仪定位放样—撒石灰线—挖机（或人工）开挖沟槽—人工修整—验槽—砌筑沟底—砌筑沟帮—检查沟底、沟帮—沟帮、沟底抹面或勾缝—运输盖板—清除边沟淤积及沉降缝封缝—安装盖板—找平外露边沟顶面。

1.土质水沟的施工方法

根据设计图纸尺寸，利用经纬仪及钢尺或皮尺从中桩引测，或利用全站仪从测量控制点引测，放样点间距直线段一般为 10 m 一点，曲线段根据转弯半径大小为 2~5 m 一点。放样时，应核查水沟设计位置的合理性，是否与公路设施及建筑物位置发生冲突；坡降是否过大或过小，过大是否需要采取加固措施，过小是否会产生积水或漫流现象；与其他防排水措施交接处是否会发生错位或冲刷，是否需要进行防冲加固；出水口水流是否顺畅，是否会发生冲刷危害，是否应采取消能或提高抗冲刷的加固措施；边沟转弯半径是否符合有关要求，是否应在外侧加高和加固。设计存在不合理的地方或存在需要完善的地方，需即时向有关单位进行汇报，并对设计进行修改和完善。放样之后，应进行现场清理，清除杂草、灌木、有机质土及覆土等杂物，平整场地及进行施工临时排水。低等级道路或降水量较少的地区，水沟设计尺寸亦较小，通常采用人工开挖沟槽；反之，高等级道路或降水量较大的地区，水沟设计尺寸亦较大，为了保证施工质量和工期，大多采用人工配合挖掘机开挖。在纵向，一般应从下游向上游开挖。当采用人工开挖作业时，测量放样后，挂线施工。施工时一般采用分段开挖的方法，每一段可以分层开挖，从上至下，逐渐成形；也可以全断面开挖，先开辟出一个工作面，修整成设计断面，然后往前推进，每一个断面都一次成型。当采用机械开挖作业时，应该先放样，然后撒石灰线，挖土机开始工作。开挖过程中，最好欠挖，人工修整到位，不能超挖。如果出现超挖，超挖部分用浆砌片石或其他加固材料找补。开挖时尽量不扰动原状土，当采用机械开挖，可适当欠挖，边挖边测量控制，沟底高程用水准仪实测控制，最后用人工修整。修整时以一定长度（直线段一般为10 m，曲线段按半径大小为2~5 m），按设计尺寸定标准断面，在两标准断面间拉线，按线修整；也可用断面样板或皮尺或钢尺逐段检查，反复修整，直到符合设计要求为止。雨季施工时基坑开挖必须采取防止坑外雨水流入基坑的措施，坑内雨水应及时排出。

2.石质水沟的施工方法

石质水沟的开挖，无论采用人工还是机械施工，均需爆破，使石方松动后再开挖成型，这样很容易超挖，应控制炮孔位置和爆破药量，超挖部分用浆砌片石、混凝土或砂浆找补。石质水沟其他工序的施工方法与土质水沟相同。

3.水沟加固的施工方法

为防止水流对水沟的冲刷与渗漏，对边沟、截水沟和排水沟等地面排水设施的沟底和沟壁应进行加固。

第三章　路面工程施工技术

第一节　路面工程基本知识

一、路面的概念、结构与分类

（一）路面的概念

路面是指用各种材料铺筑在路基上供车辆行驶的构造物，其主要任务是保证车辆快速、安全、舒适地行驶，路面应能够承受交通荷载和自然因素的作用，还要与周围环境衬托协调。

（二）路面的结构

道路行车荷载和自然因素的作用一般随深度的增加而减弱。为适应这一特点，路面结构也是多层次的，路面结构一般由面层、基层、垫层组成，有的道路在面层和基层之间还设立了一个联结层。

1.面层

位于整个路面结构的最上层，直接承受行车荷载，并受自然因素的影响。因此，要求面层应有足够的强度、刚度和稳定性，另外还应有良好的平整度和抗滑性能，以保证车辆安全平稳地通行。面层通常使用水泥混凝土、沥青混凝土、沥青碎石混合料做铺筑材料，有些道路也用块石、料石或水泥混凝土预制块铺筑道路面层，山区交通量很小的地区也直接用泥灰结碎石或泥结碎石做面层。面层可分层铺筑，称为上面层（表层）、中面层和下面层。

2.基层

是指面层以下的结构层，主要起支撑路面面层和承受由面层传递来的车辆荷载作用。因此，基层应有足够的强度和刚度，还应有平整的表面，以保证面层厚度均匀、平整，基层还可能受到地表水和地下水的浸入，故应有足够的水稳定性，以防湿软变形而影响路面的结构强度。基层可采用水泥稳定类、石灰稳定类、石灰工业废渣稳定类以及级配碎砾石、填隙碎石或贫混凝土铺筑。当基层较厚时，应分为两层或三层铺筑，下层称为底基层，上层称为基层，中层视材料情况，可称为基层也可称为底基层。选择基层材料时，为降低工程成本，应本着因地制宜的原则，尽可能使用当地材料。

3.垫层

设在土基和基层之间，主要用于潮湿土基和北方地区的冻胀土基，用以改善土基的湿度和温度状况，起隔水（地下水和毛细水）、排水（基层下渗的水）、隔温（防冻胀）以及传递荷载和扩散荷载的作用。垫层材料不要求强度高，但要求水稳性能和隔热性能好。常用的垫层材料有砂砾、炉渣或卵圆石组成的透水性垫层和石灰土或石灰炉渣土组成的稳定性垫层。

4.联结层

指为加强面层和基层的共同作用或减少基层裂缝对面层的影响，而设在基层上的结构层，经常被视为面层的组成部分。联结层一般采用颗粒较大的沥青稳定碎石、大粒径透水性沥青稳定碎石或沥青灌入式。

（三）路面的分类

从路面力学特性角度划分，传统的分法把路面分为柔性路面和刚性路面。随着科技的进步，又有了新的发展，路面分类进一步得到细化。

1.柔性路面

是指刚度较小、抗弯拉强度较低，主要靠抗压和抗剪强度来承受车辆荷载作用的路面。其主要特点是刚度小，在车轮荷载的作用下弯沉变形较大，车轮荷载通过时路面各层向下传递到路基的压应力较大。

2.刚性路面

是指路面板体刚度大，抗弯拉强度较高的路面。其主要特点是，抗弯拉强度高、刚度大，处于板体工作状态，竖向弯沉较小，传递给下层的压应力较柔性路面小得多。

3.半刚性路面

中国公路科研工作者经过研究和探索，在20世纪90年代初又提出半刚性路面的概念。中国在公路建设中大量使用了水泥稳定类、石灰稳定类和石灰粉煤灰稳定类材料做基层，这些基层材料随着龄期的增长，其强度和刚度也在缓慢地增长，但最终的强度和刚度仍远小于刚性路面，其受力特点也不同于柔性路面。以沙庆林院士为首的中国公路路面科研人员，将之称为半刚性路面基层，加铺沥青面层之后，称为半刚性路面。

4.复合式基层路面

《公路沥青路面施工技术规范》中提出了复合式基层的概念，即上部使用柔性基层，下部使用半刚性基层的基层称为复合式基层。它的受力特点是处于半刚性基层和柔性基层中间的一种结构，可以提高柔性路面的承载能力，在加铺沥青面层之后，称为复合式路面。

当前一个时期内国内大量使用了半刚性路面基层。半刚性基层的整体性好，但易形成温度裂缝和干缩裂缝，并经反射造成沥青面层开裂，水渗入后在行车荷载的作用下出现唧浆现象，进而形成公路路面的早期损坏。将半刚性基层用作下基层，上覆以柔性基层，成为复合式基层，不仅可以提高基层的承载力，也可以扩散半刚性基层裂缝产生的水平应力，进而截断反射裂缝向上传递的途径。同时，柔性基层多采用级配碎砾石结构，具有一定的排水功能，进一步完善基层边缘排水设计，应能起到预防路面早期破坏的效果。重交通量和多雨潮湿地区目前已开始复合式基层的研究和实践。

二、路面施工的特点和基本要求

路面工程是直接承受行车荷载的结构，经受严酷的自然环境和行车荷载的反复作用，因此，对路面工程也提出了更高的要求。

（一）路面施工的特点

1.机械化程度高

随着经济的发展，机械制造业也发展迅速，各种类型、各种功能的路面施工机械相继出现，以前使用人工施工为主的路面施工已经转变为机械化施工为主、人工为辅的局面。如何更好地发挥机械性能，减轻人工的劳动强度，也是路面工程施工组织的重要内容。

2.工程数量均匀，容易进行流水作业

一般情况下一个工程项目路面工程的结构类型和设计厚度是相同的或相近的，除交叉口和收费区范围外，每千米工程数量是均匀的。这使得采取流水作业法安排路面工程施工变得更加容易。

3.路面施工材料相对比较均匀，更容易控制路面质量

采用细粒土的路面基层底基层材料，虽然也采取了因地制宜的原则，用沿线的土进行基层底基层施工，但相对于路基工程—土石混合来讲，土质差别比较小，可以利用塑性指数的差别制定统一的质量控制标准来控制基层质量（如建立相同强度下，塑性指数与灰剂量的关系；或建立相同灰剂量情况下，塑性指数与最大干密度的关系等）。对于采取砂石材料进行施工的路面基层和面层，由于材料的产地相同，材质更加均匀，更容易用同样的质量标准来控制生产。

4.与桥梁工程、台背回填、防护工程施工等相互干扰

在施工进度安排上，因桥梁工程、台背回填、防护工程的滞后影响基层施工时，可采

取跳跃施工的方法；对于面层施工时，应已完成上述工作，不影响面层施工的连续性。

5.废弃材料处理

应注意不对绿化工程、防护工程和水资源造成污染，必要时应采取环境保护措施。

6.半刚性基层沥青路面的基层重排与面层施工的安排

宜在同一年内施工，以减少半刚性基层的反射性裂缝和沥青面层的早期损坏。

（二）对路面工程的基本要求

一般说来，不同等级的公路对路面的使用品质具有不同的要求，主要表现在一定设计年限内允许通行的交通量和要求道路提供的服务等级。首先，路面在设计年限内通过预测交通量的情况下，路面应保持一定的承载能力和抗疲劳能力；其次，路面在风吹、日晒、雨淋、严寒、酷暑、冻融等复杂自然条件下，在设计年限内应保持一定的稳定性和耐久性；最后，就是在设计年限内经过一定的养护管理，路面应具有与公路等级相适应的服务水平，为车辆行驶提供安全可靠、快捷舒适的服务。具体来说，对路面工程有以下七点要求。

1.具有足够的强度和刚度

路面承受车辆在路面行驶时作用于路面的水平力、垂直力，并伴随着路面的变形（弯沉盆）和车辆的振动，受力模型比较复杂，会引起各种不同应力，如压应力、弯拉应力、剪应力等。路面的整体或结构的某一部分所受的力超出其承载能力，就出现路面病害，如断裂、沉陷等；在动载的不断作用下，进而出现碎裂和坑槽。因此，必须保证路面整体和路面的组成部分具有足够的强度，包括修建路面的原材料（如砂石、水泥等），复合性材料（如水泥混凝土、沥青混凝土）和路面结构本身。刚度是指路面抵抗变形的能力，刚度不足时路面在车辆荷载的作用下也会产生变形、车辙、沉陷、波浪等破坏现象。因此，要求路面具有足够的刚度，使路面整体和各组成部分的变形量控制在弹性变形范围内。

2.具有足够的稳定性

路面结构袒露在自然环境之中，经受水和温度等影响，使其力学性能和技术品质发生变化。路面稳定性包括以三项下内容。（1）高温稳定性：在夏季高温条件下，沥青材料如没有足够的抗高温的能力，会发生泛油、面层软化，在车辆荷载的作用下产生车辙、波浪和推挤；水泥路面则可能发生拱胀开裂。（2）低温抗裂性：冬季低温条件下，路面材料如没有足够的抗低温能力，会出现收缩、脆化或开裂；水泥路面也会出现收缩裂缝，气温骤变时出现翘曲而破坏。（3）水温稳定性：雨季路面结构应有一定的防水、抗水或排水能力，否则在水的浸泡作用下，强度会下降，甚至出现剥离、松散、坑槽等破坏。

3.具有足够的平整度

路面应有良好的平整度。不平整的路面会使车辆颠簸，行车阻力增大影响行车安全和司乘舒适，加剧路面和车辆的损坏。因此，路面应具有与公路等级相适应的平整度。

4.粗糙度和抗滑性能

路面表层直接接触车轮，路面表层应有一定的粗糙度和抗滑性能，车轮和路面表层间应有足够的附着力和摩擦阻力，保证车辆在爬坡、转弯、制动时车轮不空转或打滑。路面抗滑性不仅对保证安全行车十分重要，而且对提高车辆的运营效益也有重要意义。

5.耐久性

阳光的暴晒、水分的浸入和空气氧化作用都会对路面结构和材料产生影响，尤其是沥青材料会出现老化，并失去原有的技术品质，导致路面开裂、脱落，甚至大面积的松散破坏。因此，在路面修筑时，应尽可能选用有足够抗疲劳、抗老化、抗变形能力的路用材料，以提高路面的耐久性，延长路面的使用寿命。

6.尽可能低的扬尘性

汽车在路面上行驶，车身后及轮胎后产生的真空吸力作用将吸引路面表层或其中的细颗粒料而引起尘土飞扬，造成污染并影响行车视距，给沿线居民卫生和农作物造成不良影响，尤其是砂石路面。所以，除非在交通量特别小或抢修临时便道的情况下，一般不要用砂石路面结构。

7.具有尽可能低的噪声

噪声污染也影响居民的正常生活，穿越居民区的公路路面可采用减噪混凝土，以降低噪声。

第二节　路面基层施工技术

一、路面粒料基层施工工技术

（一）粒料分类及适用范围

1.粒料分类。

（1）嵌锁型：包括泥结碎石、泥灰结碎石、填隙碎石等。

（2）级配型：包括级配碎石、级配砾石、符合级配的天然砂砾部分砾石经轧制掺配而成的级配砾、碎石等。

2.粒料类适用范围。包括：（1）级配碎石可用于各级公路的基层和底基层；（2）级配砾石、级配碎砾石以及符合级配、塑性指数等技术要求的天然砂砾，可适用于轻交通的二级和二级以下公路的基层以及各级公路的底基层；（3）填隙碎石可用于各等级公路的底基层和二级以下公路的基层。

（二）对原材料的技术要求

1.各类基层底基层的集料压碎值应符合相关的规定。

2.填隙碎石的单层铺筑厚度。厚度宜为 10~12 cm，最大粒径宜为厚度的 0.5~0.7 倍。用作基层时，最大粒径不应超过 53 mm；用作底基层时，最大粒径不应超过 63 mm。填隙料可用石屑或最大粒径小于 10 mm 的砂砾料或粗砂，主骨料和填隙料的颗粒组成可参照有关规范的规定。

3.级配碎石宜用几种粒径不同的碎石和石屑掺配拌制而成，其粒料的级配组成应符合相应的试验规程的要求且级配应接近圆滑曲线。用于底基层的未筛分碎石的级配，宜符合相应的试验规程的要求。级配碎石用作基层时，其压实度不应小于 98%；用作底基层时，其压实度不应小于 96%。

4.级配砾石或天然砂砾用作基层或底基层时，其颗粒组成应符合相应的试验规程的要求且级配宜接近圆滑曲线。级配砾石或天然砂砾用作基层时，其重型击实标准的压实度不应小于 98%，CBR 值不应小于 60%；用作底基层时，其重型击实标准的压实度不应小于 96%，CBR 值对轻交通道路不应小于 40%，对中等交通道路不应小于 60%。

二、路面沥青稳定基层施工技术

（一）沥青稳定类基层分类及适用范围

1.分类。热拌沥青碎石、沥青贯入碎石、乳化沥青碎石混合料等。

2.适用范围。沥青稳定类基层的适用范围是：（1）热拌沥青碎石适用于柔性路面上基层及调平层；（2）沥青贯入式碎石可铺设在沥青混凝土与粒料基层之间作土基层，此时应不撒封层料，也不做上封层；（3）乳化沥青碎石混合料适用于各级公路调平层。

（二）对原材料的技术要求

沥青层的沥青材料、集料应符合《公路沥青路面设计规范》（JTJ 014—97）和《公路沥青路面施工技术规范》（JTG F40—2004）的有关规定及对各类沥青路面材料要求。

（三）热拌沥青碎石施工的一般要求

1.按施工规范要求做好各项施工准备工作。

2.按施工规范规定的步骤进行热拌沥青碎石的配合比设计，即包括目标配合比设计阶段，生产配合比设计阶段，生产配合比验证阶段。配合比设计采用马歇尔试验设计方法。

三、路面无机结合料稳定基层施工技术

（一）无机结合料稳定类（半刚性类）基层分类及适用范围

1.分类

（1）水泥稳定土：包括水泥稳定级配碎石、未筛分碎石、砂砾碎石土、砂砾土、煤矸石、各种粒状矿渣等。

（2）石灰稳定土：包括石灰稳定级配碎石、未筛分碎石、砂砾碎石土、砂砾土、煤矸石、各种粒状矿渣等。

（3）石灰工业废渣稳定土：可分为石灰粉煤灰类与石灰其他废渣类两大类。除粉煤灰外，可利用的工业废渣包括煤渣、高炉矿渣、钢渣（已经过崩解达到稳定）及其他冶金矿渣、煤矸石等。

2.适用范围

（1）水泥稳定土：适用于各级公路的基层和底基层，但水泥稳定细粒土不能用作二级和二级以上公路高级路面的基层。

（2）石灰稳定土：适用于各级公路的底基层以及二级和二级以下公路的基层，但石灰土不得用作二级公路的基层和二级以下公路高级路面的基层。

（3）石灰工业废渣稳定土：适用于各级公路的基层和底基层，但二灰、二灰土和二灰砂不应做二级和二级以上公路高级路面的基层。

（二）对原材料的技术要求

1.水泥。普通硅酸盐水泥、矿渣硅酸盐水泥和火山灰质硅酸盐水泥均可做结合料，但应是初凝时间 3 h 以上和终凝时间较长（宜在 6 h 以上）的水泥。

2.石灰。石灰质量应符合 GB1594—1979 规定的 III 级以上消石灰或生石灰的技术指标。应检验石灰的有效钙和氧化镁含量。

3.粉煤灰。粉煤灰中 SO_2 和 Fe_2O 的总含量应大于 70%，烧失量不宜大于 20%，比表面积宜大于 2500 cm^2/g（或 90% 通过 0.3 mm 筛孔，70% 通过 0.075 mm 筛孔）。

4.集料。要满足级配要求的规定。

5.无机结合料稳定细粒土时，细粒土应符合相关的要求。

6.水泥稳定类材料的压实度（按重型击实标准）及 7 d（在非冰冻区 25℃、冰冻区 20℃ 条件下湿养 6 d、浸水 1 d）龄期的无侧限抗压强度应满足相关要求。

7.水泥剂量。应通过配合比设计试验确定，但设计水泥剂量宜按配合试验确定的剂量增加 0.5%~1.0%，对集中厂拌法宜增加 0.5%，对路拌法宜增加 1%。当水泥稳定中、粗粒

土做基层时，应控制水泥剂量不超过 6%。

8.采用水泥稳定碎石土、砾石土或含泥量大的砂、砂砾。这时宜掺入一定剂量石灰进行综合稳定，当水泥用量占结合料总量的 30%以上时，应按水泥稳定类进行设计，否则按石灰稳定类设计。

9.水泥稳定粒径均匀且不含或含细料很少的砂砾、碎石以及不含土的砂时，宜在集料中添加 20%~40%的粉煤灰或添加剂量为 10%~12%的石灰土进行综合稳定。

10.石灰粉煤灰稳定类材料的压实度（按重型击实标准）及 7 d（在非冰冻区 25℃、冰冻区 20℃条件下湿养 6 d、浸水 1 d）龄期的无侧限抗压强度应满足相关的要求。

（三）其他要求

1.为提高石灰粉煤灰稳定土的早期强度，宜在混合料中掺入 1%~2%的水泥。

2.石灰稳定土用于沥青路面的基层时，除层铺法表面处治外，应在基层上做下封层。

3.石灰稳定土用于基层时，颗粒的最大粒径不应超过 37.5 mm；用于高速公路和一级公路的底基层时，颗粒的最大粒径不应超过 37.5 mm；用于其他等级公路的底基层时，颗粒的最大粒径不应超过 53 mm。

4.不含黏土的砂砾、级配碎石和未筛分碎石，应采用石灰土稳定，石灰土与集料的质量比宜为 1∶4，集料应具良好的级配。

5.石灰稳定土的压实度（按重型击实标准）及 7d（在非冰冻区 25℃、冰冻区 20℃条件下湿养 6 d、浸水 1 d）龄期的无侧限抗压强度应满足相关的要求。

第三节　路面工程施工质量监督

1.路面基层（底基层）施工质量重点监控点

（1）路拌法施工时，路面基层（底基层）应着重监控以下要点：①原材料的松铺厚度和摊铺的均匀程度，原材料包括土、碎石以及水泥、石灰、粉煤灰等结合料剂量的控制方法，保证配合比准确性的措施，EDTA 滴定试验；②原材料的含水量检验；③拌和深度的控制方法，防止出现夹层的措施，拌和均匀性的检查；④高程与横坡度的施工控制；⑤压实机械的组合形式、碾压方法、碾压遍数和压实度的质量检验；⑥接头部位的处理，保证前后施工段的平整；⑦保湿养生；⑧水泥稳定类延迟时间的控制；⑨未成型基层的交通管制。

（2）厂拌法施工时，路面基层（底基层）应着重监控以下要点：①原材料质量，料场硬化，不同规格的石料隔离措施；②拌和机配合比的准确性，尤其是防止易结块的粉状料堵塞喂料斗的筛孔；③各种原材料的含水量检测和拌和加水量的调整，使混合料处于最佳含水量范围；④装运、卸料、摊铺过程中防止混合料离析；⑤摊铺过程中平整度控制，纵横向接缝的施工方法，联机摊铺时的相互配合；⑥碾压与养生；⑦施工便道畅通，保护未成形路段。

2.沥青类路面施工质量重点监控点

（1）沥青的标号和质量指标及其适用的环境；乳化沥青的质量指标及其基质沥青的质量状况。

（2）石料的强度，石料与沥青的黏附性，粗集料的颗粒形状耐磨性能、压碎值等。

（3）拌和机的结构与性能，与工程要求的适应程度。

（4）配合比的检查与监控，沥青用量的检测。

（5）温度监控包括沥青加热温度、石料加热温度、混合料出厂温度、摊铺温度、初压和终压温度的监控。

（6）防止混合料离析的措施。

（7）摊铺机与自卸汽车的配合，保证摊铺机均匀不间断地摊铺。

（8）厚度的施工控制。

（9）纵横向接缝的处理。

（10）未冷却路面禁止通行，沥青灌入式或沥青表处的交通管制。

3.水泥类路面施工质量重点监控点

（1）水泥、石料、沙的质量指标满足要求。

（2）搅拌机的性能，包括产量、搅拌均匀性、配合比的准确性满足要求。

（3）配合比的准确性检查、和易性检查，试件制作和强度试验。

（4）摊铺、振捣、饰面等的控制，拉杆、传力杆的设置。

（5）防止和避免混凝土离析的措施。

（6）模板架设的顺直度、相邻模板的高差、模板架设的牢固程度、拆模时对路面板的保护。

（7）胀缝制作。

（8）切缝方法、切缝时间和填缝。

（9）养生和交通管制。

第四节 路面工程质量通病及防治

一、无机结合料基层裂缝的防治

（一）原因分析

1.混合料中石灰、水泥、粉煤灰等比例偏大；集料级配中细料偏多，或石粉中性指数偏大。

2.碾压时含水量偏大。

3.成型温度较高，强度形成较快。

4.碎石中含泥量较高。

5.路基沉降尚未稳定或路基发生不均匀沉降。

6.养护不及时、缺水或养护时洒水量过大。

7.拌和不均匀。

（二）预防措施

1.石灰稳定土基层裂缝的主要防治方法。

（1）改善施工用土的土质，采用塑性指数较低的土或适量掺加粉煤灰。

（2）掺加粗粒料，在石灰土中适量掺加砂、碎石、碎砖、煤渣及矿渣等。

（3）保证拌和遍数。控制压实含水量，需要根据土的性质采用最佳含水量，避免含水量过高或过低。

（4）铺筑碎石过渡层，在石灰土基层与路面间铺筑一层碎石过渡层，可有效避免裂缝。

（5）分层铺筑时，在石灰土强度形成期，任其产生收缩裂缝后，再铺筑上一层，可有效减少新铺筑层的裂缝。

（6）设置伸缩缝，在石灰土层中，每隔5~10 m设一道伸缩缝。

2.水泥稳定土基层裂缝的主要防治方法。

（1）改善施工用土的土质，采用塑性指数较低的土或适量掺加粉煤灰或掺沙。

（2）控制压实含水量，需要根据土的性质采用最佳含水量，含水量过高或过低都不好。

（3）在能保证水泥稳定土强度的前提下，尽可能采用低的水泥用量。

（4）一次成型，尽可能采用慢凝水泥，加强对水泥稳定土的养护，避免水分挥发过大。养护结束后应及时铺筑下封层。

（三）治理措施

1.可采用聚合物加特种水泥压力注入法修补水泥稳定粒料的裂缝。

2.加铺高抗拉强度的聚合物网。

3.破损严重的基层，应将原破损基层整幅开挖维修，不应横向局部或一个单向车道开挖，以避免板边受力产生的不利后果，最小维修长度一般为6 m。维修半刚性基层所用材料也应是同类半刚性材料。

4.一般情况下，石灰土被用于底基层时，根据其干缩特性，应重视初期养护，保证基层表面处于潮湿状态，防止干晒。在石灰稳定土施工结束后，要及早铺筑面层，使基层含水量不发生大的变化，以减轻干缩裂隙。

二、沥青混凝土路面不平整的防治

（一）原因分析

1.路面不均匀沉降。

2.基层不平整对路面平整度的影响。

3.桥头、涵洞两端及桥梁伸缩缝的跳车。

4.路面摊铺机械及工艺水平对平整度的影响。

5.面层摊铺材料的质量对平整度的影响。

6.碾压对平整度的影响。

（二）预防措施

1.在摊铺机及找平装置使用前，应仔细设置和调整，使其处于良好的工作状态，并根据实铺效果进行随时调整。

2.现场应设置专人指挥运输车辆，以保证摊铺机的均匀连续作业，摊铺机不得在中途停顿，不得随意调整行驶速度。

3.路面各个结构层的平整度应严格控制，严格执行工序间的交验制度。

4.针对混合料中沥青性能特点，确定压路机的机型及重量，并确定出施工的初次碾压温度，合理选择碾压速度，严禁在未成型的油面表层急刹车及快速起步，并选择合理的振频、振幅。

5.在摊铺机前设专人清除掉在"滑靴"前的混合料及摊铺机履带下的混合料。

6.为改进构造物伸缩缝与沥青路面衔接部位的牢固及平顺，先摊铺沥青混凝土面层，再做构造物伸缩缝。

7.做好沥青混凝土路面接缝施工。

（三）治理措施

1.在摊铺层表面有个别超尺寸颗粒，被熨平板带动而在层面划出不规则的小沟，或形成小坑洞。

处理方法：人工及时用适量的细集料沥青混合料填补，并及时碾压整平。

2.摊铺机后局部一片或一条较宽的带内沥青混合料中的大碎石被压碎。

处理方法：采用人工及时把被压碎的碎石混合料铲除，选用合适的沥青混合料补齐和整平。

3.表面层混合料有离析现象（大料集中）。

处理方法：人工及时补撒适量的细集料沥青混合料。

第四章　桥梁、涵洞与隧道施工技术

第一节　桥梁、涵洞施工的技术标准

一、桥梁组成与分类

（一）桥梁组成

桥梁通常由下部结构、支座、上部结构、桥面系及附属设施等组成。桥面系及附属设施是直接与桥梁服务功能有关的部件，包括：桥面铺装防水及排水设施，桥面伸缩装置，人行道与安全带，护栏与隔离设施，桥梁照明设施，桥梁结构与路堤的衔接，桥梁防撞保护设施，桥梁防震抗震设施，桥梁标志、标线视线导引与防眩设施，桥梁防噪与防雪走廊，桥头引道与调治构筑物，桥头建筑和周边景观设计等。

桥梁结构的有关名词主要有三种。

1.净跨径：梁式桥设计洪水位线以上相邻两个桥台（墩）之间的水平距离；拱式桥是拱跨两个拱脚截面最低点之间的水平距离。总跨径是指多孔桥梁中各孔净跨径之和，它反映了桥下排泄洪水的能力。

2.计算跨径：对于具有支座的桥梁，是指桥跨结构相邻两个支座中心间的距离；对于拱式桥，是相邻拱脚截面形心间的水平距离。桥梁结构的分析计算以计算跨径为准。

3.建筑高度：桥上行车路面至桥跨结构最下缘之间的距离，它与桥梁结构和跨径大小有关，也与桥面布置高度有关。

（二）桥梁分类

1.按跨径分类：特大桥、大桥、中桥、小桥和涵洞。

2.按桥梁受力特点分类：拱式桥、梁式桥、悬吊式桥和组合系桥。

3.按承重结构的材料分类：石拱桥、钢筋混凝土桥（预应力）、钢桥。

4.按用途分类：公路桥、公路铁路两用桥、农村道路桥、人行桥、管线桥和渡槽桥等。

5.按跨越障碍性质分类：跨河跨线桥（立体交叉）、高架桥、栈桥。

6.按上部结构行车道位置分类：上承式、下承式、中承式拱桥。

7.按桥面布置分类：双向车道布置、分车道布置、双层桥面布置等。

二、桥梁、涵洞技术指标

（一）桥梁、涵洞设计洪水频率

为保证桥涵孔泄洪能力和桥梁行车安全，桥梁、涵洞设计必须高出桥涵设计洪水频率的水位至少 0.25 m。设计洪水频率是指桥涵设计洪水位发生的频率（1/100 表示百年一遇），不同等级公路的设计技术标准要求不同。

（二）桥面净空

公路桥梁建筑限界应与所在路线的路基宽度保持一致。桥上设置的各种管线等设施不得侵入公路建筑限界。建筑限界应符合《公路工程技术标准》（JTG B01—2014）的规定。高速公路桥梁宜设为上、下行两座分离的独立桥梁，间距一般为 0.5 m，并应设置检修道和护栏，不宜设人行道。一级至四级公路桥梁人行道和栏杆或检修道和护栏的设置应视需要而定，并应与前后路基横断面布置协调。桥梁人行道的宽度宜为 0.75 m 或 1.0 m；大于 1.0 m 时，按 0.5 m 的级差增加；当设路缘石时，路缘石高度取用 0.25~0.35 m。

（三）桥下净空

桥下净空应符合公路建设限界的规定，高速、一级、二级公路的净空高度（H）应为 5.0 m，三级、四级公路净空高度应为 4.5 m。检修道、人行道与行车道分开设置时，其净空高度应为 2.5 m。通航或流放木筏的河流应符合通航标准及流放木筏的要求。

第二节　桥梁的上下施工结构

一、桥梁下部结构

桥梁下部结构由基础和墩台两个部分组成，是支撑支座以上全部荷载，并将其传递到地基中的传力构造物。

（一）桥台

桥台由台身、台帽组成，分重力式桥台和轻型桥台两种类型。重力式桥台主要特点是靠自身重力来平衡外力而保持其稳定，缺点是圬工体积较大。轻型桥主要借助结构物的整体刚度和材料强度承受外力，采用筋混凝土材料建造，其台体积小、自重轻，能降低对地基强度的要求。常用的轻型桥台有埋置式桥台、钢筋混凝土薄壁桥台、有支撑梁的轻型桥台、加筋土桥台等类型。

1.重力式桥台。通常采用 U 形桥台，后台的土压力主要靠桥台自重来平衡，圬工材料多数由石、片石混凝土或混凝土等。

2.埋置式桥台。是将台身埋在锥形护坡中，桥台所受的土压力减小，桥台的体积较 U 形桥台小，其缺点是护坡伸入桥孔，压缩了河道。埋置式桥台按台身的结构形式，分为后倾式、肋墙埋置式、桩柱式和框架式等。

（1）后倾埋置式桥台：属于一种实体重力式桥台。它的工作原理是靠台身后倾，使重心落在基底截面的形心之后，以平衡台后填土的倾覆力矩。桥台由台帽、耳墙、台身和基础组成。

（2）肋墙埋置式桥台：是由两片后倾式肋墙与顶面台帽（盖梁）连接而成，一般情况肋墙设置在桩基承台上。

（3）桩柱埋置式桥台：适宜各种土壤地基，根据桥宽和地基承载能力要求设三柱或多柱形式。柱与钻孔桩相连的称桩柱式；柱子嵌固在普通扩大基础之上的称立柱式。

（4）框架埋置式桥台：框架埋置式桥台是一种在横桥向呈框架式结构的桩基础轻型桥台，它所承受的土压力较小，可充分发挥材料的力学性能，以框架结构本身的抗弯能力来达到减少自重，适用于地基承载力较低、台身较高、跨径较大的桥梁。

（二）桥墩

桥墩是指多跨（两跨以上）桥梁中间支撑结构物，它除承受上部结构荷载外，还承受流水压力、风力以及可能出现的冰荷载、船只、排筏或漂流物的撞击力。按墩身截面形状可分为矩形、圆形、空心墩等；按桥墩结构可分为实体桥墩、柱式墩、空心桥墩、柔性排架墩和框架墩等；按上部结构受力特点可分为简支梁桥墩、连续梁桥墩、拱桥桥墩、斜拉和悬索桥索塔等。

1.简支梁桥墩

（1）柱式桥墩：由基础之上的柱式墩身和盖梁组成。双车道常用的形式有单柱式、双柱式和混合双柱式等。双柱式桥墩由柱与钢筋混凝土盖梁组成，柱与承台或桩直接相连；当墩身高度大于 1.5 倍的桩距时，通常就在桩柱之间布置横系梁，以增加墩身的侧向刚度。

（2）空心桥墩：在一些高大的桥墩中，为减少圬工体积，节约材料，减轻自重，减少软弱地基的负荷，将墩身内部做成空腔体，即空心桥墩。这种桥墩在外形上与实体式桥墩并无大的差别，只是自重较实体式桥墩轻。

2.连续梁桥墩

（1）实体薄壁式桥墩：由墩帽、墩身构成的一个实体结构。墩帽是桥墩顶端的传力部分，相邻两孔桥上的恒载和活载通过支座传到墩身上，因此，墩帽的强度要求较高，一般要求用C20以上的混凝土做成。

（2）柔性排架墩：由单排或双排钢筋混凝土桩、承台、薄壁柔性墩与钢筋混凝土盖梁连接而成。其主要特点是可以通过构造措施，将上部结构传来的水平力（制动力、温度影响力等）传递到全桥的各个柔性墩上，以减少单个柔性墩所受到的水平力，从而达到减小桩、墩截面的目的。

3.拱桥桥墩

按抵御恒载水平力的能力分为普通墩和单向推力墩两种。普通墩除了承受相邻两跨结构传来的垂直反力外，一般不承受恒载水平推力。单向推力墩又称制动墩，它的主要作用是在它能承受单侧拱的恒载水平推力。

4.斜拉和悬索桥索塔

索塔指的是悬索桥和斜拉桥支承主索的塔形构造物。索塔的高度通常与桥梁主跨有关，主梁的最大跨度与索塔高度的比一般为3.1~6.3，平均为5.0左右。索塔结构有多种类型，主要根据拉索的布置要求、桥面宽度以及主梁跨度等因素选用。常用的索塔形式沿桥纵向布置有单柱形、A形和倒Y形，沿桥横向布置有单柱形、双柱形、门式、斜腿门式、倒V形、倒Y形、A形等。索塔横截面根据设计要求可采用实心界面，当截面尺寸较大时采用工形或箱形截面，对于大跨度斜拉桥采用箱形截面更为合理。

二、桥梁上部结构

桥梁上部结构体系较多，如拱式桥、梁式桥（含简支梁、连续梁、悬臂梁）、刚构桥、斜拉桥、悬索桥和组合体系等。桥型设计应根据实际地形、地质与水文、跨越对象、荷载大小、公路等级等条件，进行技术经济比较后确定。

（一）拱式桥

拱式桥的主要承重结构是拱圈或拱肋。拱圈在竖向荷载作用下，以压力的方式沿拱轴线传递，给桥墩或桥台施以水平推力，水平推力能抵消荷载所引起在拱圈（或拱肋）内的弯拉应力。由圬工材料建造的拱桥称圬工拱桥，具有就地取材、节省钢材和水泥、构造简单、有利于普及、承载潜力大、养护费用少等优点，在我国修建得比较多。

1.拱上建筑形式。拱上建筑是指桥面系与拱圈之间的传力构件或填充物。拱上建筑形式有实腹式、空腹式和组合式三种。

（1）实腹式拱桥：是指拱上建筑做成由侧墙、拱腹填料、护拱、变形缝、防水层、泄水管和桥面系等部分组成的实体结构。其优点是刚度比较大，构造简单，施工方便；缺点是随着桥梁跨径的增大，拱桥的自重迅速加大，无法建成较大跨径的拱桥。实腹式一般用在跨径较小的拱桥中，常用跨径为 5~20 m。

（2）空腹式拱桥：拱上建筑做成拱式腹孔和梁式腹孔的空腹式，腹孔墩又可做成横墙式和立柱式。拱式腹孔拱上建筑一般为圬工结构，而梁式腹孔拱上建筑一般为钢筋混凝土结构。空腹式拱桥优点是轻巧，节省材料，外形美观，还有助于泄洪；缺点是施工比较麻烦，受力较复杂。空腹式一般用在大跨径的桥梁中。

（3）组合式拱桥：在拱式桥跨结构中，行车系的行车道结构与主拱组合，共同受力，称为组合体系的拱桥。由拱和梁、拱和拱组成主要承重结构的上承式拱桥，通常是用钢筋混凝土或钢结构建造，兼有实腹式拱桥和空腹式拱桥的优点，跨越能力较大，一般用在大、中跨径的桥梁中。

2.拱轴线形。分为圆弧、抛物线和悬链线三类。

（1）圆弧拱桥：拱圈轴线按圆弧线设置。其优点是构造简单，备料、放样、施工简便；缺点是受荷时拱内压力线偏离拱轴线较大，受力不均匀。一般适用于跨度小于 20 m 的石拱桥。

（2）抛物线拱桥：拱圈轴线按抛物线设置。其优点是弯矩小，材料省，跨越能力大；缺点是构造复杂，如果是采用料石则规格较多，施工不方便。

（3）悬链线拱桥：拱圈轴线是按悬链线设置。其优点是受力均匀，弯矩不大，节省材料。多适用于实腹拱桥，大跨度的空腹拱桥中也常常采用这种拱轴线形布置。

（二）梁式桥

梁式桥在桥墩和桥台处均无水平推力。梁式桥有简支梁桥、连续梁桥、悬臂梁桥、T形钢构桥及连续钢构桥。梁式桥结构简单，跨越能力有限。目前应用最广的钢筋混凝土简支梁跨度为 8~20 m，预应力混凝土简支梁跨度为 20~50 m。

1.实心板梁桥。实心板截面形状简单施工方便、建筑高度小、结构整体刚度大，是小跨径梁桥普遍采用的形式。一般采用钢筋混凝土结构，跨径小于 8 m，梁高一般为 0.16~0.36 m。

2.空心板梁桥。空心板截面形状较实心板复杂、整体刚度大、建筑高度小，但是顶板内需要配制钢筋，同实心板一样是小跨径梁桥普遍采用的形式。钢筋混凝土结构跨径一般在 6~13 m，梁高一般在 0.4~1.0 m；预应力混凝土结构跨径一般在 8~20 m，梁高一般在 0.4~0.85 m。

3.T形梁桥。是我国目前采用最多的截面形式，其受力明确、制造简单、肋内配筋可以做成刚劲的钢筋骨架，间距 4~6 m 的横隔梁使结构整体性很好，接头也方便，但截面形状不利稳定，运输安装较为复杂。钢筋混凝土 T 梁常用跨径 10~20 m，预应力混凝土常用跨径 20~50 m。

（三）刚构桥

刚构桥是梁与墩柱整体刚性连接的结构形式。一般情况下其跨中建筑高度可以做得很小。在竖向移动荷载作用下，梁部主要受弯，柱脚处有水平推力，受力状态介于梁式桥和拱桥之间。常见的有 T 形刚构桥、连续刚构桥、斜腿刚构桥三种类型。T 形刚构桥便于施加预应力，在两个伸臂端上挂梁后可做成很大跨度的刚构架，常被应用于需跨越深水、深谷、大河急流的大跨径桥梁中。连续刚构桥有较好的抗震性能，其刚构造型轻巧美观，当建造跨越陡峭河岸和深邃峡谷的桥梁时，采用这类刚构桥形式往往既经济又合理。斜腿和门式刚构桥主梁在纵桥方向可做成等截面、等高变截面、变高度截面三种形式，刚构桥采用悬臂施工方法，施工机具简便，施工进度较快。刚构桥主梁截面形状与梁式桥基本相同，可以做成板式、肋形、箱形等各种形式。

第三节　涵洞工程施工结构

一、涵洞工程结构与施工

涵洞是横穿路基的人工小型排水构造物。其作用为排泄原水系的流水和路界范围的天然雨水，保证路基的稳固和保障道路沿线耕作水流畅通。

（一）涵洞类型

结构形式可分为人、农机具通行的通道和过水的涵洞，既能过水又可通过人和农机具的称为通道涵。

1.按过水力特性分类。

（1）无压力式涵洞：进口处水位低于洞口高度，在洞身全长范围内水面均不接触洞顶，水流通过全过程无压的涵洞。

（2）压力式涵洞：进出口处水位高出洞顶，洞身全长范围内充满水流，洞顶承受水头压力的涵洞。

（3）半压力式涵洞：进口处水位高于洞口高度，部分洞顶承受水头压力的涵洞。

2.按断面形状分类。按涵洞横断面形状分为圆管涵、盖板涵、箱涵、拱涵等。

（1）圆管涵：洞身以圆形管节修筑的涵洞。圆管涵的直径一般为 0.75~1.5 m，通常预制成 1.0~2.0 m 长的管节。直径较小时，可以用素混凝土；直径大于 1.0m 时，应在混凝土中配置钢筋。其优点是受力性能和适应基础性能较好，不需设置墩（台），圬工数量较少，又便于预制，造价较低；但过水能力较小，要求涵顶上必须有一定高度的填土，一般在设计流量较小和路基足够填土高度（洞顶填土高度≥0.5 m）时采用。

（2）盖板涵：砌石或现浇混凝土的墩台上搭设条石或钢筋混凝土预制盖板的涵洞称为盖板涵。其过水能力一般比圆管涵大，对建筑填土的高度要求较低，适用于矮路堤。

（3）箱涵：洞身为钢筋混凝土整体式矩形断面的涵洞称箱涵，适用于较弱土基，工程造价较高。箱涵可用于顶推施工法施工，即将事先预制好的钢筋混凝土箱体，用顶推设备顶入路基。箱涵在纵向可分为整体式和分段式两类。

（4）拱涵：就地利用石料或混凝土做成拱形跨的涵洞。拱涵可以少用或不用钢筋，其超载潜力较大，拱圈受力可按无铰拱计算，矢跨比不宜小于1/4。但拱涵对地基承载力要求较高，其结构调整高度大，一般适用于高填土和地质条件较好的路基。

（二）涵洞工程结构与施工

涵洞结构由洞口、洞身及附属工程组成。根据涵洞中线与路基中线的关系，可分为正交涵洞和斜交涵洞。正交涵洞中线与路基中线垂直成90°，斜交涵洞中线与路基中线成小于90°的交角。

1.洞口结构。洞口即涵洞的进水口和出水口，分为八字、一字及井字等结构形式。进出水洞口主要构造是由不同形式的挡土墙（翼墙、端墙）及其基础、洞口铺砌等部分组成。

2.洞身结构。洞身包括洞身、基础、垫层、支撑梁。选择洞身结构和各部位尺寸，主要是根据设计荷载、水流流量与流速、地质条件等情况确定。

二、桥梁涵洞工程计量规则说明

1.主要内容。包括：桥梁荷载试验，补充地质勘探，钢筋，挖基，混凝土灌注桩，钢筋混凝土沉桩，钢筋混凝土沉井，扩大基础，现浇混凝土下部构造，混凝土上部构造，预应力钢材，现浇预应力上部构造，预制预应力混凝土上部构造，斜拉桥上部构造，钢架拱上部构造，浆砌块片石及混凝土预制块，桥面铺装，桥梁支座，伸缩缝装置，涵洞工程等。

2.有关问题的说明及提示。

（1）基础、下部结构、上部结构混凝土的钢筋，包括钢筋及钢筋骨架用的铁丝、钢板、套筒、焊接、钢筋垫块或其他固定钢筋的材料以及钢筋除锈、制作安装、成品运输，作为钢筋工程的附属工作，不另行计量。

（2）附属结构、圆管涵、倒虹吸管、盖板涵、拱涵、信道的钢筋，均包含在各项目内，不另行计量。附属结构包括缘石、人行道、防撞墙、栏杆、护栏、桥头搭板、枕梁、抗振挡块、支座垫块等构造物。

（3）预应力钢材、斜拉索的除锈制作安装运输及锚具、锚垫板、定位筋、连接件、封锚、护套、支架、附属装置和所有预埋件，包括在相应工程项目中，不另行计量。

（4）工程项目涉及的养护、场地清理、吊装设备、拱盔、支架、工作平台、脚手架的搭设及拆除、模板的安装及拆除，均包括在相应工程项目中，不另行计量。

（5）混凝土拌和场站、构件预制场、贮料场的建设拆除与恢复、安装架设设备摊销、预应力张拉台座的设置及拆除，均包括在相应工程项目中，不另行计量。材料的计量尺寸为设计净尺寸。

（6）桥梁支座包括固定支座、圆形板式支座、球冠圆板式支座，以体积立方分米（dm^3）计量，盆式支座按套计量。

第四节　隧道施工技术指导与主体结构

一、隧道分类

公路隧道按穿越障碍物性质，可分为山岭隧道和水底隧道。按地质条件可分为岩石隧道和一般软土隧道。穿越山岭的公路隧道，又可按其埋置深度、选线位置、结构类型、长度来分类。

1.按埋置深度分类。按埋置深度（以 2 倍洞跨的覆盖层厚度为界线）分为浅埋隧道、深埋隧道和明洞隧道。

2.按选线位置分类。穿越山岭修建的隧道，称为越岭隧道；利用傍山（沿河）地形修建的隧道，称为傍山隧道。

3.按结构类型分类。公路隧道按结构类型分单洞、连拱、分离式三种。

高速公路、一级公路的上、下行分离为独立双洞的隧道称为分离式隧道；一般在桥隧相连、隧道与隧道相连及地形条件限制等特殊地段上采用中墙分隔的双洞隧道称为连拱隧道。二级以下公路隧道多采用单洞两车道断面。

4.按长度分类。隧道长度是指进口、出口洞门端墙墙面间的距离，即两端墙墙面与路面交线同路线中线交点间的距离。隧道长度不同，施工和运营管理要求不同，其工程计价亦不同。

《公路隧道设计规范》将公路隧道按其长度分为特长、长、中、短四类，见表 4-1 所列。

表 4-1　公路隧道分类

隧道分类	特长隧道	长隧道	中隧道	短隧道
隧道长度 L（m）	$L>3000$	$3000>L>1000$	$1000>L>500$	$L\leqslant500$

二、隧道技术指标

（一）隧道设计基本要求

隧道设计与施工应根据公路等级，结合所处地形、地质施工、运营等条件，遵循安全、经济、环保的原则和隧道各项技术指标要求进行。

高速、一级公路的隧道应设计为双向分离式。分离式独立双洞的最小净距，根据其围岩级别确定，见表4-2所列。

表4-2　分离式独立双洞的最小净距

围岩级别	I	II	III	IV	V	VI
最小净距（m）	$1.0 \times B$	$1.5 \times B$	$2.0 \times B$	$2.5 \times B$	$3.5 \times B$	$4.0 \times B$

隧道内的纵坡一般应小于3%，并大于0.3%，但短于100 m的隧道不受此限。隧道内的纵坡形式，一般宜采用单向坡；地下水发育的长隧道可用人字坡。

不设检修道或人行道的隧道，可不设紧急停车带，但应按500m的间距交错设置行人避车洞。人行横洞的设置间距可取250 m，并不得大于500 m；车行横洞的设置间距可取750 m，并不得大于1000 m，长1000~1500 m的隧道宜设1处，中、短隧道可不设。

（二）隧道设计洪水频率

《公路隧道设计规范》规定，隧道设计洪水频率标准按表4-3取值。

表4-3　洪水频率标准

隧道类别	公路等级			
	高速、一级公路	二级公路	三级公路	四级公路
特长隧道	1/00	1/00	1/50	1/50
长隧道	1/00	1/50	1/50	1/25
中、短隧道	1/00	1/50	1/25	1/25

第五节　隧道工程施工的计量规则

一、隧道工程施工

隧道施工前应对设计图纸进行核对和补充调查，确定施工方案和编制实施性施工组织设计，在施工中遵守《公路工程标准施工招标文件技术规范第500章隧道》（2018年版）《公路隧道施工技术规范》（JTG/T 3660—2020）及《公路工程施工安全技术规程》（JTG F90—2015）的有关规定。

（一）隧道施工特点与方法

1.隧道工程施工的特点。隧道施工具有隐蔽性、作业的循环性、作业空间受限、作业的综合性强、作业环境恶劣、作业的风险性大和受气候影响小等。在隧道施工中必须全面考虑这些特性。

2.隧道施工方法。

（1）矿山法：是一种传统的施工方法。它的基本原理是，隧道开挖后受爆破影响，造成岩体破裂形成松弛状态，随时都有可能坍落。基于这种松弛荷载理论依据，其施工方法是按分部顺序采取分割式一块一块的开挖，并要求边挖边撑以求安全，所以支撑复杂，木料耗用多。随着喷锚支护的出现，使分部数目得以减少，并进而发展成新奥法。

（2）掘进机法：包括隧道掘进机法和盾构掘进机法。前者应用于岩石地层，后者则主要应用于土质围岩，尤其适用于软土、流砂、淤泥等特殊地层。

（3）沉管法、明挖法：用来修建水底隧道、地下铁道、城市市政隧道等以及埋深很浅的山岭隧道。在隧道施工中最重要的是选择合理的施工方法。选择施工方法时应考虑施工条件、围岩条件、隧道断面积、埋深、工期和环境条件等基本因素。

（二）新奥法施工

由奥地利学者 L.腊布兹维奇教授命名为"新奥地利隧道施工法"（New Austia Tunelling Method），简称"新奥法"（NATM）。它是以控制爆破或机械开挖为主要掘进手段，施工中考虑围岩自身承载能力，并以锚杆、喷射混凝土为主要支护方法，是一种新型的施工方法。

1.新奥法施工基本原则。可以归纳为"少扰动、早支护、勤量测、紧封闭"。

（1）"少扰动"：在进行隧道开挖时，尽量减少对围岩的扰动次数、扰动强度、扰动范围和扰动持续时间。因此，要求能用机械开挖的就不用钻爆法开挖；采用钻爆法开挖时，要严格地进行控制爆破；尽量采用大断面开挖；根据围岩级别、开挖方法、支护条件选择合理的循环掘进进尺；自稳性差的围岩，循环掘进进尺应短一些，支护要尽量紧跟开挖面，缩短围岩应力松弛时间。

（2）"早支护"：开挖后及时施作初期喷锚支护，使围岩的变形进入受控状态。这样做一方面是为了使围岩不致因变形过度而产生坍塌失稳；另一方面是使围岩变形适度发展，以充分发挥围岩的自承能力。必要时可采取超前预支护措施。

（3）"勤量测"：是指以直观、可靠的量测方法和量测数据来准确评价围岩（或围岩加支护）的稳定状态，或判断其动态发展趋势，以便及时调整支护形式、开挖方法，确保施工安全和顺利进行。

（4）"紧封闭"：一方面是指采取喷射混凝土等防护措施，避免围岩因长时间暴露而致强度和稳定性的衰减，尤其是对易风化的软弱围岩。另一方面是指要适时对围岩施作封闭形支护，这样做不仅可以及时阻止围岩变形，而且可以使支护和围岩能进入良好的共同工作状态。

2.开挖方法。按开挖隧道的横断面分为全断面开挖法、台阶开挖法、分部开挖法。

（1）全断面开挖法。①全断面开挖法施工顺序：施工准备完成后，用钻孔台车钻眼，然后装药，连接起爆网路；退出钻孔台车，引爆炸药，开挖出整个隧道断面；进行通风、洒水排烟、降尘；排除危石，安设拱部锚杆和喷第一层混凝土；用装渣机将石渣装入矿车或运输机，运出洞外；安设边墙锚杆和喷混凝土；必要时可喷拱部第二层混凝土和隧道底部混凝土；开始下一轮循环；在初次支护变形稳定后，或按施工组织中规定日期灌注内层衬砌。根据围岩稳定程度及施工设计亦可不设锚杆或设短锚杆。也可先出渣，然后再施作初次支护，但一般仍先进行拱部初次支护，以防止局部应力集中而造成的围岩松动剥落。②适用条件：全断面法适用于岩层覆盖条件简单、岩质较均匀的硬岩中；使用大型施工机械；隧道长度或施工区段长度不宜太短（不应小于 1 km）。否则采用大型机械化施工的经济性差。

（2）台阶开挖法：将设计断面分上半断面和下半断面两次开挖成形。台阶法包括长台阶法、短台阶法和超短台阶法三种形式。开挖方式选择应根据以下两个条件确定：第一，满足初次支护形成闭合断面的时间要求，围岩越差，闭合时间要求越短；第二，满足上断面施工所用的开挖、支护、出渣等机械设备施工场地大小的要求。在软弱围岩中应以第一条件为主，兼顾第二条，确保施工安全。

长台阶法作业顺序对于上半断面开挖，其作业顺序为：用钻孔台车或气腿式风钻钻眼、装药爆破，地层较软时亦可用挖掘机开挖；安设锚杆和钢筋网，必要时加设钢支撑、喷射混凝土；用挖掘机将石渣推运到台阶下，再由装载机装入车内运至洞外；根据支护结构形成闭合断面的时间要求，必要时在开挖上半断面后，可施作临时底拱，形成上半断面的临时闭合结构，然后在开挖下半断面时再将临时底拱挖掉。但从经济观点来看，最好改用短台阶法。对于下半断面开挖，其作业顺序为：用钻孔台车或气腿式风钻钻眼、装药爆破；装渣直接运至洞外；安设边墙锚杆（必要时）和喷混凝土；用反铲挖掘机开挖水沟；喷底部混凝土。长台阶法有足够的工作空间和相当的施工速度，上部开挖支护后，下部作业就较为安全，但上下部作业有一定的干扰。相对于全断面法来说，长台阶法一次开挖的断面和高度都比较小，只需配备中型钻孔台车或气腿式风钻即可施工；对维持开挖面的稳定也十分有利。其适用范围较全断面法广泛，凡是在全断面法中开挖面不能自稳，但围岩坚硬不要用底拱封闭断面的情况，都可采用长台阶法。

（3）分部开挖法。包括单侧壁导坑法、双侧壁导坑法、中洞法、中隔壁法(CD)、交叉中隔壁法(CRD)等方法，其特点为：①分部开挖减小了每个坑道的跨度，有利于增强坑道围岩的相对稳定性，易于进行局部.支护。因此主要适用于软弱破碎围岩或设计断面较大的隧道施工；②采用导坑超前开挖，有利于提前探明地质情况，便于及时处理或变更施工手段等；③缺点主要是分部开挖法作业面较多，各工序相互干扰较大，增大施工组织和管理难度。分部钻爆掘进增加了对围岩的扰动次数，不利于围岩的稳定，若采用的导坑断面过小，则会使施工速度减慢而影响总工期等。

二、隧道工程计量规则

1.包括洞口与明洞工程、洞身开挖、洞身衬砌、防水与排水、洞内防火涂料和装饰工程、监控量测、地质预报等计量计价规则。

2.有关问题的说明及提示。

（1）场地布置、核对图纸、补充调查、编制施工组织设计、试验检测、施工测量、环境保护、安全措施施工防排水、围岩类别划分及监控、通信、照明、通风、消防等设备设施预埋构件设置与保护，所有准备工作和施工中应采取的措施均为各节、各细目工程的附属工作，不另行计量。

（2）风水电作业及通风、照明、防尘为不可缺少的附属设施和作业，均应包括在各节有关工程细目中，不另行计量。

（3）隧道名牌、模板装拆、钢筋除锈、拱盔、支架、脚手架搭拆、养护清场等工作，均为各细目的附属工作，不另行计量。

（4）连接钢板、螺栓、螺帽、拉杆、垫圈等作为钢支护的附属构件，不另行计量。

（5）混凝土拌和场站、储料场的建设、拆除、恢复均包括在相应工程细目中，不另行计量。

（6）洞身开挖包括主洞、竖井、斜井。

（7）材料的计量尺寸为设计净尺寸。

第五章 公路工程施工项目采购与合同管理

第一节 公路工程施工项目采购管理

项目采购管理是公路工程施工项目管理的重要组成部分，与项目建设全过程有着密切的联系，是保证项目顺利进行的物质基础。采购管理涉及的物资品种极多、技术性强、工作量大，同时对其质量、价格和进度都有着严格的要求，并具有较大的风险性。稍有失误，不仅影响工程的质量进度和费用，甚至会导致承包单位的亏损。

一、公路工程施工项目承发包方式

所谓承发包方式是以建设单位作为发包方，把公路建设项目的施工任务委托给专业公路施工企业去完成的一种形式。有的施工企业从建设单位承揽到工程任务后，把其中一部分分包给其他专业施工单位去完成，这也是一种承发包关系。承发包方式是目前公路施工最基本、最主要的经营方式。

（一）承发包方式的分类

根据双方建立承发包关系的途径不同，公路项目施工承包方式可分为以下两类。

1.招投标方式

这是一种通过竞争由招标单位从投标单位中择优选择承包单位的方式，这种方式可分为公开招标和邀请招标两种。

（1）公开招标

公开招标也称为无限竞争招标，由业主在国内外主要报纸、有关刊物、电视、广播上发布招标广告，有兴趣的承包商都可以购买资格预审文件，预审合格者可购买招标文件进行投标。这种招标方式可为所有的承包商提供一个平等竞争的机会，业主有很大的选择余地，但增加了资格预审和评标的工程量，也有可能出现故意压低投标报价的投机承包商，以低价挤掉报价严肃认真而报价较高的承包商，因此，采用这种招标方式时，业主要加强对投标商的资格预审，认真评标。

公开招标没有任何限制竞争的因素，贯彻了公平竞争原则。由于信息公开和信息对称是形成完全竞争市场的必要条件，因此，公开招标有利于促使垄断、封闭的市场向完全竞争市场发展。公开招标有利于降低施工成本（或服务成本），但是会增大交易成本。

（2）邀请招标

邀请招标又称为有限竞争招标，这种方式不发布广告，业主根据自己的经验和对各种信息资料的了解，对那些被认为有能力承担该工程的承包商发出邀请，一般邀请5~8家前来投标，这种招标方式一般可以保证参加投标的承包商有此类工程经验，信誉可靠，有能力完成该工程项目，但由于经验和信息资料有一定的局限性，有可能漏掉一些在技术上、报价上有竞争力的后起之秀。因此，此种方式适合于以下情形。

①在特殊情况下，工程规模大，招标单位认为中、小型公司不能胜任，因而选定几家大公司参与投标。

②工程复杂、专业性强，招标单位认为只有某些公司才能承担。

③工程规模较小，为节约招标开支，没有必要公开招标。

④公开招标后无人投标，招标单位只好邀请少数单位投标。

在不公开招标中还有一种情形称为指令性投标，即对某些边远地区的工程，或条件艰险、施工难度大、工期有紧迫的工程，可由建设单位报请上级部门指定若干施工企业前来投标，然后从中选定一家中标单位。

2.协商承包方式

这种方式是业主邀请一家，最多不超过两家承包商来直接协商谈判，由此确定承发包关系，这种方式适用于以下情形。

（1）工程特殊，需要特殊的施工方法，而某一公司拥有该项专门技术。

（2）大、中修和改善工程项目，业主拿不出详细施工资料，只好由双方协商议标。

（3）工程的主要部分已经发包，留下零星部分议标发包。

（4）工程工期紧，如抢修工程，采用公开招投标来不及，只好采用议标发包。

（5）在公开招标、邀请招标时均无人投标，只好转而采用议标形式。

（二）承包工程的取费方式

招标采购是公路建设项目管理中的常见工作。在招投标的情况下，承包工程的价款计算方式一般有以下三种类型。

1.固定总价包干

即承包单位按签订合同时确定的总价包干，负责完成合同规定的全部工作。主要适用于工程规模、技术要求和质量标准都明确的工程。采用这种方式，对招标单位来说，有利于控制投资；对承包单位来说，虽然要承担工程中较大的风险，但也有可能获得较大的盈利。这种方式在公路工程项目施工招标中比较常用。

2.固定单价包干

即以工程量清单中单件为基础进行工程的投标承包，并以合同规定的单价包干，工程完工后双方按下式结算工程价款

工程价款=包干的单价×完工后实测的工程量

这种方式主要适用于工程量事先不能准确计算，或预计到工程规模将有较大变动的情况，如路基土石方工程、桥梁基础工程等。采用此种方法对招标单位来说，可简化招标工作，但不如总价包干那样有利于投资总额的控制；对承包单位来说，只要能提高效率、降低成本，就会有盈利。

3.成本加酬金包干

即发包单位按工程实际成本向承包单位支付费用外，另加一部分费用作为承包单位的利润和酬金。根据酬金确定方式的不同，又可分为以下三种。

（1）按成本加固定数额费用包干

建设单位付给承包单位的酬金是固定的数额。承包单位只要精打细算，节约管理费，就可获得利润；由于是酬金数额包干，建设单位也乐于接受此种方式。

（2）按成本加固定比例费用包干

建设单位付给承包单位的酬金是按工程实际成本的一定百分比计算的，实际成本高，付出的酬金也高。对承包单位来说，收入随成本增高而增高，承担的风险小；但对建设单位来说，成本实报实销，酬金又水涨船高，造价难以控制，故此种方式目前较少使用。

（3）按限额成本加酬金包干

这是前两种方式的改进，规定工程成本不得超过某一最高限额时，超过部分按规定由承发包双方分担。采用此种方式，有利于承包方加大对成本的控制。

由此可知，上述三种成本加酬金包干方法，就投资控制来说，均不如固定总价包干和固定单价包干的方式。因此，这种方式仅适用于：工程设计尚未完成，但建设单位急于开工的工程；预计到施工过程中工程内容可能有变更，材料可能有变动的工程；工程质量要求很高或有特殊要求的工程。

二、公路工程招投标的发展状况

改革开放以来，我国在利用外资，特别是利用世行贷款进行公路建设的同时，也不断借鉴、学习国外先进的工程管理方法，特别是 1987—1990 年利用世界银行贷款，实行国际性招标，采用国际惯例 FEDIC 条款和工程监理制度建设成的京津塘高速公路，在我国公路建设史上具有划时代的意义。"七五"计划期间，以第一批世行贷款公路建设项目的实施为标志，公路工程施工招投标制度在全国部分省、市的一些公路建设项目中开始推行，1985 年，交通运输部发布了《公路工程施工招投标试行办法》，通过"七五"公路建设项

目招投标工作的实践和总结，1989年，交通运输部以第8号部长令正式颁布《公路施工招投标管理办法》，公路工程施工的招投标制度在全国的所有公路基本建设项目中全面展开。

交通运输部1989年颁布的《公路工程施工招投标管理办法》共九章四十六条，不但从目的、范围、原则、管理权限、招标方式等大的方面对招投标工作做出了规定，而且从招标程序、招标文件及标底编制、资格审查、投标、开标、评标与定标、合同签订等招投标过程做出了具体规定，在此办法的指导下，全国公路系统在公路施工的招投标工作进行了多方面有益的探索，不断实践、总结和提高。通过"七五"计划后期，"八五""九五"计划的不断发展，公路工程施工招投标工作已经形成了一系列比较规范和有效的制度、办法、程序和文件。如在招标形式上采用公开招标、邀请招标、不公开标底与公开标底招标；招标文件合同形式等已形成范本；评标、定标均采用评标委员会评定推荐，领导小组审议决定中标单位的方法；评标中采用百分制计分，标价与企业素质、施工组织设计等非价格因素各占一定分值，综合得分最高的单位为推荐中标单位；另外，在招标过程中形成一整套程序和各程序的主要工作内容，每个程序的工作均有具体的做法、标准和要求等。交通运输部在总结全国公路系统招投标工作实践正反两方面经验的基础上，1997年下半年又发布了《公路工程施工招标资格预审办法》和《公路工程施工招标评标办法》，对招投标过程中的关键环节进一步给予规范。公路施工招投标制度的建立完善，有力地促进了公路建设工程管理水平的提高，在保证公路建设工程质量、缩短建设工期、降低工程投资方面取得了良好效果。为加强公路工程施工招标管理，规范招标文件编制工作，交通运输部公路局组织华杰工程咨询有限公司和国内专家以《标准施工招标文件》（2007年版）为依据，考虑公路工程施工的招标特点和管理需要，对2003年版《公路工程国内招标文件范本》进行修订并经审定形成了《公路工程标准施工招标文件》（2009年版）。

三、公路工程采购管理中存在问题

当前，公路工程施工项目的采购管理普遍落后，制约了项目利润的提高，主要表现为以下三点。

1.采购批量较少，没有形成规模效益，采购成本较大。虽然施工项目部不是一个独立的经济实体，还是从属于施工企业，但是，由于大多数施工项目部都远离公司，且比较分散，为了提高项目经营的灵活性和反应能力，一般工程公司都会给施工项目部足够的自主权，包括大部分材料自行采购的权利，这样，公司内部的各个项目部基本上是自己采购材料，彼此互不形成同盟，采购材料的批量较少，总的采购批次较多，没有形成谈判优势，买方的讨价还价能力较低，采购成本较大。

2.施工项目部没有与供应商形成战略联盟，短期行为较多，不利于持续降低商品成本。公路工程施工项目周期一般是2~3年，时间不长，并且流动性很强，不仅地域变化大，而且管理人员变化也大。因此，多数项目部与供应商达成短期合作关系，项目结束，则合作关系就有可能结束。这种关系由于不具有长期性，选择供应商的成本加大，采购成本相应变大，同时，供应商也由于长期需求的不确定性，把大量精力投入到市场营销中去，对持续降低产品成本不够重视，也不利于改善产品成本。

3.施工项目部与供应商在合作中，主要以价格为中心，容易导致供应商的恶性竞争，给工程产品遗留隐患。在公路工程施工行业里，在大宗材料采购中，项目部通常与多家供应商接洽，然后让供应商竞标，最低价者中标。为了争取中标，供应商则想方设法降低投标价，有的投标价甚至是零利润。这样，在后面的供货中，低价中标的供应商为了得到尽可能多的利润，设法降低产品的质量，或者不能做到按要求时间供货，给工程的质量、成本和进度管理留下隐患，有可能得不偿失。也就是说项目部与供应商没有形成互惠互利的关系。

四、公路工程施工招投标程序

（一）招标准备工作

1.组建招标工作班子

为便于统一安排部署整个招标工作，需要组建一个少而精的工作班子，其人员应精通经济和技术方面的业务，熟悉施工生产经营，了解招标项目的技术要求，且掌握公路施工承包市场动态，熟悉国家经济和有关文件规定。招标工作班子的任务主要如下。

（1）了解和剖析国内外招标制度、合同条款和招标案例，提出工程招标工作的总体规划。

（2）负责具体研究和拟订招标的实施计划。

（3）处理招标工作的日程事务。

（4）协调与招标工作有关部门的业务联系。

这个工作班子是招标领导小组的业务工作机构，重大原则问题必须经领导小组审定批准，事务工作则由工作小组全权处理。当工作人员的业务知识范围或人员数量受到限制时，应由工作班子有针对性地聘请业务咨询，以提高工作效率，解决实际问题。

2.确定招标工作范围和招标方式

一个公路工程施工项目可将整个工程作为一个标段实行总发包，也可分为若干标段按单项、单位、分部或专业工程分阶段分项目招标，确定招标工作范围后，再确定招标方式。若将一个工程分成若干标段，每个标段根据具体工作内容也可以有不同的招标方式。一般工程应尽可能采用公开招标方式，如采用邀请招标，应对应邀单位的施工能力、技术水平、管理水平、设备情况和社会信誉有基本的了解，不能盲目行事。

3.编写招标文件

建设单位或委托招标代理单位在招标前编写招标文件，向招标单位介绍招标工程的情况、招标要求、合同条款等内容以及招标的程序和规则。编制招标文件是招标工作中一项十分重要的内容，对其中重要内容的部分要反复推敲。对于公路工程施工项目已有的编好的招标文件范本和表格，招标单位只需按规定填写，附上图纸即可成为完整的招标文件。

（二）招标程序

招标工作的一般程序是：

1.刊登招标公告或发出招标邀请书；

2.发出资格预审文件；

3.进行资格预审；

4.分发或发售招标文件；

5.组织招标单位介绍情况，解答问题，踏勘现场；

6.招标文件修改及回答投标者的提问；

7.接受投标者的投标文件；

8.开标；

9.评标；

10.授标与签约。

第二节　网上招投标和大宗原材料的网上采购

网上招投标是网络经济时代各种招投标形式的综合演变。在网络经济的时代，我们最初的尝试是要把传统的招投标这种高级规范化的交易模式移植到互联网上，但随着互联网和电子商务的发展，网上招投标将可能被注入全新的概念，成为一种更为先进的交易模式和商务管理手段。

一、网上招投标的认识

1.招标是采购的特殊方式

我们在谈到招标的时候，通常会遇到另外一个概念"招标采购"，那么"招标"与"采购"之间到底是一种什么样的关系呢？它们之间存在着什么样的联系和区别呢？实际上无论从字面上还是从本质上理解，"招标"的范畴都没有"采购"广泛，"招标"是"采购"的一种方式。采购在我们日常生活中是一种经常可以遇到的商务行为，大致可以分为两种类型，即目标型和条件型。

所谓目标型采购是指需求方所要采购的商品存在大量的供应商，且标准统一，品牌、型号、规格以及相关服务都已确定，在最后决定是否购买时只需要对价格进行比较和选择。如材料等大宗货物的采购。

所谓条件型采购是指需求方在产生购买需求时尽管可能存在着某些参考条件，如商品的品牌、型号、服务功能和价格等，但这并不能完全满足需求方的实际需求。需求方要根据最后所要达到的目的，参考上述条件，制定出针对本次采购需求特定的一些商务技术条件，如交货期、付款比例和方式、技术参数性能等。需要特别说明的是，需求方在制定这些商务和技术条件时，是不受价格因素所左右的。

针对条件型采购，潜在的供应商必须满足需求方制定的那些商务和技术条件。只有在供应商满足了需求方所有条件的基础上，商品的报价才能被作为选择成交的最后判定，即条件满足后，价格最低者获得购买合同。

因此，针对上述目标型采购的特点，单纯的竞价购买就可以满足需求；而条件型采购则更适合于使用招标方式，因为它需要专家的参与，对供应商能否合理地满足所有条件做出判断，这是一个复杂的特殊过程。

由此可见，招标是采购中一种特殊应用方式。

2.网上招标的含义

网上招标在现阶段就是通过互联网实施项目招标采购。我们所知道的招标程序实质上是一种需求方有条件的选择过程，——从两个以上的潜在供应商之处，通过对供应商进行商务、技术以及价格的综合评定，选择性能价格比最优的供应商，并签订最终的购买合同。如果我们能够将上述过程在互联网上整体实现，那么就可以说我们阶段性地实现了网上招标。

3.网上招标的优势

招标作为采购的一种特殊方式，它的先进性和优越性是不言而喻的，因而正在被广泛地应用到经济生活的方方面面。网上招标相对传统招标而言，在简化操作、缩短周期、扩大宣传、降低成本、增加透明度等方面都有更大的优势。概括起来，主要体现为以下五点。

（1）实施招标准备

相关的项目管理信息通过一次性的录入数据库，从而实现在项目审批、文件编制、评标汇总、合同执行等阶段中反复调用，避免了劳动的重复和差错的产生。

（2）编制招标文件

招标人在编制招标文件时，可以通过调用数据库里的信息资源，快速完成项目招标文件的编制工作。而且由于电子文档具有可复制性和可传输性，多个编制人员可以对所有招标文件实现共享，并且可以通过网络实现招标文件的远程编制。

（3）发布招标信息

招标信息在传统媒体上发表的同时，通过在互联网上的同步发送，可以被更多的潜在投标人所获得，从而扩大招标范围，增强了竞争性。同时通过可下载的电子招标文件，使投标人能更直接地获得详细的招标信息，并即时投入投标准备工作。

（4）开标与竞价

在投标人充分完成投标准备以后，招标方可以通过网络收取投标人网上所递交的电子投标文件，实现跨地域的同时开标。不论是一次报价还是多次竞价，投标报价都可以通过网络同时反馈到招标与投标双方，最大限度上保证了招标的公开和公正。

（5）评标与中标

针对投标人所递交的电子投标文件，运用网络连接数据库里不同的专家评委，进行综合评定。大大缩短了评标时间，增加了评标的公正和安全。系统根据专家评委们的综合评定，自动按照事先公布的评分办法，计算出每一个投标人的综合得分，使招标方确定中标更加准确合理。

二、网络招投标的实施阶段

1.初级阶段：部分招标程序的网络化

在网络招标的初级阶段，我们还不能够全面实施网络招标，尤其是在基础设施不健全、操作者水平不够高的情况下，我们只能实现部分招标程序的网络化。这些可网络化的招标程序包括：项目招标预告、洽谈技术方案、编制招标文件、发布招标文件和进行公开开标。

（1）项目招标预告

项目业主单位或代理机构对将要开展招标的项目进行预告，主要是把有关项目的背景材料、分包方案、采购清单和采购计划等通过网络发布出去，让潜在的投标人能够尽早获取有关项目信息，保证有充裕的时间进行项目跟踪准备。

（2）交流技术方案

招标采购中技术方案和技术参数的合理性和先进性是非常重要的，在编制招标文件技术部分前，招标方通常要就各种不同设计思想的技术方案和具体技术参数与各个潜在投标人进行交流。为获得合理可行的技术方案及先进的技术参数和规格，双方必须经过多次反复交流，既费时又费力。网络技术的发展及其在互联网络上的广泛应用，使招标方在不同的地点同时进行"一对多"的在线技术交流成为现实。实时的商谈、鲜明的对比、真实的记录，将大大提高技术方案交流的效率和质量，缩短项目准备时间，保证项目单位尽早投入到项目实施工作中去。

（3）编制招标文件

招标文件的主体包括商务部分和技术部分。通常情况下，商务部分包含投标人须知、投标数据表（投标书附录）、合同的通用条款及专用条款、需求一览表、报价单格式、投标资格要求文件等内容，即使在不同类型的招标（设备材料、土建施工、人员咨询、集成安装和网络系统等）中，也基本上是大同小异的。针对这些通用性的内容，我们可以建立健全相关的商务文件数据库，供历次招标反复使用。编标人员可以通过互联网调用商务文件数据库里的数据，在项目所在地即时编制商务招标文件。由于招标文件的技术部分涉及的行业不同，不具备普遍共性，在编制的过程中需要专家的参与，因此在初级阶段还不能够实现网络化。随着一定量的积累和专家库的逐步健全丰富，将最终形成相关行业技术文件数据库，如《公路工程国内招标范本》。

（4）发售招标文件

传统的招标信息的发布是通过报纸、杂志这些传统媒体，目的是使尽可能多的供应商获得招标信息，以便形成广泛的竞争，从而达到物美价廉的采购效果。供应商在获得有关的招标信息后必须到指定地点按要求取得招标文件。互联网作为一种飞速发展并应用的新型载体，同时具备信息发布和文件传输的双重功能，较传统媒体而言，不仅具有广泛性——可以使任何潜在的供应商在任何地点获得招标信息，而且具有时效性——供应商在获得招标信息的同时，立即可以通过网络下载招标文件。这样一来。招标的范围扩大了，供应商获取招标文件的手续简化了，招标的竞争程度也相应增强了，有可能达到更好的招标结果。

（5）进行公开开标

现场的公开开标是传统招标程序中体现招标公正性的标志。通过公开开标，招投标双方产生了招标过程中的第一次真正意义上的信息交流，意义是十分重大的。但是，在互联网广泛应用的今天，传统的开标方式越来越表现出它的局限性。伴随着网络文件数字信号在网络传输中的应用，公开开标这一标志性的环节在今天有了通过网络实现的可能。投标人可以在各自的办公室里实时参与千里之外公开开标的全过程，而且能够在开标结束后立即获得全部的开标记录。因此，网络开标不仅可以为投标人节省时间和费用，而且在具有安全保证的前提下更加公开、公正。

2.发展阶段：在线投标、专家参与以及网络评标

在网上招标的发展阶段，有了初级阶段基础设施的建设、人员的培训以及部分招标程序的网络化，使我们在发展阶段通过实现在线投标、专家参与以及网络评标，完成全过程网络招标。

（1）在线投标

投标人为实现中标的目的，必须完成满足招标文件各项要求的投标文件（即响应）。而且，投标文件的质量是决定中标与否的关键性因素。由于针对不同项目的招标文件在商务和技术条件上存在着复杂多样的要求，这样即使是行业内专业的制造厂商或施工单位，一般也很难在初期参与投标的过程中就能高质量地完成投标文件，当然也就不能达到中标的目的。因此，提供给供应商一份标准化的电子表格式的投标文件是十分必要的（目前一般如此）。ASP（Active Server Page）和JSP（Java Server Page）等程序语言在网络中的应用使这一愿望成为可能，投标人在投标的过程中只需要通过浏览器填写标准化的电子表格，就可以完成一份对招标文件做出充分响应的标准化投标文件。这样，不仅减少了投标人由于无法响应招标文件而落标的可能，而且也为招标方简化了其评标工作。

（2）专家参与以及网络评标

即使在网络招标中，人的智慧也是不容忽视的重要因素。随着招标在经济活动中的普遍应用，各行各业专家将更频繁、更广泛地参与其中。在传统招标中，行业专家参与招标的全过程，其中一些环节的介入对招标的结果反而会产生人为的影响，不能很好地保证招标的公正性，因此他们的意见往往在选择中标人时不具有决定性。但在网络招标中，由于招标过程绝大部分实现了网络化和自动化，专家的参与将更直接、更集中在评标的最后阶段，专家的意见将成为投标人中标与否的决定条件。因此在实施网络招标时，必须在拥有健全的涉及各行业的专家数据库的基础上，有针对性地从其中选择、聘请招标所需要的行业专家参与招标工作。专家的参与作用除了在编制招标文件技术部分中体现之外，将更集中地体现于通过网络进行评标之中——每个投标人的投标文件将通过网络匿名发送给所有已选定的行业专家进行评审，专家们根据个人的意见分别进行评标打分，然后网络系统按照招标文件的规定，将专家们的评分进行综合汇总，计算得出各投标人的最后评标分数，并按照得分由高到低的顺序对投标人进行排序，得分高且终审合格的投标人中标。

3.高级阶段：电子商务交易市场中针对特殊需求的特殊交易模式

由于网络时代电子商务的飞速发展，另外一些较先进的交易模式（如网络拍卖、电子化自动交易系统等）已经出现，它们可以连续地、自动地将需求方与供应方进行匹配，从而形成实时的动态定价，一方面提高了效率，另一方面增加了供需双方的收益。而当网络招标的发展阶段全面实现以后，网络招标在成熟的电子商务市场中，将作为针对特殊需求的特殊交易模式得以独立发展。就前面所提到的两种不同的采购类型，可以分别应用上述模式进行采购。

在目标型采购中，对买方列明的待购商品，卖方是通过竞价来获得订单的。这种方式明显有利于买方，尤其在众多卖方针对同一标准商品相压价时，这种优势将更为明显。价格作为唯一的决定因素，随着时间的推移、竞争的激烈而逐步下降，买方最终将与那些价格最低廉的卖方签订合同，并授予订单。由于待购商品本身特征明显、易于描述、标准统一，具备众多的生产供应商，所以无论买方还是卖方都无须对商品本身做任何形式的谈判和交流。买方只需要设定一个限定的时间段，以保证卖方之间能够进行相互的、单纯的价格竞争。鉴于网络拍卖和电子化自动交易系统能够吸引大量涌入的卖方报价，而且互动性和实时性强，可以大大降低采购成本，所以这些以买方驱动型的网络交易模式必将在目标型采购中被广泛应用并流行起来。

在条件型采购中，需求方的需求是复杂的、综合的、难于描述的，是在现有市场中难以直接获取的。需求方只能够描述他的最终愿望以及为实现这些愿望所必须满足的条件，任何供应方一定要对这些条件做出回应。供应方对需求方所提出的所有强制性条件的回应与满足将是所有供应方之间竞争的重点。供应方的报价尽管也是获得需求方合同或订单的必要环节，但一般只作为次要条件予以考虑，因此，供应方的多次反复竞价是完全没有必要的。在保证需求方需求获得最大限度满足的基础上，选择性能价格比最优的供应方，是实现需求方愿望的最佳选择。由于网络招标能够实现这种选择，所以必将是电子商务市场中针对特殊需求的特殊交易模式。

第三节　合同管理

公路工程施工项目合同是指项目组织机构为完成既定的工程目标而与各方达成的明确项目权利义务的具有法律效力的协议。合同作为工程项目正常运作的基础和工具，在工程项目的实施过程中具有重要作用。工程项目合同管理是指对工程项目合同的签订、履行、变更和解除进行监督和检查，对合同履行过程中的争议或纠纷进行处理，以确保合同依法订立和全面履行。工程项目合同管理贯穿于合同签订、合同履行、合同终止、归档等全过程。对合同进行归纳管理，分清其主次轻重，使项目合同管理有效、顺利地开展，对整个工程项目的成功建设将会起到积极的影响作用。

一、公路工程施工项目合同管理的意义

改革开放以来，我国的公路建设事业取得了长足的发展。由于公路工程建设中较早地采用了招投标制度、承包合同制，因而在公路工程质量、工期和造价上取得了良好的效果。特别是现今很多世行贷款工程项目的实施和完善，采用了严格的招投标制度、FIDIC 合同条款及施工监理制度。尽管承包合同制在公路工程建设中得到全面推动，但由于人们观念的更新还有一个逐步认识的过程，因而在执行中尚存在一些问题，诸如对公司的法律地位认识不足，行政干预代替合同管理，订立合同不按法定程序和要求办事，以及合同条款缺

乏平等一致，缺少合同管理的意识等。部分施工企业由于缺乏合同管理意识，企业利润下滑，甚至出现负增长。企业资本（机械、人才、资金）积累逐年递减，职工待遇无法兑现，已影响到对外承揽工程任务及无形资产的流失等。因此，加强和完善合同管理有着非常重要的意义。

二、公路工程施工项目合同管理制度

公路工程施工企业为了更好地落实合同管理工作，必须建立完善的项目合同管理制度。在公路工程施工项目实施中，需建立以下八种完善的制度。

1.施工企业内部合同会签制度

由于施工企业的合同涉及施工企业各个部门的管理工作，为了保证合同签订后得以全面履行，在合同未正式签订之前，由办理合同的业务部门会同企业施工、技术、材料、劳动、机械动力和财务等部门共同研究，提出对合同条款的具体意见，进行会签。在施工企业内部实行合同会签制度，有利于调动企业各部门的积极性，发挥各部门管理职能作用，群策群力，集思广益，以保证合同履行的可行性，并促使施工企业各部门之间相互衔接和协调，确保合同的全面履行。

2.合同签订审查批准制度

为了使施工企业的合同签订后合法、有效，必须在签订前履行审查、批准手续。即将准备签订的合同在部门之间会签后，送给企业主管合同的机构或法律顾问进行审查，再由企业主管或法定代表人签署意见，同意对外正式签订合同。严格的审查、批准手续，可以使合同的签订建立在可靠的基础上，尽量防止合同纠纷的发生，以维护企业的合法权益。

3.印章制度

施工企业合同专用章是代表企业在经营活动中对外行使权利、承担义务、签订合同的凭证。因此，企业对合同专用章的登记、保管、使用等都要有严格的规定。合同专用章应由合同管理员保管、签印，并实行专章专用。合同专用章只能在规定的业务范围内使用，不能超越范围使用；不准为空白合同文本加盖合同印章；不得为未经审查批准的合同文本加盖合同印章；严禁与合同洽谈人员勾结，利用合同专用章谋取个人私利。若出现上述情况，要追究合同专用章管理人员的责任。凡外出签订合同时，应由合同专用章管理人员携章陪同负责办理签约的人员一起前往签约。

4.管理目标制度

合同管理目标制度是为保证各项合同管理活动应达到的预期结果和最终目的设置的各项制度。合同管理的目的是施工企业通过自身在合同的订立和履行过程中进行的计划、组织、指挥、监督和协调等工作，促使企业内部各部门、各环节互相衔接、密切配合，进而使人、财、物各要素得到合理组织和充分利用，保证企业经营管理活动的顺利进行，提高工程管理水平，增强市场竞争能力，使建设项目高质量、高效益地完成，满足社会需要，更好地为发展和完善建筑业市场经济服务。

5.管理质量责任制度

这是施工企业的一项基本管理制度，规定企业内部具有合同管理任务的部门和合同管理人员的工作范围、职责及权利。这一制度有利于企业内部合同管理工作分工协作，责任明确，任务落实，逐级负责，人人负责，从而调动企业合同管理人员以及合同履行中涉及的有关人员的积极性，促进施工企业合同管理工作正常开展，保证合同圆满完成。公路工程施工企业应当建立完善的合同管理质量责任制度，确保人员、部门、制度的落实。

6.统计考核制度

合同统计考核制度是施工企业整个统计报表制度的重要组成部分。完善的合同统计考核制度，是运用科学的方法，利用统计数字，反馈合同订立和履行情况，通过对统计数字的分析，总结经验、教训，为企业经营决策提供重要依据。

7.评估制度

合同管理制度是合同管理活动及其运行过程的行为规范，合同管理制度是否健全是合同管理能否奏效的关键所在。因此，建立一套有效的合同管理评估制度是十分必要的。建立合同管理评估制度，必须满足以下要求。

（1）合法。合同管理制度符合国家有关法律、法规的规定。

（2）规范。合同管理制度具有规范合同行为的作用，对合同管理行为进行评价、指导、预测，对合法行为进行保护奖励，对违法行为进行预防、警示或制裁等。

（3）实用。合同管理制度能适应合同管理的需求，以便于操作和实施。

（4）系统。各类合同的管理制度是一个有机结合体，互相制约、互相协调，在工程建设合同管理中，能够发挥整体效应的作用。

（5）科学。合同管理制度应能够正确反映合同管理的客观经济规律，能保证人们利用客观规律进行有效的合同管理。

8.检查和奖励制度

为更好地发现和解决合同履行中的问题，协调企业各部门履行合同中的关系，施工企业应建立合同签订、履行的监督检查制度。通过检查及时发现合同履行管理中的薄弱环节和矛盾，以提出改进意见，促进企业各部门不断改进合同履行管理工作，提高企业的经营管理水平。通过定期的检查和考核，对合同履行管理工作完成好的部门和人员给予表扬鼓励；对于工作不负责任、玩忽职守的部门和人员给以批评教育和处罚。

三、项目合同管理机构及人员的设置

1.合同管理机构的设立

合同管理机构应当与企业总经理室、工程部等机构一样成为施工企业的重要内部机构。

合同管理是非常专业化且要求相当高的一种工作，所以，施工企业应设立专门的法律顾问室来管理合同的谈判、签署、修改、履约监控、存档和保管等一系列管理活动，而不应兼任，甚至是临时管理。

由于集团型大型施工企业和其属下的施工企业都是独立的法人，故两者之间虽有投资管理关系，但在法律上又相互独立。施工企业在经营上有各自的灵活性和独立性。因此，这种集团型施工企业应当设置二级双重合同管理制度，即在集团和其子公司中分别设立各自的合同管理机构。对于中小型公路工程施工企业也必须设立合同管理机构和合同管理人员，统一管理施工队和挂靠企业的合同，制定合同评审制度，切忌将合同管理权下放到项目部，以强化规范管理。

2.合同管理专门人员的配备

合同管理工作由合同管理机构统一操作，应当落实到具体人员。对于集团型施工企业，合同管理工作较繁重，应当多配人，明确分工，做好各自的合同管理工作；而中小型施工企业，可依具体的合同管理工作量、企业自身情况和企业经营状况决定合同管理人员的数量和管理人员的职责。

由于公路工程施工企业需签订的合同种类繁多，性质各异，不同种类的合同所涉及的行业、专业有不同特点，企业内部各相关职能部门各司其职，分别参与合同的谈判、起草、修改等工作，因此，在合同管理过程中，应注重企业内部机构和人员之间的协作，建立会审和监督机制。

四、项目合同管理程序

合同管理就是要通过合同的策划、签订、合同实施控制等工作，全面完成合同责任，保证公路工程施工项目目标和企业目标的实现。合同管理应遵循以下程序。

1.合同策划和合同评审

在工程项目的招投标阶段的初期，业主的主要工作是合同策划，而承包商的主要合同管理工作是合同评审。

在公路工程中，发包商通过合同分解项目目标，委托项目任务，实施对项目的控制，因此，合同策划对工程项目有重大影响。在进行合同策划时，首先要进行项目总目标和战略分析，确定企业和项目对合同的总体要求；然后，进行相应阶段项目技术设计的完成和总体实施计划的制定；再进行工程项目的结构分解工作；而后，确定项目的实施策略，如工作的具体分配、承发包方式的确定等；还需进行与合同相关事宜的策划，包括合同种类的选择、合同风险分配策划等；项目管理工作过程策划，包括项目管理工作流程定义、项目管理组织设置和项目管理规则制定等；最后是招标文件和合同文件的起草，这项工作是在合同的招标过程中完成的。

公路工程合同评审应在合同签订之前进行，主要是对招标文件和合同条件进行审查、认定、评价，对合同的合法性、条款的完备性及合同的风险进行分析。通过合同评审，可能发现合同中存在的内容含糊、概念不清之处或自己未能完全理解的条款，对此进行仔细研究，认真分析，制定相应的措施，以减少合同中的风险，减少合同谈判和签订中的失误，这样将有利于合同双方合作愉快，促进公路工程项目施工的顺利进行。

2.合同签订

经过对合同分析，评审和谈判之后，就可以签订合同了。

3.合同实施计划

合同签订之后，公路工程施工单位应该按合同的约定履行合同，为更好地履行合同，防止违约事件的发生，应首先制订合同实施计划。

4.合同实施控制

在项目实施过程中通过合同控制，确保承包商的工作满足合同要求。合同实施控制包括对各种合同的执行进行监督、跟踪、诊断、工程的变更管理和索赔管理等。

5.合同变更

合同的履行是指合同双方按照合同规定的标的、数量和质量、价款或酬金、履行期限、履行地点和履行方式等，全面地完成各自承担的义务。在合同履行过程中，由于各种原因，会出现合同变更。合同变更的范围很广，一般在合同签订后所有工程范围、进度，工程质量要求、合同条款内容、合同双方责权利关系的变化等都可以被看作合同变更。公路工程施工项目合同变更包括设计变更、进度计划变更、施工条件变更以及原招标文件和工程量清单中未包括的"新增工程"，合同变更是合同实施调整措施的综合体现。当发生合同变更时，应按下列程序进行处理。

（1）发包人对原设计进行变更。施工中发包人如果需要对原工程设计进行变更，应不迟于14天以书面形式向承包人发出变更通知。承包人对发包人的变更通知没有拒绝的权利，但是当变更超过原设计标准或者批准的建设规模时，需经原规划管理部门和其他有关部门审查批准，并由原设计单位提供变更相应的图纸和说明。

（2）由于承包人原因对原设计进行变更。施工中承包人提出的合理化建议涉及对设计图纸或施工组织设计的更改及对原材料、设备的更换，需经工程师同意，工程师同意变更后，还需经原规划管理部门和其他有关部门审查批准，并由原设计单位提供变更相应的图纸和说明。

（3）其他变更的程序。除设计变更外，其他能够导致合同内容变更的都属于其他变更。这些变更的程序，应由一方提出，与对方协商一致签署补充协议后，方可进行变更。在合同履行过程中，对于并非自己的过错，应由对方承担责任的情况造成的实际损失，应向对方提出索赔，要求给予经济补偿和（或）工期顺延。承包商应该在施工过程中，通过加强合同管理、重视施工计划、注意工程成本控制、提高文档管理等措施及时、合理地提出施工索赔，以维护自己的正当权益。

6.合同后评价

项目结束阶段后对采购和合同管理工作进行总结和评价，以提高以后新项目的采购和合同管理水平。

五、项目合同管理工作注意事项

项目合同一经签署就对签约双方产生法律约束力，任何一方都应严肃、认真、积极地执行合同，否则将承担相应的违约责任。为此，在工程项目合同管理中应注意以下事项

1.签约前注意了解对方是否具有法人资格，对方的信誉如何及其他有关情况和资料。当由代理人签约时，则要了解是否有具有法律效力的法定委托书。

2.合同本身用词要准确，不能发生歧义，要符合《中华人民共和国经济合同法》等规定，要注意合同主要条款是否齐全，用词是否确切。

3.合同签订后应按有关规定及时送交合同主管部门审查及向有关部门备案。因为有些合同必须经相关部门批准方能生效。

4.要主动、及时地组织和督促各职能部门严格按合同规定履行义务。

5.全部合同文件应由专人负责整理保管，包括合同文本附件及工程施工变更洽商等资料及涉及经济责任的会议纪要往来函电等。坚决避免工程尚未完成，合同及有关资料丢失现象的发生。

6.项目合同的变更、解除应经过认真的调查研究，且不能违背法定的程序及企业的有关规定。

7.利用合同及时、合理提出索赔。

第六章　公路工程施工项目人力资源管理及优化

第一节　项目人力资源管理概述

美国管理学权威彼得·德鲁克说："企业或事业唯一的真正资源是人。管理就是充分开发人力资源以做好工作。"任何一个组织，没有有效的人力资源管理，根本不可能实现其目标。人力资源管理在项目整个资源管理中也占有很重要的地位，从经济的角度看，人是生产力要素中的决定要素，在社会生产过程中，处于主导地位。

项目人力资源管理是项目管理中关键的一环，主要包括两方面：一是项目人员的管理，二是项目团队的建设。项目团队中的人员有不同于其他组织人员的需求特征，项目团队中的成员以团队精神为前提，更加关注自尊和自主的需求。项目人力资源包括管理层和操作层两个层面，只有加强了这两方面的管理，充分调动他们的积极性，才能很好地去掌握手中的材料、设备、资金，把一项建设工程做得尽善尽美。而要做好项目人力资源管理，首先，根据项目具体要求获得相应的人员；其次，进行培训开发，使其具有完成项目的知识和技能；最后，在项目实施过程中，重要的是激励人员，激发和保持他们的工作热情和积极性。工作团队是现代项目流行的作业形式，建立高效的团队是项目人力资源管理的重要内容。项目团队的发展可以分为形成阶段、震荡阶段、正规阶段、表现阶段及后期阶段。在项目团队的形成期，应侧重于人力资源的整合；在项目团队的震荡阶段，应加强人力资源的协调和沟通；在项目团队的正规、表现阶段及后期阶段，要更加关注人力资源的激励和安抚。

一、项目人力资源管理的主要内容

项目人力资源的目标就是通过对项目的利益相关者进行整合、培训、激励，以提高组织绩效，同时使项目成员获得工作满足感。项目人力资源管理的主要工作包括组织规划、人员的甄选和人力资源开发。

1.组织规划

组织规划就是根据项目目标及工作内容的要求确立项目组织中角色、权限和职责的过程。

2.人员甄选

人员甄选就是根据项目计划的要求，确定项目整个生命周期内各个阶段所需要的各类人员的数量和技能，并通过招聘或其他方式，获得项目所需人力资源，从而构建一个项目组织或团队的过程。

3.人力资源开发

人力资源开发包括培训、考核及激励等内容。人员培训工作是根据培训计划的安排进行项目组织成员的岗前培训及在岗培训，以保证项目组织成员能胜任所要承担的项目任务，并在项目目标实现过程中不断提高其素质和能力的过程。人员考核工作是在项目目标实现过程中，对组织成员的工作绩效进行评价，以实现客观公正的人事决策的过程。人员激励工作是通过采取各种恰当的措施，调动组织成员的积极性，从而使组织成员努力工作的过程。

二、人力资源管理与传统人事管理的区别

现代的人力资源管理来源于传统的人事管理，是人事管理的继承和发展，具有与人事管理大体相似的职能，但由于指导思想的转变，造成了二者在形式、内容、效果等方面均存在差别。主要的区别在于以下四方面。

1.管理观念的区别

传统的人力资源管理将人视为"工具"，而现代人力资源管理将人视作"资源"，不仅注重产生，更注重开发。要做好人力资源的开发，必须大大提高人力资源的品位，开发人的潜能。要把人力当成资本，当成能带来更多价值的价值，就要把提高人的素质，开发人的潜能作为人力资源管理的基本职责。

2.管理重心的转移

传统的人力资源管理以"事"和"物"为核心，而现代人力资源管理以"人"为核心。现代人力资源管理的重点要以人为本，尊重人、关心人，树立为人服务的观念，形成一种公平、公正的激励和分配机制。

3.管理视野和内容上的区别

传统的人力资源管理功能是招募新人，填补空缺。而现代人力资源管理被提高到组织战略高度来对待，而不是只当成事务性工作来对待，还要担负工作设计、规范工作流程、协调工作关系的任务。

4.管理组织上的区别

现代人力资源管理要打破过去劳动人事管理模式下的条条框框，将重点放在工作流程、工作岗位、激励机制有效性、合理性的评估上，放在人力资源的培养和调度上，而对于具体的岗位设立、薪酬激励办法以及薪金的发放，应该由其他专业的部门（譬如财务）来制定和操作，人力资源管理部门被视为生产与效益部门。

三、工程项目人力资源管理及其主要内容

1.工程项目人力资源管理

工程项目人力资源管理以人力资源管理相关基本理论为基础，以项目管理理论为依托。因此，研究工程项目人力资源管理必须从项目管理、工程项目管理的整体出发，弄清各系统之间的关系以及系统与环境之间的关系。同时，运用现代化的管理手段和方法，对工程项目人力资源管理研究起着重要作用。

工程产品与其他工业产品不同，具有产品固定性和生产流动性，即某个工程项目结束后，其组织结构随之解散，劳动工具和人力资源随之迁移到新的项目或回归母公司企业中去。这使工程项目对人力资源管理必须具有很强的应变能力和可塑性，要求项目管理人员有坚强的事业心、机敏的组织才能和高超的领导艺术，项目人员要有无私奉献和吃苦耐劳的精神。另外，就工程项目人员数量而言，随着工程的进展，人力资源需求也会发生较大的变化，表现为开工初期递增和施工后期递减，中间阶段是人力资源需求的高峰。组织结构的弹性要求工程项目的人力资源管理也必须是弹性的，人力资源管理的方式和内容必须经常根据外部和内部环境的变化进行适当的调整，实现动态管理。

这样，工程项目人力资源管理模式与企业人力资源管理也存在较大区别，工程项目人力资源管理必须符合项目管理发展的规律，需要在人力资源管理活动的不断发展和调整中，逐步适应工程项目战略目标、组织结构、能力开发等形态后形成。工程项目人力资源管理与企业人力资源管理的主要区别如表6-1所列。

由此可见，工程项目管理是以工程项目人力资源管理为核心的管理活动。人力资源管理同项目管理中的时间、成本、预算和质量一样重要，在项目的整个阶段尤其是项目的实施阶段扮演着重要的角色。人力资源管理是项目成功的基础，是为完成一个特定项目而将人力资源和其他资源结合成一个短期的组织，是把各种知识、技能、手段和技术应用于项目中，寻找一个"满意解答"。

表 6-1　工程项目人力资源管理与企业人力资源管理的区别

区别	类别	
	企业一般人力资源管理	工程项目人力资源管理
管理方式	企业领导方式多样化	强调项目经理负责制
管理机构	企业组织是稳定的、长期的，隶属是唯一的	项目组织是临时的，一次性的，灵活和柔性的。同时隶属于不同部门
管理对象	企业是相对持续稳定的经济实体和人	一个具体项目有一次完成的人。主要是项目经理，项目团队、项目成员以及与项目相关的其他干系人
运行规律	以现代企业制度和企业经济活动内在规律为基础	以项目周期和项目内在规律为基础的，一次性多变的活动过程
资源规划	近期和长远发展对人力资源需求，对预测要求比较高	满足某一项目的近期需求，需求预测要求的程度较低，但各阶段对人力资源管理的要求比较复杂
人员获取	企业人力资源招聘、录用程序是常规性的	针对某一个具体项目发展周期往往是非常规的，仅有项目才有的特殊程序
绩效评价	企业单位评价指标较复杂、内容较多	项目管理中对人员仅进行短期考核，评价指标以业绩，能力，态度为主
组织文化	企业组织文化是经过长期营造、积累而成的	项目组织文化则是一种在短期内主动而成的功利性文化
激励机制	企业激励机制手段是多方面的。以物质和精神激励为主	项目组织随项目完成而解散，对项目团队成员应当以物质激励、能力开发为主
管理方法	企业管理是职能管理和作业管理相结合，是实体型管理	项目管理方法是按项目管理知识体系中的技术和工具方法进行管理

2.工程项目人力资源管理内容

一般而言，工程项目人力资源管理是指对工程项目的人力资源管理。它包含两个方面的含义：一是工程项目人力资源管理同属于人力资源管理的范畴之内，二是工程项目人力资源管理的对象是主要的内部项目干系人。目前，国内工程项目管理由于在实施过程中，各阶段的任务和实施的主体不同，也就构成了工程项目管理的不同划分：业主方的项目管理、工程设计方的项目管理、施工方的项目管理。其管理者分别是业主单位、设计单位、施工单位和咨询单位，他们从不同方面对项目实施管理。所以，一个工程项目参与的人员一般来自几个方面，形成不同的项目组织。人力资源管理的主要内容包括以下五个方面。

（1）组织和组织规划：在项目管理目标的指导下，对工程项目整体人力资源的计划和安排。即按照项目目标，通过分析和预测所给出的工程项目人力资源在数量上、质量上、结构上的明确要求，具体包含组织和组织规划的输入、输出和转化。

（2）资源获取：明确工程项目人力资源的计划、获取、资源布局与配备使用、控制和管理要求。包括人力资源的招收、培训、录用和调配（对于劳务单位）；劳务单位和专业单位的选择和招标（对于总承包单位）。

（3）能力建设：一是针对某一具体项目任务进行培训，二是对工程项目人力资源的潜力进行开发，三是为工程项目人力资源能力的积累进行培训。充分发挥个人和项目组织的协同效应，约束和激励项目成员，提高和改进个人和项目组织的工作绩效，从而实现项目目标。

（4）绩效评价与改进：明确规定工程项目人力资源管理绩效评价和改进的对策建议，对劳动者进行考核，以便对其进行奖罚。

（5）过程管理：策划并确定工程项目管理的各个过程，明确各个过程中的人力资源管理的主要特征以及相应的管理方法和途径。要做到科学合理地组织劳动力，节约使用劳动力；改善劳动条件，保证职工在生产中的安全与健康；加强劳动纪律，开展劳动竞赛，提高劳动生产效率。

第二节　公路工程施工项目人力资源组织规划

公路工程施工项目人力资源管理计划是对人力资源投入量、投入时间和投入步骤，做出一个合理的安排，以满足项目实施的需要。

一、项目组织规划与设计的依据

1.项目的工作任务

项目组织规划与设计中最重要的依据是根据项目目标和项目产出物生成的项目工作任务，其中最重要的是项目工作分解结构（WBS）。

2.项目的人员需求

项目组织规划与设计的另一依据是整个项目工作的人力资源需求。

3.项目限制因素

所谓项目限制因素是指限制人们做出不同的项目组织规划与设计方案选择的各种因素。也就是说，如果没有这些限制因素，项目组织规划与设计可能选用其他的方案。项目组织规划与设计的主要限制因素包括以下四方面。

（1）执行组织的组织结构

组织结构是组织在职责、职权方面的动态结构体系，其本质是为实现组织战略目标而采取的一种分工协作体系。组织结构的类型不同，项目经理担负的责任也不同。一个以强矩阵型为基础结构的组织，意味着它的项目经理承担着与此相关重大责任，比以弱矩阵型为基础结构的组织中的项目经理所承担的责任更为重大。

（2）集体协商条款

与工会或其他雇员组织达成的合同条款可能会要求特定的任务或报告关系（实质上，雇员组织也是项目相关人员）。

（3）项目管理小组

如果项目管理小组在过去运用某些特定的管理结构取得成功，它就可能在将来提倡使用类似的结构。

（4）预期的人员分配

项目的组织常受专业人员的技术和能力的影响，他们的能力也将影响他们权利和责任的分配。

二、项目组织规划的方法

1.项目组织分解方法

组织分解结构是项目组织结构图的一种特殊形式，描述负责每个项目活动的具体组织单元，它是将工作包与相关部门或单位分层次、有条理地联系起来的一种项目组织安排图形。组织分解结构的分解方法与 WBS 类似，只是不是按照项目可交付成果的分解而组织的，而是按照组织内现有的部门、单位和团队而组织的，把项目活动和工作分列在现有各部门下。这样，相关部门只需找到自己在其中的位置，就可洞悉承担的所有职责。

2.一般的组织管理理论

一般的组织管理理论具有系统性和理论性，主要包括区别经营和管理、管理活动五大职能（计划、组织、指挥、协调和控制）、十四项管理原则、倡导研究管理理论、开展管理教育、管理人员的素质和品质等。一般的组织管理理论是各种管理理论和管理实践的重要依据。

3.一般的人力资源管理方法。

人力资源管理的主要方法有"抽屉式"管理、"危机式"管理、"一分钟"管理、"破格式"管理、"和拢式"管理、"走动式"管理等方法。

三、项目组织规划与设计的结果

1.项目组织结构图表。

2.项目角色和责任的分派。

3.项目组织人员配备规划书。

4.相关的各种细节。

四、人力资源管理计划

1.人力资源需求和配置计划

确定公路工程施工项目人力资源的需要量是人力资源管理计划的重要组成部分，它不仅决定人力资源的招聘、培训计划，而且直接影响其他管理计划的编制。人力资源需求计划要根据施工项目的性质、特点、规模、技术难度、工期要求及施工条件等，围绕项目总进度计划的实施进行编制。因为总进度计划决定了各个单项工程的施工顺序及延续时间和人数，它是经过组织流水作业，去掉劳动力高峰及低谷，反复进行综合平衡以后，得出的劳动力需求量计划，反映了计划期内应调入、补充、调出的各种人员变化情况。在公路工程施工中，根据具体情况，一般设置有土方工程队、路面工程队等，或按需要设置有钢筋班组、模具班组、运输班组、机务班组等组织。

项目人力资源配置包括人力资源的合理选择、供应和使用。项目的人力资源配置既包括市场资源，也包括内部资源。无论什么性质的资源，都应遵循资源配置的自身经济规律和价值规律，以便于更好地发挥资源的效能，降低工程成本。因此，组织要建立适应市场经济要求的资源配置制度和管理机制，其中最重要的就是做好人力资源配置计划工作。公路工程施工项目人力资源配置计划应根据组织发展计划和组织工作方案，结合人力资源核查报告，进行制订。人力资源配置计划阐述了单位每个职位的人员数量、人员的职务变动、职务空缺数量的补充办法。

2.人力资源培训计划

劳动力的素质应满足和适应施工内容的需要，有些工种必须组织学习培训，做到持证上岗。因此，为保证人力资源的使用，在使用前还必须进行人力资源的招雇、调遣和培训工作，工程完工或暂时停工时必须解聘劳动者或将其调到其他工地工作。为此，必须按照实际需要和环境等因素确定培训和调遣时间的长短，及早安排招聘，并签订劳务合同或工程的劳务分包合同。人力资源培训计划是人力资源管理计划的重要组成部分。按培训对象的不同可分为工人培训计划、管理人员培训计划、技术人员培训计划等；按计划时间长短的不同则又可分为中长期计划（规划）、短期计划等。人力资源培训计划的内容应包括培训目标、培训方式、培训时间、各种形式的培训人数、培训经费、师资保证等。编制劳动力培训计划的具体步骤如下。

（1）调查研究阶段

①研究我国关于劳动力培训的目标、方针和任务，以及工程项目对劳动力的要求等。

②预测工程项目在计划内的生产发展情况以及对各类人员的需求量。

③摸清劳动力的技术、业务、文化水平以及其他各方面的素质。

④摸清项目的人、财、物、教等培训条件和实际培训能力，如培训经费、师资力量、培训场所、图书资料、培训计划、培训大纲和教材的配置等。

（2）计划起草阶段

①根据需要和可能，经过综合平衡，确定职工教育发展的总目标和分目标。

②制定实施细则，包括计划实施的过程、阶段、步骤、方法、措施和要求等。

③经充分讨论，将计划用文字和图表形式表示出来，形成文件形式的草件。

（3）批准实施阶段

上报项目经理批准，形成正式文件、下达基层、付诸实施。

第三节　公路工程施工项目人力资源获取

人力资源的选择需要根据项目需求确定人力资源的性质数量标准，根据组织中工作岗位的需求，提出人员补充计划，对有资格的求职人员提供均等的就业机会；根据岗位要求和条件允许来确定合适人选。

一、人员获取的依据

1.人员库描述

当项目组织进行人员分配时，必须考虑到可获得的潜在人员的特点。考虑的内容包括以下方面：一是所用人员有没有类似或相关工作的经验，二是所用人员是否对这个项目的工作有兴趣，三是所用人员是否能在一个团队中合作愉快，四是所用人员是否能在需要他们的时间段获得。

2.招聘规定

涉及项目的一个或多个组织可能制定有管理人员分配的方针、文件和程序。这些规定存在时，便成为人员获取过程的约束条件。具体如下。

（1）完成项目的每项工作任务（或工作包）需要的技能。

（2）在挑选项目团队队员时，既需要考虑队员的技能，也要考虑其个性。

（3）项目队员的来源，是从公司内部挑选还是从市场上进行招聘。

（4）被挑选的队员是否有时间并愿意参加此项目。

（5）外界协作者，如项目顾问、技术专家等，需要支付的成本。

二、人员获取的途径

1.从组织内部获取

从组织内部获得人员，一般通过谈判、事先指定等方式。对于大多数项目，人员配备必须经过谈判。而在某些情况下，人员可能事先指定到项目上，这种情况一般发生在：一是项目竞标的结果，并在建议书中承诺安排特定的人员：二是内部服务项目，项目章程对人员分配进行了规定。

2.从组织外部可以获得特定个人或团体的服务

当决定不按全职雇佣某类人员，或是具有适当技能的所有人员已经派往其他项目上，或者其他情况造成总公司无法提供项目所需成员时，从市场上进行招聘是一种有效的方式。虽然这种方式花费较多的费用，但是这种方式招聘人员能给项目组织带来许多创新思想和新的活力。

3.专业协作方

可以通过协议、支付佣金的方式，把一些专业的协作方（如咨询顾问、供应商等）纳入项目团队的管理体系。当项目工作需要时，支付佣金即可以进行雇佣；项目工作完成时，协议便马上终止。这种灵活的项目管理方式无疑可为项目团队节省一定的成本。

三、公路工程施工项目人力资源管理获取步骤

1.谈判（协商面谈）

谈判是在合同签署以前就合同要求做出澄清并达成一致意见。其中包括人员的选择，用于评价一个候选人的资格、可接受性是否符合职位要求、资质、能力以及个人成长与发展愿望。对于工程项目组织的发展要求，可以制定一个面试结果指南。面试结果指南强调、引导实际的面试，把职位要求与面试过程相联系，指南是简单的、直接的、用以说明每一步面试的目的、期望和结果的图表文件。"目的"部分应联系到职位要求，以便征求到评价候选人的有用信息；"期望"部分说明在面试过程中将要发生的交换类型，此项对创造一种有效的面试方法很有帮助；"结果"部分有助于面试者了解每一步的面试结果。

发展型面试强调组织的使命感和其对项目人员可持续发展的贡献，并用于建立与潜在候选人的长期联系，这种面试技术采用独特的、随机的问题去考虑候选人的空间。通过提供项目管理职业的成长和发展空间来考察候选人的发展计划。因此，这个技术揭示了对可持续发展的更深层次的理解。发展型面试寻求与候选人成长和发展的愿望、能力和资质相匹配的职位。这种面试是基于双方评价和选择，即组织和候选人是同时进行的，当双方达成共识，就开始建立积极的长期关系，即使这次没有被某一项目招聘，也为未来组织招聘做了储备。

2.甄选

合格候选人的甄选在职位提供之前应进一步考虑候选人的道德如何，其职业目标、价值观、信仰、态度与组织是否一致。从而建立组织成员与项目组织之间的相互关系，形成相对稳固的文化氛围，凝聚成一种无形的合力与整体趋向，激发项目组织成员努力去实现项目组织的共同目标。如果缺少这一点，项目组织的凝聚力就会减弱。

3.获取

除了日常的招募之外，当项目组织缺少完成项目所需的内部人员时，则通过对外部招聘方式获取，也可以对项目承担组织内部的成员进行重新分配。设置合适的获取项目人员的政策、方法、技术和工具，从而在适当的时候获得项目所需的高素质，并且具有善于合作的人员或团队来实施项目活动。例如：可以通过招标、签订合同等方式，来获取特定的个人和团队承担项目工作。通过定量和定性分析相结合的方法对一承包商进行评估和选择等。

4.输出（人员募集的输出）

基于项目需求，人员可分配为全职、兼职或临时。根据项目的需求所列出的项目团队及团队成员和其他项目干系人可以是正式或非正式的，设计特别详细的或简单的人员活动清单。这个过程改善了获取人力资源的质量和数量，保证组织筛选到那些有知识、有能力、有持续成长和发展空间的人员，尤其是项目经理人员的选择，是工程项目组织的发展基础，是项目成功的关键。

四、公路工程施工项目人力资源管理控制

项目人力资源管理控制主要包括人力资源的选择、订立劳务分包合同、教育培训和考核等内容。

1.人力资源的选择

公路施工企业是劳动密集型的部门，根据不同的生产特点和实际工作需要，可分为以下三种用工制度。

（1）固定工制。即职工被录用后，只要没有重大过失，其工作可以一直保持到退休。这是过去使用的一种用工制，目前使用越来越少。固定工制度使职工工作固定不变，人才难以流动，不能适应市场变化。

（2）劳动合同制。它是以签订劳动合同的形式规定劳动者和用人单位双方的权利和义务，实行责、权、利相结合的一种用工制度。合同制打破了固定用工的"终身制"，使企业可以根据生产需要订立、延续，辞退劳动力，促进工人的积极性。这种方式是目前推广应用的用工制。

（3）临时工制。是企业根据生产过程中临时性的工作需要招收人员的制度，主要适用于季节性施工的企业。

施工企业应根据生产需要招收员工，应在劳动部门指导下，采取公开招收，志愿报名，全面考核、择优录用的方式，在建立劳动关系后应及时订立劳务合同。

2.劳务合同

（1）劳务分包合同的形式

劳务分包合同的形式一般可分为以下两种。

①按施工预算或招标价承包。

②按施工预算中的清工承包。

（2）劳务分包合同的内容

劳务分包合同的内容应包括工程名称，工作内容及范围，提供劳务人员的数量，合同工期，合同价款及确定原则，合同价款的结算和支付，安全施工，重大伤亡及其他安全事故处理，工程质量、验收与保修，工期延误，文明施工，材料机具供应，文物保护，发包人、承包人的权利和义务，违约责任等。

3.人力资源的培训

公路工程施工企业根据生产发展的需要，应有计划地对员工进行人力资源培训，以提高员工的劳动素质，增强劳动者的业务能力和工作能力。对从事技术工种的劳动者，上岗前必须经过培训，学习国家规定的职业技能标准，应对其实行职业资格证书制度。

4.人力资源的考核

为鉴定员工的实际技术水平，调动员工工作的积极性，合理使用人才，公路工程施工必须对员工进行日常和定期考核。日常考核以平时在岗完成任务的业绩为主，定期考核主要考查技术理论知识和实际操作能力，对员工考核的成绩应记录归档，作为调资晋级的一项重要依据。

5.劳动力的控制要点

劳动力的需要数量与生产周期（工期）工程量是紧密相关的。因此，当已知劳动力需要数量以后，应根据施工进度计划和工种需要数量进行配置。每个施工项目劳动力配置的总量，应按工人劳动生产率进行控制。其控制要点如下。

（1）应在工程施工进度图劳动力需用量的基础上再行具体化，防止漏配。必要时，应根据实际情况对劳动力计划进行控制性调整。

（2）如果现有的劳动力能满足施工进度计划要求，配置时应贯彻节约原则，以降低成本。如果现有劳动力不能满足施工进度计划要求，可通过进行招募等方法（如任务转包等）以满足要求。如果在专业技术或其他素质上现有人员或新招收人员不能满足要求时，则应提前进行培训，再上岗作业，并必须加强对此的控制力度。

（3）配置劳动力时应以定额为基准，让工人有超额完成的可能，以获得奖励，进而激发出工人的劳动热情。

（4）应保持正在使用的劳动力和劳动组织相对稳定，防止频繁调动。只有当劳动组织不适应任务要求时，才进行劳动组织和人员调整。例如：当关键线路发生变化时，应考虑打乱原建制，进行优化组合，以保证劳动力配置能满足施工情况变化的要求。

（5）为保证施工作业需要，工种组合、技术工人与普工比例必须加以控制，保证比例适当，配套合理。

（6）控制时尽量做到使劳动力均衡配置，既满足施工的需要，又便于控制管理，使劳动资源适当，以达到节约的目的。

（7）控制劳动力消耗的均衡性。每天出勤的工人人数力求不发生大的变动，即劳动消耗力求均衡。可通过劳动力需求量图来进行控制。

劳动力消耗的均衡性，可用劳动力不均衡系数 K 表示，并作为控制的参考依据。劳动力不均衡系数的值应大于或等于 1，一般不超过 1.5。

$$K = \frac{R_{\max}}{R_{平均}}$$

式中 $R_{\max}$——施工期中人数量高峰值；

$R_{平均}$——施工期间加权平均工人人数。

对施工工期和劳动力均衡性的控制，可采取调整的方法进行处理。①要求缩短工期时，可采取对工期较长的主导劳动量施工增加班制或工人数（包括机械数量）的调整措施，来达到缩短总工期的目的。②要求工期不允许延迟，劳动力出现较大不均衡时，可采取在允许的范围内，对工序的开工或完工日期进行调整，以达到劳动力需求量较为均衡的目的。③当处于特定条件时，某些工程的工期没有严格限制，而在投资、主要材料及关键设备等某方面有时间或数量限制时，则应将这些特定条件作为控制因素进行调整。

第四节　公路工程施工项目人力资源开发

一、施工项目的劳动力管理

施工项目的劳动力来源于社会的劳务市场，企业劳务由企业劳务管理部门（或劳务公司）管理，对外用合同向劳务分包公司招用劳动力。

1.劳务输入

坚持"计划管理、定向输入、市场调节、双向选择、统一调配、合理流动"的方针。具体操作时，项目经理部根据所承担的工程项目任务，编制年度劳动力需求计划，交公司劳务管理部门。公司以内部施工队伍为主，外部施工队伍为辅进行平衡，然后由项目经理部根据公司平衡的结果，进行供需见面，双向选择，与施工劳务队签订劳务合同，明确需要的工种、人员数量、进出场时间和有关奖罚条款等，正式将劳动力组织引入施工项目，形成施工项目作业层。如果项目经理部直接与劳务分包公司签订合同，必须有法定代表人授权。

2.劳动力组织

劳务施工队均要以整建制进入施工项目，由项目经理部和劳务分包公司配合，双方协商，共同组建栋号施工承包队，栋号承包队的组建要注意打破工种界限，实行混合编班，提倡一专多能，一岗多职，形成既有主力专业工种，又有协作配套力量，并能独立施工的栋号承包队。

3.劳务队伍管理

项目经理部对于到位的施工劳务队伍组建的现场施工作业队，除配备专职的栋号负责人外，还要实行"三员"管理岗位责任制，即由项目经理派出专职质量员、安全员、材料员，实行一线职工操作全过程的监控、检查、考核和严格管理。

二、公路工程施工项目人力资源管理考核

人力资源管理考核应以有关管理目标或约定为依据，对人力资源管理方法、组织规划、制度建设、团队建设、使用效率和成本管理等进行分析和评价。对人力资源管理的考核应定期举行，一般可分为月度、季度、半年、年度考核等，其中月度考核以考勤为主。对于特别事件，可以举行不定期专项考核。

1.人力资源管理考核评比

（1）人力资源管理考核评比标准。对人力资源进行考核评比时，多采取百分制和等级制考核相结合的评比办法，即设立"优""良""中""差"四个等级，按岗位职责划分出得分项目，累计为100分。考核时以得分多少就近套等级，得90分以上的为"优"，80分以上的为"良"，70分以上的为"中"，70分以下的为"差"。

（2）人力资源考核评比方法。目前，我国对人力资源的考核和评比工作，多采取定期考核与不定期抽查考核相结合、年终总评的方法。定期考核每月一次，由考评小组进行；不定期抽查考核由部门负责人组织，中心领导参加，随时可以进行，抽查情况要认真记录，以备集中考核时运用，年终结合评先工作进行总评。对中层干部和管理人员的考评，由服务中心领导组织职工管理委员会中的职工成员共同参与，进行年度考评。

（3）人力资源考核评比工作的实施。人力资源考核评比小组（简称考评小组）在每次对各部门、各岗位的工作情况进行全面检查考核后，要召开例会，结合平时的抽查情况、职工的考勤和日常工作表现、服务对象的满意度等综合因素，为每一名职工打分，做出综合评价。

考评小组通常由7人组成，其具体实施办法是：7名考评小组成员按照各自掌握的被考评职工的综合情况，先独立给出各自的综合评价分（综合评价分的起评标准为：优为

90~95 分，良为 80~85 分，中为 70~75 分，差为 60~65 分），在给出的这 7 个综合评价分中去掉最高和最低的两个分数，余下 5 个分数的平均数就是该职工所得的初步考评分。在此基础上运用检查考核的结果，工作质量好、完全符合工作标准的可以适当加分，但加分最多不能超过 5 分；工作质量达不到工作标准要求的，不合格的每一个单项扣 1 分，最后累计总得分就是被考评职工的最终考评得分，这个得分所套入的等级就是该职工本次考核获得的考评等级。

2.对管理人员的考核

（1）考核的内容

管理人员绩效考核的内容如下。

①工作成绩。重点考核工作的实际成果，以员工工作岗位的责任范围和工作要求为标准，相同职位的职工以同一个标准考核。

②工作态度。重点考核员工在工作中的表现，如责任心、职业道德、积极性。

③工作能力。

（2）考核的方法

管理人员绩效考核的方法有以下三种。

①主观评价法。依据一定的标准对被考核者进行主观评价。在评价过程中，可以通过对比比较法，将被考核者的工作成绩与其他被考核者比较，评出最终的顺序或等级；也可以通过绝对标准法，直接根据考核标准对被考核者的行为表现进行比较。

②客观评价法。依据工作指标的完成情况进行客观评价，主要包括生产指标，如产量、销售量、废次品率、原材料消耗量、能源率等；个人工作指标，如出勤率、事故率、违规违纪次数等指标。客观评价法注重工作结果，忽略了被考核者的工作行为，一般只适用于生产一线从事体力劳动的员工。

③工作成果评价法。是为员工设定一个最低的工作成绩标准，然后将员工的工作结果与这一最低的工作成绩标准进行比较。重点考核被考核者的产出和贡献。为保持员工的正常状况，通过奖惩、解聘、晋升、调动等方法，使员工技能水平和工作效率达到岗位要求。

3.对作业人员的考核

对作业人员的考核应以劳务分包合同等为依据，由项目经理部对进场的劳务队伍进行队伍评价。在施工过程中，项目经理部的管理人员应加强对劳务分包队伍的管理，重点考核其是否按照组织有关规定进行施工，是否严格执行合同条款，是否符合质量标准和技术规范操作要求。工程结束后，由项目经理对分包队伍进行评价，并将评价结果上报组织有关管理部门。

三、项目员工的培训

1.项目员工培训的作用

项目员工培训的作用有：提高项目团队综合素质，提高项目团队工作技能和绩效，提高项目团队成员的工作满意度，有助于项目目标的实现。

2.项目培训的过程

项目培训可分为四个步骤。

第一步：评估培训需求。这是指评估工作所需的技能和完成这项工作的员工的实际技能之间的差距，确定需要做什么培训。

第二步：在确定要求之后要建立培训的目标，这些目标应该是明确的和可度量的。

第三步：培训。选择恰当的培训方式，开展实际的培训。

第四步：对受训者接受培训前后的反应、学习、行为和结果进行比较，对培训计划的效益进行评价。

3.项目培训的形式

项目员工的培训与一般日常运营组织的培训不但内容不同，而且方式也不同。项目员工培训主要是短期培训，这种培训的主要形式：一种是岗前培训，另一种是在岗培训。

（1）岗前培训：针对性强，方式灵活多样，内容具体，花费不大，易于组织，见效较快，所以在项目员工培训中已被广泛采用。项目员工在开始项目工作以前，多数都要进行岗前培训。

（2）在岗培训：是指以职务或工作实际需要为出发点，围绕职务或岗位的特点进行有针对性的培训。这种培训偏重于专门技术知识和能力的培训，不管是项目管理人员还是项目技术人员，都需要在特定岗位和职务环境下接受这种培训。项目组织采用的在岗培训具有边培训、边提高、边工作的优点。

4.项目效果评价

在受训者完成培训计划后，应对其培训效果进行评价，看计划目标完成的如何。培训绩效有四个方面可以衡量。

（1）反应：评价受训者对培训计划的反应如何。他们是否喜欢这一培训计划，是否认为其有价值。

（2）知识：对受训者进行知识测试，确定他们是否学到了预期应学到的技能。

（3）行为：了解受训者的工作行为的变化情况。例如：工作中的精神状态是否有所改善。

（4）成效：工作结果的变化情况。如工作中的错误率有没有减少，解决冲突能力的培训是否提高办事效率等。

四、项目员工的绩效考评

绩效是一个人在其工作中与组织或组织单元目标有关的一组行为，是个体或群体工作的表现、直接成绩、最终成绩的统一体。绩效强调员工潜能与绩效的关系，关注员工素质、关注员工发展，是人力资源管理的核心职能之一。所谓绩效考评是指根据过去制定的标准来比较员工当前和过去的工作绩效的记录过程，包括设定绩效标准、评价员工的实际绩效、提供反馈等。工程项目管理中人员绩效考评是人力资源管理活动，并且对企业生存和发展起着重要作用。项目员工的绩效考评与激励也是项目人力资源管理的一项重要工作，它是调动员工积极性和创造性最有效的手段之一。绩效考评是通过对项目员工工作绩效的评价，去反映员工的实际能力及其对岗位的适应程度。激励则是运用有关行为科学的理论与方法，对项目员工的需要予以满足或限制，从而激发员工的动机和行为，激发员工去充分发挥自己的潜能为实现项目目标服务。

1.项目员工绩效考评的作用

项目绩效考评的作用具体有三方面：其一，绩效考评是项目组织编制和修订项目工作计划与员工培训计划的主要依据；其二，绩效考评是合理确定工作报酬与奖励的基础；其三，绩效考评是判断员工是否称职，以及给予提职、惩罚、调配或辞退的重要依据。

2.项目员工绩效考评的原则

为了充分发挥绩效考评的作用，项目员工绩效考评必须遵循以下三项原则。第一，公开原则，即项目组织要公开绩效考评的目标、标准、方法、程序和结果，并接受来自各方面人员的监督；第二，客观与公正原则，即在制定绩效考评标准体系时应该客观和公正；第三，多渠道、多层次和全方位考评的原则。

3.项目员工绩效考评的内容

由于绩效考评的对象、目的和范围复杂多样，因此项目组织绩效考评的内容比较复杂。一般项目组织绩效考评的基本内容包括三个方面。

（1）工作业绩考评。

（2）工作能力评价。

（3）工作态度评价。

4.员工绩效考评模型

员工绩效考评模型如图 6-1 所示。、

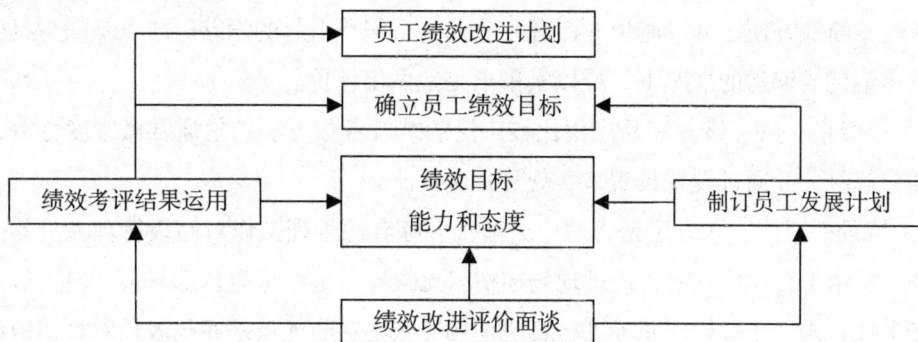

图 6-1　员工绩效考评模型

5.项目员工绩效考评的方法

项目组织绩效考评的方法有很多，不同的方法侧重点不同，适用的考核目标和对象也不同。在开展绩效考评时，要根据具体项目的实际情况，综合使用各种考评方法。常用的绩效考评方法有以下九种。

（1）民意测验法。即由下级及与其有工作关系的人对被考核者从几个方面进行评价，从而得出对被考核者绩效的评价结果。该方法的优点是：具有民主性、群众性；缺点是：只有自下而上的评价，易受群众素质局限的影响。该方法比较适用于对党群干部的考核，在建筑企业应用也较广。

（2）征求意见法。即上级和下级进行谈话，征求大家对该员工的评价，从而形成对该人员的考核结果。该方法的优点是简便易行，缺点是有时不能客观反映事实。

（3）共同确定法。该方法操作的基本过程是：先由基层考评小组推荐，然后进行学科（专业）考核小组初评，再由评定委员会评议投票，最后由评定委员会审定。这种方法的优点是通过专家来进行评价，保证被考核人的能力和素质等方面符合要求；不足是考核的结果受考核者的主观因素影响过多。

（4）配对比较法。由于人际关系等诸多因素的影响，考核者往往不愿意给被考核者比较低的评价，容易造成评价的误差，为此产生了配对比较法。这种方法，顾名思义就是把每一位员工和其他员工一一配对，分别比较。每一次比较给表现好的员工记 1 分，同时另一名员工得 0 分。比较完毕，统计每个人的得分和，依次对员工进行评价，最后根据这个得分来评价被考核者的优劣次序。这种方法适用于被考核者数目较少的情况。

（5）顾德伟法。该方法是每人都以一定的分数为基本分，然后根据一系列加分和减分项目进行计算，得出考核总分。一般是由主管人员将每一位下属员工工作活动中所表现出来的行为记录下来，然后在某一段固定时间里，根据所记录的特殊事件来决定下属的工作绩效。该方法的优点是排除了主观因素的影响，使绩效考核结果有确切的事实证据。

（6）强制分配法。该方法是把考评者按一定比例归入各等级，然后按照每个被考评者绩效的相同优良程度，强制引入其中的一定等级。该方法较适用于人数较多情况下考评总体的状况，简易方便，可以避免考评者打分偏高、偏严引起的偏差。缺点是缺少具体分析，在总体偏优或偏劣的情况下，难以实事求是地做出评价。

（7）等级量表法。该方法是应用比较广泛的绩效考核方法。它通常做维度分解，沿各维度划分等级，并通过设置量表来实现量化考评。

（8）情景模拟法。该方法是为适应当前很多综合性管理工作对高级管理人员的需求而提出的，利用仿真评价技术，通过现场模拟，无领导小组讨论等技术对被考核人员进行模拟现场考核；或者通过代理职务进行真实现场考核。它的优点是使被考核者真实地面对实际工作，能够表现出自己的实际水平，适用于对公司经理或者关键岗位员工的考核。

（9）平衡记分法。哈佛商学院教授卡普兰和咨询师诺顿总结了一些公司在绩效考评与企业战略实施方面的经验，开发出一种主要对群体考核的平衡记分法的考核方法。该方法的核心思想包括：以财务为核心的思想，即企业只有满足投资人和股东的期望，才能取得立足与发展所需要的资本；以顾客为核心的思想，就是在考核企业业绩时，应充分体现出"顾客造就企业"；以内部业务为核心的思想，即企业对外提供的是产品或服务，其产品或服务的质量，完全取决于企业内部价值链的各个环节是否真正创造价值；以成长与学习为核心的思想，和"顾客即企业"完全一样，"知识即企业"。该方法的适用条件是：面临竞争压力较大，且这一压力为企业所感知；以目标战略作为导向；具有协商式或民主式领导体制；成本管理水平较高。该方法实现了内部和外部、所要求的成果与成果的执行动因、定量和定性、短期目标和长期目标的平衡。将群体日常管理中需要考虑的包括财务指标在内的所有信息都列为考核的内容，然后根据加权计算的结果来决定这个部门的绩效。在指标的选择上，广泛使用财务指标、顾客满意度、内部程序及组织的学习和提高能力四套指标。这种方法的优点在于能够将群体的绩效与企业、整个组织的绩效很好地结合起来，并且使被考核群体的管理者在进行每一项决策时，能够既考虑到该决策主要有利于哪一方面目标的实现，同时又考虑到该决策是否还会对其他方面的目标造成不良的影响。这样，使整个公司运营能够得到比较全面的照顾，避免了顾此失彼的现象。

第五节　公路工程施工项目团队建设

在结束人员获取工作之后，就得到了项目团队清单和项目人员分配情况。施工团队是由项目组成员组成的，为实现项目目标而协同工作的组织。项目团队工作是否有效也是项目成功的关键因素，任何项目要获得成功，必须有一个有效的项目团队。

一、项目团队的创建过程

工作团队的创建，包括以下四个过程。

1.准备工作。本阶段首要的任务是决定团队是否为完成任务所必需，这要看任务的性质。应该明白，有些任务由个体独自完成效率可能更高。此外，本阶段还要明确团队的目标与职权。

2.创造条件。本阶段组织管理者应保证为团队提供完成任务所需要的各种资源。如果没有足够的相关资源，团队则不可能成功。

3.形成团队。本阶段的任务是让团队开始运作。此时必须做三件事：管理者确定谁是团队成员，让成员接受团队的使命与目标，管理者公开宣布团队的职责与权利。

4.提供持续支持。团队开始运作后，尽管可以自我管理、自我指导，但也离不开上级领导者的大力支持，以帮助团队克服困难，战胜危机，消除障碍。

二、组建项目团队的原则

1.建立一个多元化的项目团队。

2.建立项目经理的领导权威。

3.树立并保持项目组的团队精神。

4.争取职能部门的支持。

5.确保团队内信息的沟通。

三、项目团队的四个发展阶段

著名的塔克定义了项目管理团队发展的五个阶段：形成、震荡、正规范、表现及后期阶段。我们认为，在项目团队的形成阶段，应侧重于人力资源的整合；在项目团队的震荡阶段，应加强人力资源的协调和沟通；在项目团队的正规阶段、表现阶段以及后期阶段，要更加关注人力资源的激励和安抚。项目管理的方法相对是现代的，它是以一套独特而相互联系的任务为前提，通过项目经理和项目团队的努力，运用系统理论和方法对项目及其资源进行计划、组织、协调、控制，旨在实现项目特定目标的管理方法体系。在完成项目目标所需的各种资源中，最重要的是人力资源。因为，程序和技术只不过是协助人员工作的工具。项目管理中的人员不同于一般的员工，更倾向于高级知识员工，独立性和自主性都很强。因此，把握项目管理中人力资源的特点，有针对性地对项目团队形成阶段的人力资源整合，项目团队震荡期的人力资源协调，项目团队正规阶段、表现阶段及后期阶段的人力资源激励和安抚进行统筹管理，将是项目管理成功的关键，项目团队形成期也是人力资源不断整合的过程。

1.形成阶段

团队形成初期最重要的特征就是个体成员转化为团队成员。在这个时期，团队中的人员开始相互了解，但由于不清楚自己的职责和角色，项目并没有真正地展开。此时，项目经理扮演着非常重要的角色，在项目团队中处于主动地位。这一时期人力资源整合的关键是明确项目目标、角色定位以及充分授权等。

（1）明确项目目标

项目的总体目标也许在承接项目的时候就已经确定下来了，但达成项目的阶段性目标以及实现这些阶段性目标的细化步骤需要在这一时期制定。目标制定得越明确，越有利于日后的实现。项目目标的制定需要遵循 SMART 原则，具体说来就是：制定的目标应该是明确的，模棱两可的目标会让成员在执行的时候觉得无所适从；制定的目标必须是可衡量的，应该多采用可量化的指标；制定的目标应该是可达成的，盲目追求不切实际的要求会给项目带来灾难性的后果；制定的目标要和项目本身具有很强的相关性；目标要有时间限制。

在制定项目目标的过程中，要尽可能地吸收团队成员的参与。经过团队成员参与讨论确定下来的项目具体目标认可度是最高的，团队成员也愿意积极为自己亲自参与制定的目标而努力工作。具体的目标制定方法可以采用建立项目工作分解结构（WBS），将一个整体的项目分解成易于管理的几个细目，然后指定各个细目的负责人，构成责任矩阵；也可以采取人力资源管理中经常采用的"鱼骨图"法，将主要目标进行分解并落实到人。

（2）角色定位和授权

角色定位是紧接着上面一项程序下来的，在明确了项目目标，将项目分解成几个细目之后，就需要授权指定各个细目的负责人了，这就是形成责任矩阵的过程。当然前提条件是需要知道各个项目团队成员的优势所在。比如需要实施一个网站建设项目，项目团队成员甲擅长整体规划，成员乙适合资料收集，成员丙专长数据库开发，成员丁负责网页设计比较顺手。那么根据这些条件我们可以构造一个简单的网站建设项目责任矩阵。项目责任矩阵图完成之后应分发至每一个项目团队成员，从而在项目实施过程中相互督促。

在项目团队形成初期，除了让团队成员明确项目目标以及角色定位以外，人力资源整合还需要强调的一点就是团队文化的构建和完善。文化管理是管理中的最高境界，是团队精神的阐述。项目团队中要努力塑造出这样一种文化氛围：团队成员是一个利益共生体，只有相互信任，相互合作，才能创造共赢，任何团队成员的道德风险损害的都是大家共同的利益。

2.震荡阶段

项目团队的震荡阶段是这样的一个时期，此时项目目标已经非常明确，团队成员业已开始运用自己的技能执行分配到的责任和任务，但随着工作的逐步推进，越来越多地发现现实状况与预想状况有很大的不一致，从而项目成员会产生挫折感、愤怒以及对立等影响项目进程的不满意情绪。这一时期是项目发展的必经阶段，同样也是项目发展的转折点，如果此时人力资源协调和沟通比较到位，团队成员能很快从不满意向满意转化，项目建设同样会带来新的发展契机；如果项目团队的不满不能及时得到解决，不满的因素会不断积累，直至爆发，势必将项目的成功置于危险之中。项目团队处于震荡阶段的时候，究竟应该如何进行人力资源协调与沟通呢？我们必须牢牢把握的原则是：正视问题，分析原因，坦诚解决。作为项目经理，要做到接受及容忍团队成员的任何不满，要创造一个理解和支持的工作环境，否则，团队成员有不满也不一定立即表现出来，而一旦爆发将造成难以挽回的局面。

当团队成员表现出不满情绪的时候，我们不能回避或者视而不见，积极的态度是正视问题，表现出愿意就面临的问题广泛交换意见，并尽力通过大家的合作努力解决问题的姿态。项目经理要营造这样的一种环境：团队里的成员关系是开放、友善的，团队成员愿意坦诚地将不满的原因暴露出来，而不必担心会遭到任何攻击或报复，其他人也愿意积极换位思考，以达成一种共赢的结局。

基于成员间沟通的重要性，有必要在项目团队中构建一个沟通反馈机制，从而提高沟通的效率。沟通反馈机制借助的平台可以是互联网。

3.项目团队正规阶段、表现阶段以及后期阶段的人力资源激励和安抚

经历了震荡阶段的痛苦之后，项目团队进入了正规阶段以及表现阶段。这两个阶段团队成员的不满已经明显降低了，大家都渴望实现项目目标。这个时候恰当地进行激励效果是明显的。美国哈佛大学心理学家威廉·詹姆斯在对员工的激励研究中发现：一般情况下，员工的能力可发挥20%~30%，而受到充分激励后，其能力可发挥80%~90%，由此可见有效激励的重要性。项目团队首先需要建立需求分析机制，认清不同团队个体的不同内驱力。虽然项目团队成员总体上是自尊和自主的需求占主导，但每个个体需求的侧重点是不一样的。需求分析应面向所有团队成员，然后在此基础上逐渐细化分类。有效需求分析机制的建立，可以帮助我们认清项目团队个体之间的不同的内驱力，从而实施有针对性的激励，达到预期的激励效果。在需求分析过程中，应注意坚持以下四个原则。

（1）实事求是的原则

需求分析应根据现实情况实事求是地进行，对提出的一些不切实际的需求或想法应及时地予以解释和拒绝，以免期望太大，而万一实现不了，失望会很大。

（2）互动参与的原则

需求分析不仅要有当事人参加，而且如果可能应包括同事以及项目经理等。这样的互动可以更全面地分析需求，同时也更能让人接受，当然相对来说可能更加耗时。

（3）信息畅通的原则

信息的畅通，包括需求分析时和需求分析后的相当一段时间内应确保信息反馈的畅通。

（4）动态分析的原则

由于团队个体的需求在不同时间是不一样的，或者说在一阶段达到了某一需求后，他会追求更高层次的需求，因此需求分析应是一个动态分析机制，以免需求分析机制本身束缚了团队成员积极性的发挥。

四、项目团队中的人员需求特征

管理的精髓在于有效地激励，根据现代组织行为学理论，激励的本质是员工去做某件事的意愿，这种意愿是以满足员工的个人需要为条件的。因此，激励的核心在于对员工的内在需求把握与满足。而需求意味着使特定的结构具有吸引力的一种生理或者心理上的缺乏。因此，了解项目团队中的人员需求，是进行人力资源管理的前提。

1.团队精神的需求

有一个有趣的问题是这样问的：将500个土豆装在一只麻袋里，是什么呢？只不过成了一麻袋土豆罢了，土豆之间没有任何关系。同样一盘散沙的队伍，没有团队精神的队伍，只不过是在一起上班罢了，并没有形成一支团队。项目成员要组建成一支高效的团队，必须以共同的团队精神为前提，健康向上的团队文化是团队成员共同的需求。

2.尊重的需求

如前文所述，项目团队，尤其是一些大型的项目团队中，必不可少的包括许多专家和工程师等，这些知识工作者的知识特长是经过社会认同的，因此在项目团队中也同样要被彼此认同，受到尊重。可以说，被尊重的需求是大多知识员工的首要需求。

3.自主性的需求

项目团队中的人员不同于公司里的普通操作员工，他们脑力劳动多于体力劳动，由于项目本身的独特性，他们的脑力劳动实际上是一种创造性劳动。因此，项目团队中的成员普遍具有自主性的需求，他们不习惯于被约束得太死板，往往需求自主的工作方式以及弹性的工作时间，这样更有利于创造性的发挥。

4.沟通的需求

管理上有一个著名的双50%现象，即经理人50%以上的时间用在了沟通上，如开会、谈判、指示、评估。可是，工作中的50%以上的障碍都是在沟通中产生的。蒙牛集团也有一个98%定律，说的是98%的沟通障碍源自误会。由此可见有效沟通的重要性，尤其是对知识员工而言。知识员工沟通的需求来自两方面的原因，一方面是项目本身的要求，另一方面是知识员工要被尊重、被理解，采用沟通的途径也是一条明智的选择，否则长时间被压抑是不利于项目的正常运转的。

5.公平发展的需求

项目团队里人员相互之间要感到公平。公平其实是一种内在的心理感受，当员工的收入（包括有形收入和无形收入）与他的所有付出的比值，和其他员工的收入与付出的比值相当时，他就会感到相对公平，积极努力地置身于工作中。否则就会产生不满，感到自己没有被重视，难以有发展的机会，就会有强烈的流动意愿，从而影响项目团队的凝聚力。总体说来，项目团队中的人员需求虽然有点类似于混合性的需求，但还是倾向于较高层次的尊重和自主需求的。因此，进行人力资源管理时要具有针对性。另外，也要注意项目团队发展的不同时期的侧重点也是不一样的。

五、公路工程施工项目团队冲突管理

冲突是双方感到矛盾与对立，是一方感觉到另一方对自己关心的事情产生或将要产生消极影响，因而与另一方产生互动的过程，是项目中各因素在整合过程中出现了不协调的现象。公路工程施工项目冲突是组织冲突的一种特定表现形态，是项目内部或外部某些关系难以协调而导致的矛盾激化和行为对抗。

1.冲突的类型

公路工程在项目管理中，冲突无时不在，按项目发生的层次和特征的不同，项目冲突可分为以下四种类型。

（1）人际冲突。人际冲突是指群体内个人之间的冲突，主要指群体内两个或两个以上个体意见、情感不一致而相互作用时导致的冲突。

（2）群体或部门冲突。群体或部门冲突是指项目中的部门与部门、团体与团体之间，由于各种原因发生的冲突。

（3）个人与群体或部门之间的冲突。这种冲突不仅包括个人与正式组织部门的规则制度要求及目标取向等方面的不一致，也包括个人与非正式组织团体之间的利害冲突。

（4）项目与外部环境之间的冲突。项目与外部环境之间的冲突主要表现在项目与社会公众、政府部门和消费者之间的冲突。如社会公众希望项目承担更多的社会责任和义务，项目的组织行为与政府部门约束性的政策法规之间的不一致和抵触，项目与消费者之间发生的纠纷等。

2.冲突强度分析

冲突管理是项目管理者利用现有技术方法，对出现的不协调现象进行处置或对可能出现的不协调现象进行预防的过程。进行冲突管理，首先要分析冲突的强度。

（1）在项目概念阶段，主要冲突源强度的等级排列如下：项目优先级、管理流程、进度、人力、成本、技术、个性。

（2）在项目的规划阶段，主要冲突源强度等级如下：项目优先级、进度、管理流程、技术、人力、个性、成本。

（3）在项目实施阶段，主要冲突源的强度等级如下：进度、技术、人力、优先级、管理流程、成本、个性。

（4）项目收尾阶段，主要冲突源的强度等级排列顺序情况为：进度、个性、人力、优先级、成本、技术、管理流程。

3.冲突解决方式

冲突管理将使项目经理陷入一种不确定的境地，以至于不得不选取一种解决冲突的方法。如面对面协商（或协作）、妥协、缓和（或和解）、强制（或对抗，不合作，固执己见）、规避（或退出）。

在项目管理过程中，人们一般认为冲突是没有好处的，所以，总是尽量避免。然而，冲突可能带来新的信息、新的方法，帮助项目组另辟蹊径，制定更好的解决问题的方案。同时，冲突也是不可避免的，不同意见的存在是正常的。因此，试图压制冲突有时是一种错误的做法。对公路工程施工项目实施各阶段出现的冲突，项目经理部应根据沟通的进展情况和结果，按程序要求通过各种方式及时将信息反馈给相关各方，实现共享，提高沟通与协调效果，以便及早解决冲突。具体可采用以下方法。

（1）灵活地采用协商、让步、缓和、强制和退出等方式。

（2）使项目的相关方了解项目计划，明确项目目标。

（3）及时做好变更管理。

第六节　公路工程施工项目人力资源成本管理

一、人力资源成本的构成

企业管理的目标是赚取利润、管理的核心是人，企业最应努力挖掘的潜力是人力投入与产出的潜力。在当今竞争日益激烈的形势下，决策者们不得不高度重视人力资源管理和对人力资源成本及其价值的研究。我们国内许多企业尤其是高新技术企业也越来越认识到知识员工与传统体力工人的区别，不再是传统的"被管理者"，不再被视为简单的成本，而是和资金一样被看作企业的重要"资本"和宝贵"资源"。但是，人力资本作为一种可以创造价值的资本必然会在使用过程中产生一定的成本——人力资源成本。

人力资源成本是通过计算的方法来反映人力资源管理和员工的行为所引起的经济价值。即一个企业组织为了实现自己的组织目标，创造最佳经济和社会效益，而获得、开发、使用、保障必要的人力资源及人力资源离职所支出的各项费用的综合成本控制策略。

人力资源成本是从一般的成本概念中推演出来的，是指取得或重置人员而发生的费用支出，包括人力资源的取得成本（历史成本）和人力资源的重置成本。

1.人力资源的历史成本

人力资源的历史成本包括人力资源的取得成本、开发成本和使用成本，可按以下三个标准分类。

（1）成本的自然类，是指支出的原始项目，如工薪、广告费、代理费等。

（2）特定人事管理职能的成本，如招募、选拔、培训等成本。

（3）包含在人力资源历史成本中的人力资源管理职能的基本成本——取得和开发成本以及人力资源的使用成本。

①人力资源的取得成本

取得成本主要指取得人力资源而发生的成本或付出的代价。包括招募、选拔、雇佣及定岗、安置而发生的各种支出。

A.招募成本。主要指为了取得所需人力资源而进行招募宣传，确定招募人员而发生的各项支出，包括招工广告费用，招聘工作人员工资及福利费，委托招聘的手续费、代理费，因招工而发生的差旅费、接待费、办公费和资料费等。

B.选拔成本。主要指挑选人力资源过程中发生的各种支出，如接待、考试（面试、笔试）、检查、体检以及其他选拔费用。选拔成本取决于招募方式和雇佣人员的类型。职务越高的员工，选拔过程越长，选拔成本越高。采用委托招募的方式，选拔、审查成本较高，招募成本较低，反之亦然。因而需要在招募成本和选拔成本之间进行权衡。

C.雇佣、定岗位成本。主要指正式雇佣并安排工作岗位而发生的各种支出，如因正式雇佣而发生的差旅费、接待费、搬迁费和代理费等以及安排工作岗位的成本。职务越高的员工，其雇佣和定岗位的成本越高，反之则越低。

D.安置成本。是指企业将被录取的职工安排在确定工作岗位上的各种行政管理费用，录用部门为安置人员所损失的时间费用，为新职工提供工作所需装备的费用；为从事特殊工种人员配备的专用工具或装备费，录用部门安排人员的劳务费、咨询费等。在企业大批录用人员时，这种成本会较高。安置成本一般是间接成本。

②人力资源的使用成本

使用成本是企业在使用职工的过程中发生的成本。主要包括维持成本、奖励成本和调剂成本等。传统成本会计将这些费用分别归入制造费用或管理费用，并进行相应的成本分析。

A.维持成本。它是保证人力资源维持其劳动力生产和再生产所需的费用，是职工的劳动报酬，包括职工计时或计件工资、劳动报酬性津贴（如职务津贴、生活补贴、保健津贴，法定的加班加点津贴等）、劳动保护费、各种福利费用（如住房补贴、幼托费用、生活设施支出、补助性支出、家属接待费用等）、年终劳动分红等。

B.奖励成本。它是为了激励企业职工，使其发挥更大作用，对其超额劳动或其他特别贡献所支付的奖金，这些奖金包括各种超产奖励、革新奖励、建议奖励和其他表彰支出等。奖励成本是对企业职工超额劳动所给予的补偿。

C.调剂成本。它类似于对其他资产进行所谓的"维修"和"加固"而支付的费用。这种成本的作用是调剂职工的工作与生活节奏，使其消除疲劳而发挥更大作用，也是满足职工必要的需求，稳定职工队伍并吸引外部人员进入企业工作的调节器。调剂成本包括职工疗养费用、职工娱乐及文体活动费用、职工业余社团开支、职工定期休假费用、节假日开支费用、改善企业工作环境的费用等。

D.保障成本。它是保障人力资源在暂时或长期丧失使用价值时的生存权而必须支付的费用，包括劳动事故保障、健康保障、退休养老保障、事业保障等费用。这些费用往往以企业基金、社会保险或集体保险的形式出现。这种成本既不能提高人力资源的价值，又不能保持其价值，其作用只是保障人力资源丧失使用价值时的生存权。这种成本是人力资源发挥其使用价值时，社会保障机构、企业对职工的一种人道主义的保护。保障成本在企业的人工成本中占有较大的比例。

劳动事故保障成本是企业承担的职工因工伤事故应给予的经济补偿费用，包括企业承担的工伤职工的工资、医药费、残废补贴、丧葬费、遗属补贴、缺勤损失、最终补贴费等。健康保障成本是企业承担的职工因工作以外的原因（如疾病伤害、生育、死亡等），引起的健康欠佳不能坚持工作而给予的经济补偿费用，包括医药费、缺勤工资、产假工资及补贴、丧葬费等。退休养老保障成本是社会、企业及职工个人承担的保证退休人员老有所养和酬谢其辛勤劳动而给予的退休金和其他费用，包括养老金、养老医疗保险金、死亡丧葬补贴、遗属补偿金等。失业保障成本是企业对有工作能力但因客观原因造成暂时失去其工作的职工所给予的补偿费用，主要是为了保障职工在重新就业前的基本生活需求，包括一定时期的失业救济金。

③人力资源的开发成本

为了开发和增强人力资源的潜在服务能力，提高人力资源素质，必须对员工进行各种形式的培训。因进行培训而发生的各种支出构成人力资源开发成本，主要包括上岗培训、在职培训和脱产培训应发生的各种费用支出。

A.上岗培训成本。主要指因员工上岗而发生的各种培训支出，如熟悉企业的生产过程、产品、设备、人事管理等，正式定向活动的见习培训支出及其他有关成本，也称定向成本。

B.脱产培训成本。它是企业根据生产和工作的需要，允许职工脱离工作岗位接受短期（一年内）或长期（一年以上）培训而发生的成本，它分为企业内部和外部两部分培训成本。

企业外部的脱产培训成本，包括培训机构收取的培训费，被培训人员的工资及福利费、差旅费、资料费等；企业内部的培训成本，包括培训所需聘任教师或专家工资福利费用、被培训人员工资及福利费、培训资料费、企业专设培训机构的各种管理费用等。同时，无论在企业内部还是外部进行培训，还都会发生被培训人员的离岗损失费用。

C.在职培训成本。它是指在工作岗位上培训个人发生的成本，而不是正式培训方案的成本，具体包括上岗培训成本和岗位再培训成本。上岗培训成本是为使职工上岗后达到岗位熟练职工技能要求所花费的培训费用，包括培训和被培训人员的工资福利费用、培训人员离岗损失费用、被培训人员技术不熟练给生产所造成的损失费用、培训而消耗的材料等物资费用以及由于新职工与熟练职工工作能力的差异而给生产造成的损失费用等。岗位再培训成本是岗位技能要求提高后对职工进行的再培训费用，包括为培训而消耗的材料费用和人工费用，以及在培训过程中培训人员占用时间学习新技术等而给生产造成的损失费用。

2.人力资源的重置成本

人力资源的重置成本是指目前重置人力资源应该付出的代价。例如：如果某个人离开企业，就会发生招募、选拔和培训的重置成本。人力资源重置成本的着重点是职务重置成本，而不是个人重置成本。

职务重置成本又称人力替换成本，是指现在用一位能在既定职位上提供同等服务的人来代替占有该职位的人必须付出的代价。职务重置成本有取得成本、开发成本和遣散成本三项要素。取得成本和开发成本可以用历史成本进行计量，这里不再赘述，以下只分析遣散成本。

遣散成本是指任职者离开企业所发生的成本。它包括遣散补偿成本、遣散前低效成本和空职成本三个基本要素。这些成本通常应予资本化并进行摊销。然而，当职工被解雇时，这些成本则应作为费用来处理。

（1）遣散补偿成本。它是企业辞退职工，或职工自动辞职时企业所应补偿给职工的费用，包括至离职时应付职工的工资、一次性付给职工的离职金、必要的离职人员安置费等支出。

（2）遣散前低效成本。这是职工即将离开企业而造成的工作或生产低效率损失费用。在职工离职前，由于办理各种离职手续或移交本岗位的工作，其工作效率一般都会降低而造成离职前的低效率损失。这种成本不是支出形式的费用，而是其使用价值降低而造成的收益减少。

（3）空职成本。这是职工离职后职位空缺的损失费用。由于某职位空缺，可能会使某项工作或任务的完成受到不良影响，从而会造成企业的损失，这种成本是一种间接成本，主要包括由于某职位空缺而引起企业整体效益降低所造成的相关业绩的减少。这种成本与离职成本相同，是隐性成本。

二、人力资源成本的计量模式

人力资源的成本计量是从人力资源投入的角度来确认和计量支出的计量模式，目的在于对人力资源的投资额进行计量，提供人力资源的成本信息。人力资源成本包括取得开发和保全人力资源使用价值而付出的总代价，包括企业实际付出的成本和应承担的损失成本。在内容上涉及人力资源的取得、开发、使用、保障和离职等方面。弗兰霍尔茨将人力资源成本分为取得成本、开发成本和重置成本。会计计量主要解决计量尺度和计量属性两个方面的问题。但由于人力资源价值的许多特性是货币所无法表现的，所以人力资源会计除要用货币计量外，还必须合理地运用非货币尺度来反映。传统的人力资源会计对人力资源成本进行计量主要有历史成本法和重置成本法两种模式。也有学者提出了机会成本法，认为该方法是以员工离职使企业蒙受的经济损失为依据进行的计量方法，比较接近于人力资源的实际经济价值，但与传统会计模式相距较远，导致核算工作繁重。机会成本法主要适用于员工素质较高、流动性较大且机会成本易于获得的企业，如律师事务所、会计师事务所等。下面我们就历史成本法和重置成本法两种主要模式进行详细分析。

（一）历史成本法

历史成本法也称为原始成本法、实际成本法，是以取得、开发、维持人力资源时发生的实际支出计量人力资源成本的方法，它反映了企业对人力资源的原始投资，包括人力资源的取得成本、开发成本和维持成本。通常应分为企业职工的招募、选拔、录用、安置等取得成本，职工上岗前教育、岗位培训、脱产培训等开发成本，以及人力资源的工薪、奖励、调剂、保障等维持成本。这些成本的一部分是直接成本，另一部分是间接成本。例如：在对企业的新招职工进行培训时，付给接受培训者的工资是直接成本，而负责该项培训工作的管理人员的时间耗费成本则是一种间接成本。

1.人力资源取得成本的计量

人力资源的取得成本是指企业为了满足现在和将来的人力资源需求，在人力资源取得过程中所支付的费用。人力资源的获得并不是无偿的，任何企事业单位都需要按照一定的程序，付出一定的代价，才能得到所需要的人力资源，这些费用构成了人力资源的取得成本，它主要包括招募成本、选拔成本、录用成本和安置成本。

（1）招募成本

由企事业单位用于招募人力资源的直接劳务费、直接业务费、间接管理费用、预付费用构成。直接劳务费是在企事业单位内部和外部两方面进行人员招募时发生的招募人员的工资和福利费用。直接业务费由在企事业单位内部和外部两方面进行人员招聘时发生的直接费用构成，包括招聘洽谈会议费、差旅费、代理费、广告费、宣传材料费、办公费、水电费、选拔费及其他支出等。间接管理费用由行政管理费和临时场地设施使用费等构成。预付费用由吸引未来可能成为企事业成员人选的费用构成。招募成本的计量采用原始成本法，其计量公式如下

招募成本=直接劳务费+直接业务费+间接管理费用+预付费用

（2）选拔成本

由对应聘人员进行鉴别选择，以做出决定录用或不录用这些人员时所支付的费用构成。一般情况下，主要包括以下八个方面：①初步口头面试，进行人员初选；②填写申请表，并汇总候选人员资料；③进行各种面试或口头测试，评定成绩；④进行各种调查和比较分析，提出评论意见；⑤根据候选人员资料、考核成绩、调查分析评论意见，召开负责人会议，讨论决策录用方案；⑥最后的口头面试，与候选人讨论录取后职位、待遇等条件；⑦获取有关证明材料，通知候选人体检；⑧体检，在体检后通知候选人录取与否。以上每一步骤都将发生一定的选拔费用，其成本的计算方法如下

选拔者面谈的时间费用=（每人面谈前的准备时间+每人面谈所需时间）×选拔者工资率×候选人数

汇总申请资料费用=（印发每份申请表资料费+每人资料汇总费）×候选人数

考试费用=（平均每人的资料费+平均每人的评分成本）×参加考试人数×考试次数

测试评审费用=测试所需时间×（人事部门人员工资率+各部门代表的工资率）×次数

（本单位）体检费=[（检查所需时间×检查者工资率）+检查所需器材、药剂费]×检查人数

（二）重置成本法

重置成本法是指在当前物价水平下，假设对企业现有工作人员重新取得、开发、培训及辞退所需发生的代价。重置成本一般包括由于现职雇员的离去而发生的成本，以及获得并开发其替代者所发生的成本。采用重置成本计量模式不但要计算重置人员的实支成本，还应计算由此发生的机会成本。重置成本是企业组织在从事经济活动中所应尽量避免的成本，管理者应关心员工的利益，把员工视为宝贵的财富，尽量减少由于员工的离去和置换而发生的重置成本的开支。

人力资源重置成本由人力资源的取得成本、开发成本和离职成本三部分组成。其中的取得成本、开发成本与历史成本法中的取得成本、开发成本内容相同，可以看作重新取得

和开发一批人力资源的成本。离职成本是指离职者离开其岗位和组织所产生的成本，它包括离职补偿成本、离职管理费用、离职前业绩差别成本和空职成本。

人力资源重置成本分为两种情况：一种是从个人的角度，计量企业在现时条件下重新取得或通过培训取得与现有职工的技术水平、素质和工作能力相当的，能提供同等服务的能力，及以其来代替正在雇用的职工所应发生的全部费用，称为"个人重置成本"，其成本相对较高；另一种则是从职位（工作岗位）的角度，计量企业在现时条件下取得和培训符合特定工作岗位要求的职工来代替目前正在该职位工作的职工所应发生的全部费用，称为"职位重置成本"，其成本相对较低。通常，企业一般比较注重职位重置成本，这是因为企业"重置"职工的目的在于使职工能够胜任特定工作岗位的工作，而不一定要求"重置"的职工具备与被替换下来的职工相同的素质。所以，"与其从重置原来某个人的角度来考虑，倒不如从取得能在特定职位上提供相同服务的替代人的角度来考虑"。弗兰霍尔茨在其《人力资源管理会计》中提出人力资源重置成本的概念，并认为：人力资源的重置成本主要是指人力资源职务重置成本。即除了历史成本中的取得成本和开发成本两项内容，还包括被替换职工的离职成本。从上述概念中可以看出，人力资源重置成本主要根据当前的市场状况进行具体估算。

1.离职补偿成本

离职补偿费用的多少一般没有固定数额，可多可少，甚至没有，主要根据企业和离职者的具体情况而定。但是，我国《劳动法》规定当出现以下三种情况，由于解除劳动合同而使职工离职时，应该依照规定给予劳动者经济补偿。

（1）经劳动合同当事双方协商一致解除劳动合同的。

（2）劳动者患病或非因公负伤，医疗期满后，不能从事原工作，也不能从事由用人单位另行安排的工作的；劳动者不能胜任工作，经过培训或调整工作岗位，仍不能胜任工作的；劳动合同签订时所依据的客观情况发生重大变化，致使原劳动合同无法履行，经当事人协调后不能就变更劳动合同达成协议而解除劳动合同的。

（3）用人单位濒临破产进行法定整顿期间或生产经营状况发生严重困难而依法裁减人员的。

在上述三种情况下，支付给离职者的工资和离职补贴金是根据《劳动法》及有关的具体规定，按照离职者离职前的工资标准及离职后所应得的保障进行计算。

2.离职管理费用

职工在离职过程中，企业管理人员与离职职工要进行谈话协商，要进行必要的调查（如为确定离职员工的加权平均工资率而进行的调查），协商同意其离职后还要为其办理离职手续等。进行这些管理活动需要支付一些管理费用。人事部门或其他主管人员的面谈费用

成本可用下式计算

面谈时间成本率=（与每人面谈前的准备时间+与每人面谈所需时间）×面谈者工资率×企业离职人数

离职员工本身也有一个时间成本费用问题，这个费用可用以下公式计算

离职员工的时间费=每人面谈所需时间×离职员工的加权平均工资率×企业离职人数

此外，其他与离职有关的管理活动，如从员工资料档案和工资单中删除离职人员的资料，收回离职员工手中的设备、工具等也需要发生一些费用，这些费用可以通用以下公式计算。

与离职有关的管理活动费用=各部门对每位离职者的管理活动所需时间×有关部门职工的平均工资率×企业离职人数

上述这些管理费用均属于人力资源离职的直接成本，需要直接计入人力资源离职成本。

3.离职前业绩差别成本（也可称之为离职前的效率损失）

离职前业绩差别成本，是指一个职工在离开某一单位前，由于原有的生产效率受到损失而造成的成本。在离职前，由于离职人员一般会处于不稳定状态，所以他们的工作成绩会呈现下降趋势，这样就出现了他们在离职前与正常时期的业绩有很大差别。这种差别也是离职造成的成本，可以用下列公式进行测算

差别成本（效率损失）=正常情况下的平均业绩–离职前一段时间内平均业绩

4.空职成本

空职成本，是指企业在物色或招聘到离职者的替代人员之前，由于某一职位出现空缺，可能会使某项工作或任务的完成受到不良影响，由此引起的一种间接成本。出现空职不但会影响该职位直接管理的工作，而且会影响与这项工作密切联系的其他工作的成绩。例如在保险公司中，一个理赔调查员调离后，公司在物色新的理赔调查员期间，将损失这个理赔调查员在职期间可能做出的业绩，同时由于这个职位空缺，可能还会影响到其他理赔调查员、调解员、检查员以及理赔经理的业绩。这样一来，这个职位空缺带来的成本损失将大于由于该员工离职造成的直接成本损失。这些成本的总额构成了职位空职成本。

重置成本法是以在当前物价条件下重新录用达到现有职工水平的全体人员所需的全部支出为企业人力资源的资产值，它反映了企业于当前市场条件下在现有人员身上所凝结的全部投资，反映了人力资源的现时价值。但采用重置成本作为计量基础也有明显的缺陷：（1）它要根据当前的市场状况进行具体估算，脱离了传统的会计模式，难以为人们所接受；（2）增加了工作量，因为每一时期都需要对全部人员进行估算，对这种增加的工作量能否从增加的信息中得到补偿则毫无把握；（3）对重置成本的估算不可避免地带有很强的主观性，使信息的可比性下降。因此，该方法主要适用于对企业人力资源的预测和决策，

一般不用于对人力资源的账簿核算。

人力资源虽然有历史成本和重置成本两种计价标准，而且它们各有优缺点，但我们认为，在能取得历史成本资料的条件下，应尽量采用历史成本计价。理由有三，第一，采用历史成本计价，能使人力资源会计与物质资源会计在计价原则上保持一致。现行会计体系中，固定资产、存货等物质资源都是按历史成本计价的，欲将人力资源纳入会计核算体系，应尽量采用相同的计价基础。第二，按历史成本计价，能取得可核实的客观计算依据，从而得到确切的数据。第三，按历史成本计价核算，便于方便地将现行会计体系中物质资源的核算方法移植到人力资源会计核算上。

但是，历史成本的资料有时却无法取得。例如，目前大多数企业都没有发展人力资源会计核算，人力资源取得和开发的支出都没有详尽的历史记录，从现有的零星资料中也难分析出人力资源成本资料。再例如：在新建企业或扩大经营时，由国家或有关方面无偿调入职工时，也无法取得人力资源历史成本的资料。在这种情况下，可采用重置成本对现有人力资源进行估价并以此作为人力资源的初始额，而在正式建立人力资源会计体系后发生的各项取得成本和开发成本则按历史成本计价入账。事实上，最早实行人力资源会计的巴里公司，正是按照这一方法建立其人力资源会计制度的。

不过，在采用重置成本作为计价标准时，有一个问题值得注意，即为了使今后的核算口径保持一致，在计算重置成本时，应只包括取得成本和开发成本两部分，前述人力资源重置成本中的离职成本，一般不宜计入，离职成本一般只用于分析时的参考。

三、人力资源成本核算

在进行人力资源成本的核算和报告时，应以企业对人力资产的投资为基础计量人力资产的成本，同时将人力资产成本按照人力资源的使用期间进行的摊销计入企业生产经营的产品成本或劳务成本。记录入力资产的累计摊销价值，待人力资产退出企业时将其与人力资源成本相抵，余额就是企业人力资产为企业创造的收益或带来的损失。该余额可以作为企业的收益或损失处理。

此外，为了达到正确计量人力资源原始成本的目的，必须根据人力资源的特点，对人力资源的原始成本进行调整。一般说来，由账面得出的人力资源原始成本，会随着影响预计服务期间因素的改变而发生变化，因为一个较长的预计服务期间，并不意味着"账面成本"的增加。

只有当实际招募和培训过程完全按照事前计划进行时，人力资源原始成本的计量才正确。这样，就有必要将人力资源原始成本的账面价值调整为更具决策价值的成本新型资料。

1.人力资源账户核算体系

人力资源核算主要涉及人力资产投资、人力资产成本、人力资产摊销和损失的核算。

组织人力资产的核算，需要设置和运用以人力资产账户为主的、相互联系的若干账户，包括人力资产账户、人力资产取得成本账户、人力资产开发成本账户、人力资产累计摊销账户、人力资本账户和人力资产损失准备账户。

（1）人力资产账户

人力资产账户用于总括反映人力资产的增减变动和结存情况。账户借方登记人力资产的增加，包括取得人力资源的投资成本和开发人力资源的开发成本；贷方登记人力资产的减少，包括遣散、调出、辞职、退休、死亡而减少的人力资产；余额表示现有人力资产的历史成本或重置成本。由于人力资产具有无形资产的特征，因而也可把它视为无形资产，在无形资产账户下设置二级账户对人力资产进行核算。本账户按员工类型设置明细账户，也可按重置员工个人设置明细账户。

（2）人力资源取得成本账户

此账户用于核算人力资源取得成本，属于成本计算类账户，借方登记取得人力资源而发生的招募、选择、雇佣和定岗的成本（投资成本）；贷方登记转入人力资产账户的取得成本。本账户一般无余额，如有借方余额则表示尚未转入人力资产账户的成本。

（3）人力资源开发成本账户

此账户用于核算人力资源开发成本，属于成本计算类账户，借方登记开发人力资源而发生的上岗，在职和脱产培训的成本；贷方登记转入人力资产账户的开发成本。此账户一般无余额，如有借方余额则表示尚未转入人力资产账户的成本。

（4）人力资产累计摊销账户

此账户用于总括反映人力资产的累计摊销情况，属于人力资产的备抵账户，贷方登记按照一定的摊销率计算的人力资产摊销额；借方登记因遣散、解雇、辞职、调出、退休等原因而退出企业职工的累计摊销额；贷方余额表示现有人力资产的累计摊销额。人力资产借方余额减去此账户贷方余额则为现有人力资产的摊余价值（净值）。

（5）人力资产损失准备账户

本账户用于核算人力资产损失准备的提取和转销情况，属人力资产的备抵账户，贷方登记按一定比例计提的损失准备，借方登记转销的损失准备，贷方余额表示现有人力资产已计提损失准备。

（6）人力资本账户

本账户用于总括反映人力资本的增减变动和结存情况，属于权益类账户，贷方登记按重置成本计算的人力资源的投资金额而增加的人力资本，借方一般无发生额，贷方余额表示按重置成本计算的现有人力资本。如不设此账户，其相应的核算内容可在资本公积账户中核算。

2.人力资源核算内容

人力资产核算的内容主要包括人力资产投资的核算、人力资产成本核算、人力资产摊销和损失的核算。

（1）人力资产投资的核算

人力资产投资的核算主要指按重置成本计价的人力投资的核算，如无偿调入人力资源或无法获得投入人力资源的历史成本资料时，采用重置成本核算人力投资额，以确认该人力资产账面价值的核算。在设置人力资本账户时，无偿调入职工，按重置成本借记入力资产账户，贷记入力资本账户；如不设置人力资本账户，则借记人力资产账户，贷记资本公积账户；如果无偿调入职工退回原单位，则作相反的会计分录，冲减人力资产和人力资本。

（2）人力资产成本核算

当取得人力资源而发生取得成本时，借记入力资源取得成本账户，贷记有关取得人力资源而发生的招募、选拔、雇佣、定岗等费用。期末，将其结转至人力资产账户，从而资本转化为人力资产。当对取得的人力资源的各种培训发生人力资产开发成本时，借记入力资源开发成本账户，贷记实际支付的各种培训费用。月末，将其结转至人力资产账户，从而资本转化为人力资产。

（3）人力资产摊销的核算

企业转入资本化的人力资产，应与固定资产一样，随着使用按其受益情况在各受益期内摊销，计入各期费用之中。由于人力资产的实际使用程度难于直接测定，只能采用平均计算的方法，在摊销年限内平均摊销人力资产预计摊销年限，通常决定于人力资产可使用年限，可按用工合同规定的使用年限而定。人力资产摊销时，借记销售费用、管理费用等有关费用账户，贷记入力资产累计摊销账户。当人力资产使用年限已满而退出企业时，则按累计摊销额借记人力资产累计摊销账户，贷记入力资产账户。如有未摊销净值（即人力资产原始成本减累计摊销额之差额），则应将净值记入当期管理费用，借记管理费用账户，贷记入力资产账户。

（4）人力资产损失的核算

人力资产由于种种原因，形成未摊销净值，从而构成企业的一种损失，这种损失可称为人力资产损失。如未满服务期限而提前离职、解雇或调出，未达退休年龄而提前退休，未达受益期限而被提前淘汰，因故提前死亡等都会带来人力资产的损失。如果其损失（净值）数额不大，可作为当期费用处理，记入管理费用账户，如果损失数额较大，则应通过计提人力资产损失准备，设置损失准备账户进行核算。按一定比例计提损失准备时，借记管理费用账户，贷记入力资产损失准备账户。发生人力资产损失时，则按未摊销净值借记入力资产损失准备账户，按累计摊销额借记人力资产累计摊销账户；按原始成本贷记入力资产账户。如果企业不设置人力资产损失准备账户来计提损失准备，则将发生的损失直接记入当期管理费用，即按未摊销净值借记管理费用账户，按累计摊销借记人力资产累计摊销账户，贷记人力资产账户。

第七节　公路工程施工项目人力资源管理优化

一、公路工程施工项目人力资源管理存在的问题

1.公路工程人力资源缺乏

近几年来，国内经济高速发展，特别是国内建筑市场的不断升温，各地方政府不断加大基础设施建设投入，使人力资源相对缺乏的问题越来越突出。公路工程施工项目生产的特殊性进一步加大了这一矛盾，这主要由以下五个因素造成。

（1）公路工程施工企业的工程产品一般是在偏僻贫穷的地方，员工的工作、生活条件非常艰苦，现在的施工企业又没有相应的设施与之配套，导致员工的物质生活匮乏，精神生活单调枯燥而且压抑。

（2）公路工程施工生产周期长且生产过程带有不间断性。一个工程一般工期在2~5年，这样说长不长、说短不短的生产周期给员工的长期计划带来很大的不便，而工程的不间断性预示着员工少有节假休息时间。

（3）施工企业员工作业都是整日和大型机具打交道，在野外作业又受到自然环境的影响，对员工的安全有一定的威胁。

（4）偏僻落后的环境同时给员工的知识面扩大，接受外界新信息、新知识的途径带来很大的不便，所以给员工的个人成长带来很大的局限性。

（5）由于国有大中型公路工程施工企业从劳动力密集型向管理密集型转轨，公路行业新技术、新材料、新工艺、新方法的大量产生和使用，对高素质技术人员的需求进一步加大。而根据现在国内发达的市场来看，人力资源方面由于总储量、培养周期、市场流动等多种因素的原因，就显得不足，同时受到计划生育大政方针的影响，该问题越来越难以解决，问题可能会越来越严重，人力资源的缺乏与公路工程行业高度增长的人力需求的矛盾会越来越突出，人力资源的管理和利用是影响公路工程行业快速发展的关键性问题。

2.项目团队队伍的稳定和忠诚问题

（1）项目团队队伍的稳定问题

公路工程施工企业的特性给企业管理带来了诸多的不利影响，项目团队队伍不稳定也给企业造成很大的损失。受建筑施工的艰苦环境和条件的影响，物资得不到充分的满足，

长期的枯燥生活使员工的积极性低落。在这样的精神状态下，必然导致员工工作没干劲。这样一来，公司的生产效率将下降，对企业造成的损失是难以估量的。同时，由于大量使用农民工的原因，安全风险越来越大，员工稳定性受到极大的挑战。

公路工程施工企业的大部分工程在开工之初，可以说是荒郊野岭，施工环境和条件极其艰苦，同时由于该行业是劳动密集型的产业，受气候、地质条件和施工场面等的影响很大，本身就是一项高危险的行业，施工过程中安全管理难度大，一旦出现事故，员工的积极性和稳定性就受到了极大的挑战，甚至导致群体事件的发生，工程受到影响而停工。而现实来说，大量使用农民工是毋庸置疑的客观事实，农民工具有小农意识，文化程度低，服从意识和大局意识淡薄，又不可避免地带来了进度管控、安全管理等方面的一系列问题，如何调动农民工的积极性，将其行为进行合理规范，也将成为当前公路工程施工单位要解决的又一课题。

（2）员工对企业忠诚的问题

作为直接在施工一线的承包商员工的工资，待遇同业主、监理和设计等单位员工相去甚远，最艰苦的施工单位员工处于社会分配的底层，造成施工行业的人员不稳定，人心思动，施工企业员工工作热情和对企业的忠诚受到极大的打击，导致进度管理中的员工控制与激励成了施工企业的艰难课题，该难题始终贯穿于整个施工过程。

工程开工后，进度管理就是每个施工企业面临的首选课题，人力资源又相对短缺。进场后要根据工程项目的内容，组织不同工种的人员进入，随着工程进展，将不断引进和派驻各工种人员，员工队伍在施工过程中不断地扩大。这要求：一是要及时组织足够数量的员工进场；二是要控制和稳定住进场的员工；三是要激励员工高效完成任务，进而保证工程进度。如何达到上述要求，是施工企业面临的又一艰难课题。同时，作为工程项目重要执行者的项目部队伍中的项目经理、各级管理者和技术人员在工作条件艰苦而且个人发展受到阻碍时，也会纷纷跳槽寻求更好的发展，企业将面临人才的流失以及信息资料流失而带来的损失。

二、工程项目人力资源管理的优化措施

1.工程项目管理理念上的进一步更新

（1）提高工程项目人力资源的现代化管理水平

现代工程项目管理赋予新时代的特征，要进一步提高工程项目人力资源管理对实现工程项目管理的现代化。尽快与国际项目管理接轨的重要意义在于从国际项目管理理论和实践研究的发展成果来看，欧美项目管理知识体系的创新，使人力资源管理在项目管理中的地位不断提升。实践证明：项目人力资源是独特资源，是不可模仿的资源。国际项目管理的发展，也为我国工程项目管理提供了赶超国际项目管理水平的机遇。但是机会来自积累

才能升华。我国的工程项目要立足于国际市场，需要工程项目管理模式理念的进一步更新，这样有利于提高我国工程项目管理在国际上的地位，提高工程项目人力资源管理水平，缩短与国际项目管理水平的差距，有利于工程项目人力资源整体素质迅速提高，从而获取竞争优势。对此必须引起理论界、学术界、企业界和业内人士的高度重视。

（2）确立战略性工程项目人力资源管理的观念

国际项目管理的发展，已经提出了新的概念和方法。例如：伙伴关系、系统重组、项目管理流程和组织的方法体系等。美国学者曾经指出：在应付全球化的市场变动中，战略管理和项目管理将起到关键作用。随着项目组织的不断变革，组织发展战略、人力资源管理与项目管理融为一体，将是未来工程项目人力资源管理模式研究的又一课题。

2.加强建设项目中的人性化管理

要提高项目管理水平，应更加重视项目人力资源管理在项目建设过程中发挥的作用，摒弃过去用经验和传统管理办法替代现代项目人力资源管理的做法，在企业内部大力宣传项目管理的重要性，营造全员学习项目管理知识的氛围，大力推进项目人力资源管理在建设项目中的广泛应用，为建设项目成功实施提供有力保障。

在项目人力资源管理中大力推行人性化管理理念。人性化，也就是尊重他人的愿望、爱好和行为方式等，提供使人心情舒畅、健康的环境和条件。一般来讲，人性化的工作环境是任何员工都期望的。

"情感是人所特有的，它是同社会性的需要与人的意识紧密地联系着的，它是在人类社会发展过程中产生和发展的。"一个好的管理者的管理方式不应是过去的命令式，关注员工家庭生活与工作生活的质量、家庭与事业的平衡，被认为是一种更加符合人性的，也更加有利于提高员工奉献精神的现代管理理念。但是只有人性化，容易造成人员自由散漫，还要有纪律，并能及时纠正员工的错误。

管理人员应尊重员工的专业和工作方式，在工作分配上公平合理是十分必要的。管理人员与员工之间的双向沟通则是各项工作的基础。"没有满意的员工就不会有满意的顾客"已经成为国内外的共识。查阅国外长期成功企业的项目文化体系不难发现，这些企业无论采用何种语言或是表达方式，均将员工视作企业最宝贵的财富，将"以人为本"奉为企业核心的管理理念。考察这些企业的项目人力资源管理模式也不难发现，其正在以监督与控制为主的模式转向以领导与激励为主的模式。

因此，企业应将员工视作企业最宝贵的财富，将"以人为本"奉为企业核心的管理理念，由以往监督与控制为主转向以领导与激励为主。

3.为促进人力资源管理模式的研究与开发投入保障制度

工程项目人力资源管理模式的研究与开发，需要机制的创新和体制的保障。发达国家重视项目管理专业人才的培养和资质认定，并已经形成了相当规模的行业。因此，我们应有一个健全的专业性、学术性组织，保持与国际前沿的接触，从战略高度加快我国工程项目人力资源管理理论研究应用研究，促进能力开发、学科建设的快速发展，以适应我国经济发展的需要。

（1）政策和经费支持

我国政府应在政策上和经费上对工程项目管理协会进行强有力的支持，将现有的协会充实提高，加强与国内外交流，加强行业性、学术性的活动。例如：发行工程项目管理杂志，组织项目管理人员的培训，以及协助企业进行项目管理理专业人员招聘、选择等。

（2）体制保障

我国企业应对大中型工程项目，在组织的战略层次、合作层次和战术层次上提供人力资源管理模式的体制保障。实行统一的培训计划、统一的课程设施、统一的教材，统一制订月度的培训基金。

（3）项目管理队伍素质的提高

国际项目管理协会为了保证项目管理队伍素质的不断提高，建立了适合各自国情的培训经费保证制度。根据我国国情，必须建立一个由政府、行业、项目管理协会、项目个人和社会参与，共同出资的具有工程项目管理特色的工程项目人力资源研究与开发投入保障制度，以保证项目组织和人力资源的有效沟通与协调，保证项目目标的实现。

4.完善推进激励制度建设

宏观、微观调控和激励制度是实现工程项目人力资源管理的重要保证。宏观调控是企业高级项目管理层针对某一大中型项目提出总体决策规划，促进工程项目人力资源管理模式与项目管理战略的有机结合；微观调控是企业中级项目管理层或执行层针对某一大中型项目的实施实行有效协调和控制的重要途径；而激励制度则是激发调动项目所有干系人创造性、积极性和主观能动性，促进项目团队合作的重要手段。宏观、微观调控和激励制度的有机配合，相得益彰，将完善和推进工程项目人力资源管理激励制度建设。

5.加强项目组织文化工程

大多数组织要形成自己独特和具体的文化风格，项目组织、项目人员的价值观念、行为标准、使命感、信仰和期望反映在组织方针、工作程序、上下级关系及其他诸多方面。加强项目组织文化建设，使项目组织成员在追求共同的项目目标中逐渐有了共同的价值和信仰，表明项目组织文化已经在发挥作用。这一组织和个人的使命感，直至形成共同的价值观的过程正是组织文化的产生过程，对项目经常产生直接影响。

由于项目组织的一次性，很难确定自己的组织文化。在我国，现阶段项目组织文化建设应从加强职业道德方面着手，在岗位培训以及各类行政工作中，都应纳入职业道德教育的内容，努力提高全体员工的职业道德水准。职业道德主要包括两方面，一方面是热爱自己所从事的事业、岗位，热爱自己所在的项目。因此，要制定、完善各个岗位的职责标准，使上岗人员知道自己最低限度应达到什么标准。另一方面是钟爱自己的劳动成果，珍惜自己的劳动成果。首先，要制定各工种的技术标准和质量标准；其次，对生产优质产品和实行优质服务的人员进行奖励，引导全体员工积极创造优质工程。这样，通过不懈的思想教育和制度保证，使全体员工把做好本职工作、提高工作质量变为自觉的行动，项目文化建设就有了强大的动力和活力。

6.促进人力资源管理的信息化、网络化发展

伴随着信息和网络时代的到来，必要的项目人员库的建立和描述，项目知识、技能和经验的共同享有，项目干系人之间的信息和反馈，组织方法体系各个视图之间的协调等，为工程项目人力资源管理提供了快速便捷的手段。我国一些大中型工程项目信息化、网络化的研究已取得一定的成效，但是，工程项目人力资源管理模式的研究还需要与先进的管理手段相融合，通过计算机系统的有力支撑，实现工程项目人力资源管理信息化、网络化建设。为此应做到以下三点。

（1）保证信息化建设的资金来源

人力资源管理信息化是一个系统庞大、周期长投资高的工程，足够的资金投入是实现信息化建设的前提条件，项目应根据自身的经济实力，积极拓宽融资渠道，有计划、分步骤地进行信息化建设。

（2）优化业务流程和调整组织结构

随着信息时代的到来，信息传递的速度和效率大大提高，推动着人们价值观念的转变，同时也带来了工作环境流程和制度的相应变革。如公司管理层次大为减少，扁平式、矩阵式的组织结构将成为多数公司的组织形式等。为适应信息时代的要求，推进企业人力资源管理信息化，企业必须优化业务流程和调整组织结构。一方面，必须优化人力资源管理工作的业务流程。对招聘、绩效管理、员工培训与发展、员工职业计划与离职等流程都要按照人力资源管理系统的要求进行重新设计，将人力资源有关的分散信息集中在一起进行分析，使优化后的人力资源管理流程规范、科学、合理。另一方面，必须调整企业组织结构和人力资源管理部门的组织结构。在调整过程中，会涉及部门职能的重新划分、岗位职责的调整、权力利益的重新分配等。调整后的组织结构与优化后的业务流程相互适应，有利于保证人力资源管理系统的顺利实施。

（3）复合型的信息化管理人才

推动人力资源管理信息化，人才是重中之重，要把加强员工培训作为推进管理信息化的一项基础工作摆上日程，有针对性地设计培训方案，在培训内容上做到管理理念与技术

应用并重，增强培训的实效性，造就一支具有较高水平的信息能力和现代化管理能力的人才队伍。因此，必须从战略发展的高度，充分认识人才培养的重要性、必要性和迫切性，加强对信息化人才的培养和储备，把培养、吸引和用好人才作为一项重大的战略任务切实抓好，以适应现代组织人力资源管理的发展方向。

三、公路工程企业人力资源管理的重点

1.公路工程企业人力资源管理的首要问题是对项目经理的管理

自20世纪改革开放以来，随着我国社会经济的飞速发展，市场竞争变得越来越激烈，这就对建设施工企业的管理水平提出了更高、更新的要求，公路工程施工企业经营活动的项目特征也越来越明显，以项目的管理与运作为核心来重新构建企业的组织机构，提高企业管理与运作项目的实际能力已经成为现代施工企业的共识。可以毫不夸张地认为，项目管理的水平与能力已经成为衡量现代施工企业核心竞争力的关键因素，项目管理的成败将直接决定企业的命运。公路工程施工项目管理的首要问题是对项目经理的管理，施工项目经理是施工企业法定代表人在项目上的全权委托代理人，作为施工管理全面负责的管理者，他担负着相当重要的作用，不仅是整个施工项目的管理中心，而且是施工项目工程人员的核心；他要承担实现项目管理目标的全部责任，对项目实施要进行控制，对项目中人、财、物、技术、信息等所有的生产要素要进行管理，还要协调各方面的关系，在整个施工活动中占有举足轻重的地位。因此，努力做好项目经理的管理工作，是使整个施工项目得以顺利完成的前提。

2.公路工程施工企业人力资源管理的中心问题是建立激励型管理制度

公路工程企业项目管理的水平的高低直接决定着企业的经济效益的好坏。就目前一些施工企业的状况看，项目管理水平不高，相当一部分项目的效益不理想，品牌不多。造成这一状况的一个主要原因就是缺乏有效的激励机制，特别是当前，建筑市场价格竞争日益激烈，低价中标已成趋势，如何建立一个应对市场的有效激励机制来提升项目管理水平，提高项目管理经济效益和施工企业经济效益，是摆在所有公路工程施工企业面前的一个重要课题。

同其他行业一样，公路工程施工企业也经过计划经济时代到市场经济时代的过程，由于国有企业计划经济时代的好些影子还在，部分人对人员的市场流动不理解，依然采用了控制性管理，但由于大气候的影响，又没法实现真正的控制，人才流失现象严重，就产生了疑惑：他们怎么啦？实际上，观点应当转变，对人不应当是控制性管理，而应当是激励型管理。激励是积极的，但同时应当纠正一个误区：激励就不需要控制了。正确的做法应该是：在激励的前提下，仍然需要采用严格的管理来实施控制和规范员工行为，以保证团队协作和整体利益，同时也可保证社会公众利益。

3.建立合理有效的薪酬激励机制是员工管理的关键问题

任何企业的发展都离不开对人才的需求，建立合理有效的薪酬激励机制是员工管理的关键问题，而这种激励机制对企业"骨干精英"充分发挥其作用是关键性的。公路工程施工企业由于受公路工程施工的艰苦环境和条件的影响，对"骨干精英"人才的吸引力本身就不大，加上与各行业之间的差别，主要是薪酬差别，导致公路工程施工企业大量"骨干精英"人才的流失，困扰着施工企业。施工企业应当面对现实，当务之急就要建立合理有效的薪酬激励机制，缩小与各行业之间的实际薪酬差别，留住人才，用好人才。

4.企业与协作单位的利益合理分割是对协作单位的基础性激励

由于我国经济的迅猛增长，对公路工程建设投资的进一步加大，新建项目的增加，公路工程施工企业不得不引进外部协作单位来共同承担施工任务，这已经是无可争辩的事实。公路工程施工企业在与外部协作单位的关系上一度出现误区，认为是寄生关系，以为外部协作单位是寄生于公路工程施工企业的，但忽视了关键问题：企业的部分目标由谁协作实现？如果明白了这个问题，那么两者之间的关系不就是共生关系吗？而共生的双方，都不能死亡，为此，双方就得有共同生存的基本保障。但同时，公路工程施工企业与外部协作单位之间在利益方面又存在矛盾关系。如何进行相互之间利益的分割，利益的分割是否合理就成了合作的基础。因此，对外部协作单位来讲，获得合理的利益是基础性的要求，相反，对企业来讲，利益的合理分割就是对外部协作单位的基础性激励。

5.企业对农民工激励的关键问题在于安全和薪酬保障

众所周知，目前我国公路工程施工企业的大量施工工作是依靠农民工来完成的，农民工现在还处于马斯洛的生存需要和安全需要阶段，农民工的激励需求主要有薪酬、安全等方面。因此，他们最关注的就是自己的薪酬保障和安全保障，当然在理论上讲，已经不属于激励的范畴，但针对目前的社会现状来讲，薪酬保障和安全保障还仍然是农民工激励的最好手段。公路工程施工企业需要在这两个方面加强管理，给予这个创造了大量社会财富的弱势群体——农民工以安全和薪酬保障。

第七章　公路工程施工项目质量管理

第一节　公路工程施工项目质量管理概述

一、质量管理的概念

所谓质量管理，广义地说，是为了最经济地生产出适合使用者要求的高质量产品所采用的各种方法的体系。随着科学技术的发展和市场竞争的需要，质量管理已越来越为人们所重视，并逐渐发展成一门新的学科。最早提出质量管理的国家是美国。日本在第二次世界大战后引进美国的一整套质量管理技术和方法，结合本国实际，又将其向前推进，使质量管理走上了科学的道路，取得了世界瞩目的成绩。质量管理作为企业管理的有机组成部分，它的发展也是随着企业管理的发展而发展的，其产生、形成、发展和日益完善的过程大体经历了以下三个阶段。

1.质量检验阶段（20世纪20—40年代）

20世纪前，主要是手工业和个体生产方式，依靠生产操作者自身的手艺和经营来保证质量。进入20世纪，由于生产力的发展，机器的生产方式与手工作业的管理制度的矛盾，阻碍了生产力的发展，于是出现了管理革命。美国的泰勒研究了从工业革命以来的大工业生产的管理实践，创立了"科学管理"的新理论。他提出了计划与执行、检验与生产的职能需要分开的主张，即企业中设置专职的质量检验部门和人员，从事质量检验。这使产品质量有了基本保证，对提高产品质量、防止不合格产品出厂或流入下一道工序有积极的意义。由于这个阶段的特点是质量管理单纯依靠事后检验，剔除废品。因此，它的管理效能有限。1924年，管理统计学家休哈特提出"预防缺陷"的概念。他认为，质量管理工作除了事后检查以外，在有不合格产品出现苗头时，就应发现并及时采取措施予以制止。他创造了统计质量控制图等一套预防质量事故的理论。与此同时，还有一些统计学家提出了抽样检验的办法，把统计方法引入了质量管理领域，使检验成本得到降低。

2.统计质量管理阶段（20世纪40—50年代）

第二次世界大战初期，由于战争的需要，美国许多民用生产企业转为军用生产企业。由于事先无法控制产品质量，造成的废品量很大，耽误了交货期，甚至因军火质量差而发生事故。同时，军需品的质量检验大多属破坏性检验，不可能进行事后检验。于是人们采用了休哈特的"预防缺陷"的理论。美国国防部请休哈特等研究制定了一套美国战时质量管理方法，强制生产企业执行。这套方法主要采用统计质量控制图，了解质量变动的先兆，进行预防，使不合格品率大为降低，对保证产品质量起到良好的效果。这种方法用数理统计方法控制生产过程影响质量的因素，把单纯的质量检验变成了过程管理，使质量管理从"事后"转到了"事中"，使单纯的质量检验大为改进。但对数理统计知识的掌握有一定的要求，同时，易忽略生产与管理人员的作用。至 20 世纪 50 年代，人们逐步认识到统计质量管理方法不能全面保证产品质量，从而出现了"全面质量管理"阶段。

3.全面质量管理阶段（20 世纪 60 年代以后）

20 世纪 60 年代以后，随着社会生产力的发展和科学技术的进步，经济上的竞争日益激烈。特别是大批高安全性、高可靠性、高科技和高价值的技术密集型产品和大型复杂产品的质量在很大程度上依靠对各种影响质量的因素加以控制，才能达到设计标准和使用要求。人们对质量控制的认识有了升华，意识到单纯靠检验手段已不能满足要求了。大规模的工业化生产的质量除了与设备、工艺、材料、环境等因素有关，还与职工的思想意识、技术素质、企业的生产管理技术等有关。同时，检验质量的标准与用户需要的质量标准之间也存在时差，必须及时地收集反馈信息，修改制度以满足用户需要的质量标准，使产品具有竞争性。20 世纪 60 年代，美国的菲耿堡姆首先提出了较系统的"全面质量管理"概念。其中心思想是：不能单纯依靠数理统计方法，必须和企业管理结合起来，才能保证产品质量。

全面质量管理阶段的特点是针对不同企业的生产条件、工作环境及工作状态等多方面因素的变化，把组织管理、数量统计方法及现代科学技术、社会心理学、行为科学等综合运用于质量管理，建立适用和完善的质量工作体系，对每一个生产环节加以管理，做到全面运行和控制，通过改善和提高工作质量来保证产品质量；通过对产品的形成和使用全过程管理，全面保证产品质量；通过形成生产、服务企业全员、全企业、全过程的质量工作系统，建立质量体系以保证产品质量始终满足用户需要，使企业用最少的投入获取最佳的效益。

二、全面质量管理

1.全面质量管理的基本概念

（1）全面的质量标准

工程质量指工程产品能够满足人们的需要所具有的自然属性。例如：路面要满足行车和行人的需要，必须具有一定的力学强度，抵抗自然因素的能力等。工程质量既要反映工程的客观需要，又要考虑到设计施工、日后使用与维修的水平及能力。为此，对工程质量需要提出较全面的要求：性能好、安全可靠、造价低廉、使用方便、寿命长、适应性好等。要保证工程质量，必须做好工作质量。而工作质量是企业各方面工作质量的综合反映，工作质量体现在企业的一切生产技术和经营管理，以及各种辅助服务的活动中，通过施工过程中的工作效率、工作成果，最后可在工程质量、经济效益中表现出来。工程产品质量不仅要体现产品的使用价值，如产品的适用性、可靠性等技术特性；还要体现产品的经济性、交货期和技术服务质量等；同时，用户对产品质量的要求也会不断变化和提高。全面质量管理就是为满足上述质量标准的综合性和动态性的要求而进行的管理工作。

（2）全过程的质量管理

公路产品的质量不仅决定于施工阶段的质量，与勘察设计、材料和施工设备的质量、使用阶段技术服务的质量均有关，因此，施工单位不仅要加强施工全过程的质量控制，还要做好对设计质量的审核和进场材料及设备的检验工作；不仅要对工程质量进行管理，还要对工作质量进行管理；不仅对产品性能进行管理，还要对产品的经济性和技术服务质量进行管理，即要进行全过程管理。

（3）全员参与的管理

在实施全过程的质量管理时，从项目经理到每个员工，他们的工作都直接或间接与产品质量的形成有关。所以，质量管理需要全体员工的参与，即企业中各部门所有人员均应参与质量管理工作。

（4）全面运用各种管理方法和技术的科学管理

全面质量管理要采用科学的态度和科学的方法，一切以数据说话，进行科学管理。

2.全面质量管理的方针原则

（1）贯彻"质量第一"的方针

质量是企业信誉的基础，也是市场竞争的需要，故质量问题应引起全体员工的重视。

（2）贯彻"预防为主"的方针

质量管理不仅要对产品进行严格检验，而且在产品的形成过程中也要严格控制，对产品的质量形成过程中的每个环节采取预防措施以保证产品的质量。

（3）用数据说话

在质量管理过程中，尽可能地运用质量检验和实验数据来判别质量的优劣，采用数量统计的方法对质量进行控制，使质量管理科学化。

（4）要有广泛的群众基础

公路工程产品的质量是由项目管理的工作质量保证的，因此要保证公路产品质量必须确保项目管理的工作质量。而项目管理的工作质量涉及形成产品质量的所有环节、过程和项目管理的各部门和职工，所以，项目管理的工作质量是广大职工共同创造出来的。

（5）要有严密的组织保证

要进行全面质量管理，必须设立相应的机构，配备一定的成员，明确划分各成员职责和权限，要有严密的组织保证。

3.全面质量管理的基础工作

全面质量管理是一个科学的体系，由大量的基础工作有机结合起来而完成。

（1）标准化工作

标准化包括两个方面的内容：一是技术标准化，包括产品品种、规格的系列化和尺寸、质量、性能的统一化，以及工艺规程、操作方法、检验技术等的标准化，它是判别工序质量和产品质量的基础，也是实现构配件生产工厂化、施工机械化、管理科学化的前提；二是管理业务工作的标准化，包括经营管理工作的系统化、程序化和规范化，它是检验工作质量的基础。

（2）计量工作

做好计量工作，目的是提供准确、可靠的数据，为实现质量管理的定量化奠定基础。公路施工质量管理的计量包括生产过程中的投料计量、监测计量和对成品的测试、检验、分析计量等。在计量过程中，要做到以下三点。

①保证计量器具及仪表设备的正确和合理使用。

②确保量具及仪器按国家的检定规程进行检验。

③采用新的测量技术和方法，实现检测手段的现代化，如快速测定水泥强度、早期预测混凝土强度、无损探伤技术及其他现场监控技术等，以便更好地控制质量。

（3）质量情报工作

质量情报是反映工程质量的有关信息，如工程的基本数据、原始记录和已经交付使用的工程中反映出来的各种数据资料等。质量情报工作包括以下三种。

①从施工过程和辅助生产过程中收集的反映工作质量和工序质量的情报资料。这些情报资料有：原材料、半成品验收和试验记录，施工过程中的操作记录，隐蔽工程及分部分项工作验收记录，设计变更记录，有关质量问题的处理记录，劳动力、材料、物资、资金消耗的原始记录等。

②从已经交付使用的工程项目中反映出来的情报资料。主要通过组织对施工项目使用情报的回访调查得到，如使用寿命、常见病害、养护费用与工程质量的关系等。

③从国内外同行中收集有关情报资料，以掌握质量管理的新水平、新技术和发展趋势，进而找出差距，明确赶超目标，使公路项目的质量管理不落后、不掉队。

总之，做好质量情报工作是改善工程质量的原始依据，也是认识影响质量变化的因素，提高工程项目质量的基本手段。因此，质量情报工作要做到准确、及时、全面、系统。

（4）质量责任制

建立质量责任制是把有关质量管理的具体要求落实到每个部门和每个工作岗位，把有关的各项工作组织起来，形成一个严密的质量管理工作体系。完整的质量管理工作体系必须有组织上的保证和健全的规章制度，其中主要是责任制度。组织上的保证在于建立和健全公司项目经理、施工队和班组的质量管理小组。相应的责任制包括质量管理部门的责任制、质量管理人员的责任制、工人的质量责任制。

（5）开展质量教育

首先，对职工进行用户服务、对用户负责的质量责任教育；其次，在此基础上，进行全面质量管理知识的教育，树立新的质量管理概念；最后，进行一定的技术业务培训，使职工具有保证操作质量的技术知识和业务技术能力。

第二节　公路工程施工项目质量管理现状及优化方法

一、公路工程施工项目质量管理现状

随着经济和社会的发展，科学技术的进步与创新，人们对基础设施建设的"质量和效益"的意识也在不断增强。跨越了仅仅对工程结构物本身内在质量的要求，认真思考深层次的质量问题，或者说"大质量"的问题，融合"总体规划设计的合理性、工程结构的耐久性、社会效益的可持续性"的工程品质和基础设施的有效服务越来越受到重视。目前，我国公路基础设施建设技术进入世界先进行列，并且我国公路工程质量稳步提升，主要表现在：各级公路建设主管部门加强了质量管理，制定了明确的质量目标，抓质量的力度明显增强，公路建设各项规章制度得到进一步贯彻落实。在大多数的公路重点建设项目中，较为严格地执行了国家规定的基本建设程序。绝大多数项目贯彻了公路建设的项目法人责任制招投标制、工程监理制和合同管理制，明确了质量终身责任制；各地普遍建立了公路施工企业资信登记制度，遏制了工程招投标恶性竞争现象；公路工程实体质量明显提高。在路基分层填筑、桥梁伸缩缝、路面平整度、防护工程砌筑等方面，各地都制定了较为有效的质量控制措施。

二、我国公路工程施工项目质量管理中存在的问题

虽然我国公路工程的质量在稳步提高，但是在公路工程质量方面还存在着一些问题，如不经可行性论证，不做调查分析就拍板定案，没有搞清公路工程地质、水文等情况就仓促开工，进行无证设计、无图施工、任意修改设计，不经验收就交付使用等，这些问题都会致使不少公路工程施工项目留有严重隐患，导致公路工程质量事故的频繁发生。公路工

程质量事故的主要原因如下。

1.设计质量问题

（1）在我国设计与施工相互分离的承包方式下，设计的质量问题相对比较突出。设计文件的错、漏、缺是设计中的常见病。

（2）设计质量的另一主要问题是基础工作深度不足，不重视现场调查、勘探，只是通过定性对比或查手册套标准图。在设计时，不重视总体设计和多方案的技术经济论证，造成设计不合理、浪费严重，甚至留下工程隐患。

2.建设单位管理和施工质量问题

（1）通过对国内几起公路工程质量事故的分析，发现有的建设单位一再压低承包价格；施工单位按国家相应施工与验收规范施工，就无利可图。施工单位势必在偷工减料、以次充好方面下功夫，这样必然会出现公路工程质量事故。

（2）有的建设单位肢解工程，把路基工程、路面工程、桥梁工程、交通工程等分包给不同的施工单位，加上施工单位之间很少联系，使得路基工程和路面工程配合不好，交通工程和桥梁工程出现矛盾。

（3）某些建设单位为了进一步有利可图，强行向施工单位提供筑路材料。这些材料往往以次充好，必然造成质量隐患。

（4）多数建设单位没有懂土建的技术人员和对工程的检测手段，对施工不熟悉，对施工单位的施工质量的检查、监督不够。

（5）由于施工企业经营责任制的推行，承包商实行工程独立核算，自负盈亏。因而，部分承包商为取得中标，有意压低投标价，使标价偏低，在施工过程中出现成本与质量的矛盾。少数承包商还暗中分包，偷工减料现象时有发生。个别施工队伍缺乏施工经验，致使施工质量得不到保证。

3.监理队伍素质问题

我国现阶段的监理队伍严重存在着"三多三少"的现象，即兼营监理企业多，专营监理企业少；兼职人员多，专职人员少；返聘人员多，正式职工少。很多监理公司既搞设计又做监理，业务广而不专；大部分监理是临时聘用的设计人员，对监理业务知而不全，懂而不精。同时公路工程的监理费用支付偏低，还有的把部分监理费用与施工费用掺和在一起，让施工企业承担监理的吃、住和通信等开支。这种监理"吃施工"的局面，使得监理难以理直气壮地行使正常职权。

三、公路工程施工质量控制特点

施工是形成工程项目的关键环节，所以，施工阶段的质量控制是工程项目质量控制的重点。在施工过程中，由于项目施工涉及面广，是一个极其复杂的综合过程，再加上公路工程施工项目整体性强、建设周期长、受自然条件影响大等特点，公路工程施工项目的质量比一般工业产品的质量更难以控制，主要表现在以下两个方面。

1.影响质量的因素多

如设计、材料、机械、地形、地质、水文、气象、施工工艺、操作方法、技术措施、管理制度等，均直接影响施工项目的质量。

2.容易产生质量变异

不同于工业产品有固定的自动流水线、规范的生产工艺、成套的生产设备和稳定的生产环境等，影响施工项目质量的偶然性因素和系统性因素较多，因此，很容易产生质量变异。如材料性能微小的差异、机械设备正常的磨损、操作微小的变化、环境微小的变动等，均会引起偶然性因素的质量变异。如果施工方法不妥、操作不按规程、机械故障、设计计算错误等，则会引起系统性因素的质量变异，造成工程质量事故。为此，在施工中要严防出现系统性因素的质量变异，把质量变异控制在偶然性因素范围内。

3.容易产生第一、第二类判断错误

施工项目由于工序交接多，中间产品多、隐蔽工程多，若不及时检查实质，事后再看表面，就容易产生第二类判断错误，即将次判好；反之，若检查不认真，测量仪表不准，读数有误，则会产生第一类判断错误，即将好判次。因此，在进行质量检查验收时，应特别注意这点。

4.质量检查不能解体、拆卸

公路工程施工项目建成后，不可能像某些工业产品那样，再拆卸或解体检查内在的质量，或者重新更换零件，即使发现质量有问题，也不可能像工业品一样实行"包换"或"退款"。因此，必须加强质量控制与管理的强度，以确保公路工程施工项目质量一次性形成符合标准及要求。

5.质量问题的暴露性

由于公路工程产品的使用者具有广泛的社会性，因此，公路工程质量受全社会的关注和监督，质量问题非常敏感，公路工程产品一旦出现质量问题，会很快引起媒体和社会的广泛关注。这就要求公路工程施工项目的主管及从业单位必须树立高度的质量责任感，以优质的工作质量来保证公路工程质量，树立政府、企业的社会形象。

6.质量要受投资、进度的制约

公路工程施工项目的质量受投资、进度的制约较大，一般情况下，投资大、进度慢、质量就好；反之，质量则差。因此，在项目施工中，还必须正确处理质量、投资、进度三者之间的关系，使其达到对立的统一。

四、公路工程施工项目质量控制的影响因素

影响公路工程施工项目质量的因素很多，但归纳起来主要有五个方面的因素，即人（Man）、材料（Material）、机械（Machine）、方法（Method）和环境（Environment），简称为4M1E因素，事前对这五方面的因素严格控制是保证公路工程施工项目质量的关键。

1.人的因素

人是工程项目建设的实施者，工程项目建设的全过程，如项目的规划、决策、勘察、设计和施工，都是通过人的活动来实现的。人的素质，即人的思想水平、文化水平、技术水平、管理能力、身体素质等，都将直接和间接地对工程项目勘测、设计和施工的质量产生影响而规划是否合理，决策是否正确，设计是否符合所需要的功能和使用价值，施工是否满足合同、规范、技术标准的要求等，都将对工程项目的质量产生不同程度的影响，所以人的因素是影响工程项目质量的一个重要因素。

2.材料因素

材料（包括原材料、成品、半成品、构配件）是工程施工的物质条件，没有材料就无法施工。材料质量是工程质量的基础，材料质量不符合要求，工程质量也就不可能符合标准。所以，加强材料的质量控制，是提高工程质量的重要保证，是创造正常施工条件，实现投资控制和进度控制的前提。

3.机械设备因素

施工机械设备是实现施工机械化的重要物质基础，是现代化工程建设中不可少的设施，施工机械设备的类型是否符合项目施工的特点，主要性能是否先进和稳定，操作是否方便等，都将会影响到工程项目的质量。

4.方法因素

方法主要是指施工方法和施工技术，如施工方案、施工工艺和操作技能等。在工程项目施工中，施工方案是否合理，施工工艺是否先进，施工操作是否正确，都将对工程项目的质量产生重大影响。其中，施工方案的正确与否，是直接影响工程项目的质量控制、进度控制、投资控制三大目标能否顺利实现的关键。施工方案考虑不周，往往会影响质量、拖延进度、增加投资。

5.环境因素

影响公路工程施工项目质量的环境因素很多，概括起来可分为三类，即工程技术环境，如地形、地质、水文、气象、勘测、规划、设计施工等；工程管理环境，如质量保证体系、管理措施、管理制度等；劳动环境，如劳动组合、劳动工具、工作面等。环境因素是多变的，不同的工程项目有不同的工程技术环境、工程管理环境和劳动环境，而且同一个工程项目，在不同时间，环境因素也是变化的，而这些变化都会对公路工程施工项目的质量产

生影响。

对这五方面因素的控制必须贯穿于整个公路工程施工项目的形成过程中，需要公路工程施工项目的每个参与者依据相应的技术标准及合同文件各尽其责，在工程的每个阶段严把质量关，才有可能建造出优质的、经济效益好的公路产品。

第一，人的控制。公路工程施工项目建设中的人员包括直接参与工程建设的决策者、组织者、指挥者和操作者。为了避免人的失误，调动人的主观能动性，增强人的责任感和质量观，达到保证工程质量的目的，除了加强政治思想教育、劳动纪律教育、职业道德教育、专业技能培训、健全岗位责任制、改善劳动条件、给予公平合理的激励之外，还需根据公路工程施工项目的特点，从确保质量出发，本着因材施用、扬长避短的原则来控制人力资源的使用。

第二，材料的控制。在公路工程建设中，监理单位及施工单位应加强对材料的质量标准、材料的性能、材料取样、试验方法、材料的适用范围和施工要求等方面进行控制，严把材料质量关。

第三，机械设备的控制。从保证工程项目施工质量角度出发应，着重从机械设备的选型、机械设备的主要性能参数和机械设备的使用操作要求等三方面予以控制。

第四，方法的控制。在制定和审核施工方案时，必须结合工程实际，从技术、组织、管理、工艺、操作、经济等方面进行全面分析、综合考虑，力求方案技术可行、经济合理、工艺先进、措施得力、操作方便，顺利提高质量，加快进度，降低成本。

第五，环境因素的控制。工程地质、水文、气象等工程技术环境，属于客观存在的硬环境，只有探清这些工程硬环境，尊重并合理利用，才能寻求到能保证工程质量的工作环境。对于属于主观因素软环境来说，完全可以凭借主观努力，通过加强管理力度来完善，使公路工程施工项目在能确保质量的软环境下有序地进行。

五、公路工程施工项目质量控制流程

公路工程质量控制流程包括以下八方面。

1.施工准备

（1）承包人在合同规定的时间内向监理部报送施工组织设计。

（2）监理部审核验收控制测量点、施工测量原始资料。

（3）承包人完成其他施工准备工作。

2.开工报告

（1）在正式开工前，承包人必须向监理部提交开工报告，开工报告须附有：施工组织设计、现场情况、材料来源及材料试验、审核验收的测量成果资料。

（2）开工报告由监理部审查，业主审批，由业主签发开工令。

3.分项工程开工报告

（1）承包人在每项分项工程开工前必须向监理部提交分项工程开工申请批复单并附

有施工组织、施工方案、工艺流程、进度计划、原材料、配合比试验结果报验单、施工机械报验单、施工放样报验单、试验段方案及试验段总结报告。

（2）分项工程开工申请批复单由驻地专业监理工程师签收审查，提请监理部审批，报业主备案。

4.工序自检报告

（1）承包人提出已开工分部或分项工程的工艺流程、工序自检程序和方法。该程序和方法应与技术规范、监理工程师批准的施工方法和工艺流程相协调，与验收标准、检验频率和检测（验）方法相配合，并附框图。

（2）分部或分项工程的工艺流程、工序自检程序和方法由驻地专业工程师签收批准。

（3）在每道工序完工后，承包人应按照工序检查程序，首先进行自检，填写质检报告、质检表格和编写文字说明，申报驻地专业监理工程师签收。

5.工序检查认可

驻地专业监理工程师紧接承包人自检或与承包人自检的同时，对每一道工序完工后进行检查验收，对合格工序签认，对不合格的工序指示承包人进行缺陷修补或返工。前道工序未经检查认可，下道工序不得施工。

6.中间交工报告

（1）当工程的单位、分部或分项工程完工后，承包人应再进行一次系统的自检，汇总各道工序的检查记录及测量和抽样试验结果，提出交工报告。

（2）交工报告由驻地专业监理工程师签收。自检资料不全的交工报告，驻地专业监理工程师拒绝签收。

7.中间交工证书

驻地专业监理工程师对签收的工程量清单中分项完工的单项工程进行一次系统的检查验收，必要时测量检测、抽样试验。检查合格后，提请监理部签发"中间交工证书"，只有取得"中间交工证书"，才能进行工程计量，进行下一工程项目施工。

8.现场质量控制

（1）测量；

（2）试验；

（3）现场监督检查；

（4）质量事故的处理。

第三节　质量成本管理

一、质量成本的含义

质量成本的概念及质量成本管理是在20世纪60年代之后，推行全面质量管理（TQC）

的实践中逐渐形成和发展起来的成本管理分支学科。20 世纪 50 年代初期，质量成本理论的创立者——费根堡姆（A.V.Feigenbaun）首次提出质量成本的概念，即在生产经营活动中，为达到和保持特定的质量水平而支付的一切费用，以及因未达到既定质量标准而发生的一切损失之总和。60 年代初，费根堡姆又提出把质量成本划分为预防费用、检验费用、场内损失、场外损失四类。80 年代，费根堡姆进一步发展了质量成本的内涵，他提出质量成本应涉及产品的全寿命周期。费根堡姆对质量成本的定义被质量管理理论界所认同，是一个经典的质量成本概念，也是质量成本的经济内涵。

国家标准局在 1986 年颁布的国家标准 GB 6583.1—86 中把质量成本定义为：将产品质量保持在规定的质量水平所需的费用，它包括预防费用、检验费用、内部损失费用和外部损失费用。在 1991 年发布的 GB/T13339—91《质量成本管理导则》中又将质量成本定义为：将产品质量保持在规定的水平上所需的费用，它包括预防费用、检验费用、内部损失费用和外部损失费用，特殊情况下，还需增加外部质量保证成本。

二、施工企业质量损失成本源分析

施工企业在组织施工生产时，不同部门、不同岗位的工作失误都会产生质量成本，为此必须尽快找到发生源，以便制定纠正和预防措施，降低损失和防止类似问题的重复发生。所以，质量成本源的归集问题显得格外重要。研究质量成本源归集问题不是为了在出现质量问题以后去追究责任，而是为了更有效地找出质量问题发生的原因，从而帮助相关部门和人员尽可能地预防质量问题的再发生，或者在出现问题时能尽快予以消除。

施工企业质量损失成本分析按照归集分析对象不同，可分为外部分析与内部分析两类。

1.外部分析

在工程项目的施工过程中，施工企业与业主、监理、分包商、材料商等都对建筑产品质量产生影响，因而损失成本源也要围绕这几方面进行分析。

建筑产品质量的组成因素中，施工质量本着"谁施工谁负责"的明确方针，由承担施工任务的总承包商或分包商负责（延续至保修期结束）建筑材料、构件质量。施工企业本着"谁验收谁负责"的方针，只承担由自己供货的材料、构件质量问题带来的质量损失；交付使用后负责保修服务质量的企业做"定期回访、用户回访中心随叫随到"，分析引起质量问题的原因，归集分包商、使用者与施工企业的责任。在确定了具体的责任者后，根据损失的数额与相应的责任，进行相应的经济补偿或追偿。

外部分析建立在一定的法律、法规、施工规范、工程技术以及相关合同基础上，直接关系到相关方利益，因而一直很受重视。外部分析的成效多取决于施工合同的签订、施工文件的完整等。成功的施工企业在质量问题的分析与规避上大都形成了自己的方案与措施。

2.内部分析

根据全面质量管理的理论，企业的每一个职能部门岗位和工作人员都对企业质量成本的发生产生影响，在质量管理体系中承担相应的责任。质量损失成本源的分析，实质是查明质量成本损失原因，发现质量损失位置，明确质量损失责任，及时、准确、到位地采取相应措施，从而达到质量持续改进、降低质量成本的目标。施工企业内部质量损失成本源的分析过程如下。

（1）依据施工企业质量损失成本发生的原因，进行损失成本分类

施工企业质量损失成本按照发生的原因一般可分为施工质量损失成本、安全质量损失成本、合同质量损失成本和工作质量损失成本四类，每一类还可以进一步细分，同时确定每一类的质量成本损失源，如表 7-1 所示。

表 7-1　施工企业质量损失分类及成本源分析

损失类型	损失原因		损失源	备注
	主要原因	原因细分		
施工质量损失	设计原因	勘察报告缺陷	勘察单位	
		施工图纸设计缺陷	设计单位	
		……	……	
	施工原因	施工方案缺陷	技术负责人	
		未按施工规范施工	工长	
		……	……	
	机械材料原因	材料质量不合格	材料员	
	外部原因	业主设计变更	业主	
		……	……	
安全质量损失	安全计划原因	安全管理程序文件缺陷	安全部门	
		……	……	
	安全实施原因	安全措施不当	项目经理	
		……	……	
合同质量损失	合法性缺陷	合同与当地政府政策法规有偏差	合同审计部门	
	风险性缺陷	权利和义务不对	合同审计部门	
		……	……	
	严谨性缺陷	合同条款存在歧义	合同审计部门	
		……	……	
	分包商缺陷	分包商资质不足	技术负责人	
工作质量损失	工作职能划分缺陷	存在责任空白	企业经理	
		……	……	
	工作流程制定缺陷	工作流程制定不协调	部门负责人	
		……	……	
	流程执行缺陷	流程执行中缺少检查	部门负责人	
		……	……	

（2）建立施工质量损失成本源分析明细

施工企业可以根据自身管理习惯、管理特点，按照分部分项工程将质量问题通病及其原因进行罗列，并根据特定原因找出相应质量损失成本源建立施工质量损失成本源分析明细，如表7-2所示。

表7-2　施工质量损失成本源分析明细

分部工程编号及名称	分项工程编号及名称	质量损失编号及名称	质量损失原因	第一负责人	第二负责人	第三负责人	备注
地基与基础工程	地基工程	沉降不均匀	标高失控地基土含水量大	工长施工员	施工员质量负责人	质量负责人	
		边坡塌方	边坡支护不当坡顶荷载过大	技术负责人技术负责人	工长安全员	质量负责人施工员	
		……	……	……	……	……	
	基础工程	……	……	……	……	……	
下部构造	……	……	……	……	……	……	
……	……	……	……	……	……	……	

三、施工企业质量成本管理的实施

1.质量成本原始凭证的设置

为了正确记录质量成本数据，可以把质量成本的发生分成两类，即计划内和计划外。根据质量成本构成项目的特点，预防费用和检验费用划归计划内，而损失费用划归计划外，外部质量保证成本可根据合同要求纳入计划内。凡是计划内的质量成本只需按计划从企业原有的会计账目中提取数据即可，不必另外设计原始凭证。而损失费用可根据实际损失情况设计原始凭证，做好原始记录。记录损失费用数据的原始凭证主要有以下九种。

（1）计划外生产任务单；

（2）计划外物资领用单；

（3）返工单；

（4）返修单；

（5）停工损失报告单；

（6）材料降级处理报告单；

（7）计划外检验或试验通知单；

（8）缺陷责任保修记录单；

（9）索赔、诉讼费用记录单。

为了便于进行质量成本分析，所有的凭证设计具有一些共同的内容，如时间、产品、费用、数量、责任者、发生原因、质量成本科目与审核部门等。

2.质量成本数据的收集

（1）质量成本管理初级阶段数据的收集方法

在质量成本管理初级阶段，应使人们确认在此阶段存在着经常性的质量成本问题。成本数据的来源主要是以质量管理部门的统计、调查资料为主，会计资料为辅。由于大部分是一次性的统计，可以按下列不同来源归结成本资料。

①从现有账单中直接收集，如废品损失、检验费用等。

②对现有账单经过鉴别分析后进行归结。对难以鉴别分析的项目通常从以下几个方面确认。

A.鉴别哪些是直接归于质量管理部门的成本。例如，质量管理人员、检验人员的工资及提取的职工福利基金工会经费和各种津贴；质量管理部门和检验部门使用的设备、仪器、仪表的折旧费和修理费，所使用的工具用具、低值易耗品的摊销费用及行政办公费用等。

B.鉴别确认那些不直接属于质量管理部门的成本，但属于项目质量总成本的组成内容，这些也应计入成本费用支出。这些成本通常是由企业其他部门和机构为提高项目质量而开支的费用。例如，开发、工艺、检验、计划等部门的质量管理活动所发生的各种费用支出，经鉴别分析后分别计入有关质量成本项下。

以上两项所确认的质量成本主要是预防费用和检验费用。

C.鉴别确认在计划内应计入的内部损失费用部分。

D.分析确认不可预见的内部损失费用。

E.分析确认外部损失费用，除了账户上直接反映出来的保修等费用外，还要分析质量部门为调查外部损失所发生的费用。

以上三项主要是分析确认损失费用。

③从各种原始凭证中收集。虽然现在还没有一个严格、健全的收集质量成本数据的原始凭证，但从现有的原始凭证和文件中可以获得。例如：

A.工资和奖金发放单；

B.下达的任务书或任务单；

C.返修或设备调整报告单；

D.生产成品账单；

E.检查或试验报告单；

F.质量费用措施计划表；

G.材料检验报告单。

④通过建立原始记录来收集。例如，返修损失费用记录报告单等。

⑤通过典型调查分析后的记录或资料来收集。由于质量损失所发生的成本开支，收集精确程度不够理想，但对旨在寻找改进质量的机会或鉴定质量改进计划的需要，尚能符合要求。

（2）质量成本管理展开阶段数据的收集方法

质量成本管理展开阶段，需要采用质量成本的计划、统计、核算、分析、报告和控制等方法，将数据纳入会计科目并从经济角度来观察和考核质量管理效果，逐步建立健全质量成本数据收集的渠道，完善凭证单据。质量成本数据的来源以会计资料为主，以原始记录或原始凭证为依据，尽量避免使用质量管理人员的统计分析和估计方法。

3.质量成本管理工作实施程序

质量成本管理工作的实施，需要建立一个完整的质量成本管理体系，负责组织、协调、落实质量成本管理工作和质量改进计划，并配有专职或兼职质量成本核算和管理人员，负责质量成本信息的收集、分析和处理，在项目经理的领导下按照一定的程序开展项目质量成本管理工作。通常实施程序如下。

（1）培训教育。对项目参与者应进行质量成本管理知识教育，对质量成本管理的有关人员，如财务人员、质量管理人员等应进行质量成本管理业务培训。

（2）建立质量成本管理体系，明确职责，为实施质量成本管理提供组织保证。

（3）制定质量成本管理办法，使质量成本管理有章可循。

（4）根据质量成本目标编制质量成本计划。

（5）定期对项目质量成本的各项费用进行核算和分析。

（6）实施质量成本日常监督控制，对于质量水平的异常变动和超过标准的质量损失费用，结合质量成本源分析，及时查找发生位置、原因，采取有效的调节措施。

（7）定期对项目质量成本进行考核。依据质量成本计划和质量成本指标，对完成情况进行考核。

（8）根据质量成本分析编写质量成本报告，为质量改进提供依据。

第四节 职业健康安全管理

由于公路工程施工项目具有作业和位置流动性大、施工周期长、工种多、耗费人力和物力大等特点，存在很多不安全的因素，因此，做好职业健康安全管理工作对公路工程的进程非常重要。项目职业健康安全管理就是用现代管理的科学知识，明确项目职业健康安全生产的目标要求，进行控制、处理，以提高职业健康安全管理工作的水平。在施工过程中，提高经济效益的同时，改变不安全、不卫生的劳动环境和工作条件，在提高劳动生产率的同时，加强对工程项目的职业健康安全管理。用现代管理的科学方法去组织、协调生产，大幅减少伤亡事故，这样才能充分调动施工人员的主观能动性。

一、公路工程施工项目职业健康安全管理的要求

1.正确处理职业健康安全的关系

（1）明确职业健康安全与危险并存。职业健康安全与危险是相互对立且相互依存的，但并非等量并存、平静相处，是随着事物的运动而变化的。

（2）保证职业健康安全与生产的统一。职业健康安全是生产的客观要求，一旦生产完全停止，职业健康安全也就失去了意义。就生产目标来说，有了职业健康安全保障，生产才能持续、稳定、健康地进行。

（3）职业健康安全与质量相互包含。质量和职业健康安全工作，交互作用、互为因果。

（4）职业健康安全与速度互为保障。速度应以职业健康安全做保障，在项目实施过程中，应追求职业健康安全加速度，避免职业健康安全减速度。当速度与职业健康安全发生矛盾时，应暂时减缓速度，保证职业健康安全。

（5）职业健康安全与效益同时兼顾。实施职业健康安全技术措施，会不断改善职工劳动条件，调动职工的积极性，提高工作效率，带来经济效益，促进效益的增长。

2.做到"六个坚持"

（1）坚持生产、职业健康安全同时管。职业健康安全管理是生产管理的重要组成部分，两者存在着密切的联系。管生产同时管安全，不仅是对各级领导人员明确职业健康安全管理责任，同时，也向一切与生产有关的机构、人员明确了业务范围内的职业健康安全管理责任。

（2）坚持职业健康安全管理的目标。职业健康安全管理是对生产中的人、物、环境因素状态的管理，目的是有效控制人的不安全行为和物的不安全状态，消除或避免事故，达到保护劳动者职业健康安全的目的。

（3）坚持预防为主。职业健康安全生产的方针是"安全第一、预防为主"。职业健康安全管理主要不是处理事故，而是针对生产的特点，对生产要素采取管理措施，有效地控制不安全因素的发生与扩大，把可能发生的事故，消灭在萌芽状态，以保证人的职业健康安全。

（4）坚持全员管理。职业健康安全管理是一切与生产有关的机构、人员共同的事，缺乏全员的参与，职业健康安全管理不会有好的管理效果。

（5）坚持过程控制。在职业健康安全管理的主要内容中，虽然都是为了达到职业健康安全管理的目标，但对生产中人的不安全行为和物的不安全状态的控制更应作为职业健

康安全管理的重点。

（6）坚持持续改进。职业健康安全管理是为适应变化的生产活动，消除新的危险因素，是不断改进发展、不断变化的，其管理是一种动态管理。因此，需要不断摸索新的规律，总结控制的办法与经验，不断提高职业健康安全管理水平。

二、公路工程施工项目健康安全管理程序

公路工程施工项目健康安全管理应遵循下列程序。

1.识别并评价危险源及风险。

2.确定职业健康安全目标。

3.编制并实施项目职业健康安全技术措施计划。

4.职业健康安全技术措施计划实施结果验证。

5.持续改进相关措施和绩效。

三、公路工程施工项目健康安全管理的内容

1.职业健康安全组织管理

公路工程施工企业应建立健全职业健康安全管理机构，并对职业健康安全管理机构的构成、职责及工作模式做出明确规定，以保证国家有关职业健康安全生产的政策、法规及建设工程施工现场职业健康安全管理制度的落实。另外，施工企业还应重视职业健康安全档案管理工作，及时整理、完善职业健康安全档案、职业健康安全资料，为预防、预测、预报职业健康安全事故提供依据。

2.职业健康安全制度管理

当项目确立以后，公路工程施工单位应根据国家及行业有关职业健康安全生产的政策、法规、规范和标准，建立一整套符合项目特点的职业健康安全管理制度，包括职业健康安全生产责任制度、职业健康安全生产教育制度、职业健康安全生产检查制度、现场职业健康安全管理制度、高处作业职业健康安全管理制度、电气职业健康安全管理制度、防火防爆职业健康安全管理制度、劳动卫生职业健康安全管理制度等，用制度约束施工人员的行为，以达到职业健康安全生产的目的。

3.施工人员操作规范化管理

施工单位要严格按照国家及行业的有关规定，按各工种操作规程及工作条例的要求规范施工人员的行为，坚决贯彻执行各项职业健康安全管理制度，杜绝由于违反操作规程而引发的工伤事故。

4.职业健康施工安全技术管理

在施工生产过程中，为防止和消除伤亡事故，保障职工职业健康安全，企业应针对工

程特点、施工现场环境、使用机械以及施工中可能使用的有毒、有害材料，提出职业健康安全技术和防护措施。职业健康安全技术措施在开工前应根据施工图编制。施工前必须以书面形式对施工人员进行职业健康安全技术交底，对施工中出现的新问题，技术人员和职业健康安全管理人员要在调查分析的基础上，提出新的职业健康安全技术措施。针对不同工程的特点和可能造成的职业健康安全事故，制定不同的技术措施，以消除危险，保证职业健康安全。施工中对各项职业健康安全技术措施要认真组织实施，经常进行监督检查。

5.施工现场职业健康安全设施管理

根据住房和城乡建设部颁发的《建筑工程施工现场管理规定》，对施工现场的运输道路，给排水、动力及照明通信等管线，材料、构件、设备及工器具的堆放点，附属加工设施，临时性建筑（仓库、工棚、食堂、水泵房、变电所等），施工机械的行进路线，安全防火设施等临时工程设施进行合理的设计和科学的管理。

四、公路工程施工项目健康安全技术措施计划

公路工程施工项目健康安全技术措施计划包括以改善劳动条件、防止工伤事故、预防职业病和职业中毒为主要目的的一切技术组织措施。为确保职业健康安全技术措施经费真正用于改善劳动条件，企业在编制职业健康安全技术措施计划时，必须划清项目范围。凡属医疗福利、劳保用品、消防器材、环保设施、基建和技改项目中的安全卫生设施等，不应列如职业健康安全技术措施计划中。

公路工程项目施工组织设计或施工方案中必须有有针对性的职业健康安全技术措施。特殊和危险性大的工程必须单独编制职业健康安全施工方案或职业健康安全技术措施。

五、公路工程施工项目健康安全技术措施计划实施

要使公路工程施工项目健康安全技术措施计划顺利实施，必须做好以下工作。

1.认真做好公路工程施工项目职业健康安全生产教育

职业健康安全是生产正常进行的前提，职业健康安全教育又是职业健康安全管理工作的重要环节，是提高全员职业健康安全素质、职业健康安全管理水平和防止事故，实现职业健康安全生产的重要手段。

公路工程施工项目职业健康安全教育，主要包括以下四个方面的内容。

（1）职业健康安全生产思想教育。职业健康安全思想教育的目的是为职业健康安全生产奠定思想基础。通常从加强思想认识、方针政策和劳动纪律教育等方面进行。

（2）职业健康安全知识教育。企业所有职工都必须具备一定的职业健康安全基本知识，职业健康安全基本知识教育的主要内容是：企业的基本生产概况，施工、生产流程、方法，企业施工、生产的危险区域及其职业健康安全防护的基本知识和注意事项，机械设

备、厂（场）内运输的有关职业健康安全知识，有关电气设备（动力照明）的基本职业健康安全知识，高处作业职业健康安全知识，生产（施工）中使用的有毒、有害物质的职业健康安全防护基本知识，消防制度及灭火器材应用的基本知识，个人防护用品的正确使用知识等。

（3）职业健康安全技能教育。职业健康安全技能教育就是结合本工种专业特点，实现职业健康安全操作、职业健康安全防护所必须具备的基本技术知识要求。它包括职业健康安全技术劳动卫生和职业健康安全操作规程。国家规定建筑登高架设起重、焊接、电气、爆破、压力容器、锅炉等特种作业人员必须进行专门的职业健康安全技术培训。

（4）法制教育。采取各种有效形式，对全体职工进行职业健康安全生产法规和法制教育，从而提高职工遵纪守法的自觉性，以达到职业健康安全生产的目的。

2.实行公路工程施工项目职业健康安全生产责任制

为贯彻落实党和国家有关职业健康安全生产的政策法规，明确项目各级人员、各职能部门职业健康安全生产责任，保证施工生产过程中的人身安全和财产安全，根据国家及相关部门的有关规定要制定项目职业健康安全生产责任制度。

3.实行公路工程施工项目职业健康安全技术交底

公路工程施工项目职业健康安全技术交底是指导工人安全施工的技术措施，是项目职业健康安全技术方案的具体落实。职业健康安全技术交底一般由技术管理人员根据分部分项工程的具体要求、特点和危险因素编写，是操作者的指令性文件，因而，要具体、明确、针对性强，不得用施工现场的安全纪律、安全检查等制度代替。在进行工程技术交底的同时进行职业健康安全技术交底。

职业健康安全技术交底与工程技术交底一样，实行分级交底制度。

（1）大型或特大型工程由公司总工程师组织有关部门向项目经理部和分包商进行交底。交底内容有：工程概况、特征，施工难度，施工组织，采用的新工艺、新材料、新技术，施工程序与方法，关键部位应采取的安全技术方案或措施等。

（2）一般工程由项目经理部总（主任）工程师会同现场经理向项目有关施工人员（项目工程管理部、工程协调部、物资部、合约部、安全总监及区域责任工程师、专业责任工程师等）及分包商行政和技术负责人进行交底。

（3）分包商技术负责人，要对其管辖的施工人员进行详尽的交底。

（4）项目专业责任工程师要对所管辖的分包商的工长进行分部工程施工安全措施交底，对分包工长向操作班组所进行的安全技术交底进行监督与检查。

（5）专业责任工程师要对劳务分承包方的班组进行分部分项工程安全技术交底并监督指导其安全操作。

（6）各级安全技术交底都应按规定程序实施书面交底签字制度，并存档以备查用。

4.实行公路工程施工项目职业健康安全检查

公路工程施工项目职业健康安全检查的目的是消除隐患，防止事故，改善劳动条件及提高员工安全生产意识的重要手段，是职业健康安全管理工作的一项重要内容。为全面提高项目职业健康安全生产管理水平，及时消除职业健康安全隐患，落实各项职业健康安全生产制度和措施，在确保安全的情况下正常地进行施工生产，公路工程施工项目实行逐级职业健康安全检查制度。

（1）公司对项目实施定期检查和重点作业部位巡检制度。

（2）项目经理部每月由现场经理组织，安全总监配合，对施工现场进行一次职业健康安全大检查。

（3）区域责任工程师每半个月组织专业责任工程师、分包商（专业公司）、行政、技术负责人、工长对所管辖的区域进行职业健康安全大检查。

（4）专业责任工程师（工长）实行日巡检制度。

（5）项目安全总监对上述人员的活动情况实施监督与检查。

（6）项目分包单位必须建立各自的职业健康安全检查制度，除参加总包组织的检查外，必须坚持自检，及时发现、纠正、整改本责任区的违章，隐患。对危险和重点部位要跟踪检查，做到预防为主。

（7）施工（生产）班组要做好班前、班中、班后和节假日前后的职业健康安全自检工作尤其是作业前必须对作业环境进行认真检查，做到身边无隐患，班组不违章。

（8）各级检查都必须有明确的目的，做到"四定"，即定整改责任人、定整改措施、定整改完成时间、定整改验收人，并做好检查记录。

公路工程施工项目职业健康安全检查工作主要包括以下内容。

（1）职业健康安全技术措施。根据工程特点、施工方法、施工机械、编制完善的职业健康安全技术措施并在施工过程中得到贯彻。

（2）施工现场职业健康安全组织。工地上是否有专、兼职安全员并组成职业健康安全活动小组，工作开展情况，完整的施工职业健康安全记录。

（3）职业健康安全技术交底操作规章的学习贯彻情况。

（4）职业健康安全设防情况。

（5）个人防护情况。

（6）职业健康安全用电情况。

（7）施工现场防火设备。

（8）职业健康安全标志牌等。

六、公路工程施工项目健康安全隐患和事故处理

1.公路工程施工项目职业健康安全隐患控制

公路工程施工项目健康安全隐患是指可能导致职业健康安全事故的缺陷和问题，包括职业健康安全设施过程和行为等方面的缺陷问题。对检查和检验中发现的事故隐患，应采取必要的措施及时处理和化解，确保不合格设施不使用，不合格过程不通过，不安全行为不放过，并通过事故隐患的适当处理，防止职业健康安全事故的发生。

项目部对各类事故隐患应确定相应的处理部门和人员，规定其职责和权限，一般问题当天解决，重大问题限期解决。对存在隐患的职业健康安全设施、职业健康安全防护用品的整改措施落实情况必要时由项目部的职业健康安全部门组织有关专业人员对其进行复查验证并做好记录。只有当险情排除，采取了可靠措施后，方可恢复使用或施工。若是上级或政府行业主管部门提出的事故隐患通知，由项目部及时报告企业主管部门，同时制定措施、实施整改，自查合格报企业主管部门复查后，再报有关上级或政府行业主管部门消项。

2.公路工程施工项目职业健康安全事故处理

公路工程施工项目施工生产场所，发生伤亡事故，负伤人员或最先发现事故的人应立即报告项目领导。项目安全技术人员根据事故的严重程序及现场情况立即上报上级业务系统，并及时填写伤亡事故表上报企业；发生重大伤亡事故，各有关部门接到报告后，应立即转告各自的上级管理部门。公路工程施工项目职业健康安全事故通常的处理程序如下。

（1）抢救伤员，保护现场。事故发生后，现场人员切不可惊慌失措，要有组织，统一指挥。首先抢救伤员和排除险情，尽量制止事故蔓延扩大。同时注意，为了事故调查分析的需要，应保护好事故现场。如因抢救伤员和排除险情而必须移动现场构件时，还应准确做出标记，最好拍下不同角度的照片，为事故调查提供可靠的原始事故现场资料。

（2）成立调查组。在接到事故报告后，企业主管领导应立即赶赴现场组织抢救，并迅速组织调查组开展事故调查。

（3）现场勘查。现场勘查是技术性很强的工作，涉及广泛的科技知识和实践经验，调查组对事故的现场勘查必须做到及时、全面、准确、客观。

（4）分析事故原因，确定事故性质。事故调查分析的目的，是通过认真调查研究，搞清事故原因，以便从中吸取教训，采取相应措施，防止类似事故重复发生。

（5）提交调查报告。事故调查组在查清事实、分析原因的基础上，组织召开事故分析会，按照"四不放过"的原则，对事故原因进行全面调查分析，制定出切实可行的防范措施，提出对事故有关责任人员的处理意见，填写"企业职工因工伤亡事故调查报告书"，经调查组全体人员签字后报批。如调查组内部意见有分歧，应在弄清事实的基础上，对照

法律法规进行研究，统一认识。对个别问题仍持有不同意见的允许保留，并在签字时写明意见。

（6）事故审查和结案。对事故审查和结案，有以下几点要求。

①事故调查处理结论，经有关机关审批后，方可结案。伤亡事故处理工作一般应当在90天内结案，特殊情况不得超过180天。

②注意事故案件的审批权限，其权限同企业的隶属关系及人事管理权限一致。

③对事故责任者的处理，应根据其情节轻重和损失大小、谁有责任、主要责任、次要责任、重要责任、一般责任、领导责任等，按规定给予处分。

④企业接到政府机关的结案批复后，进行事故建档，并接受政府主管部门的行政处罚。

第五节　公路工程施工项目环境管理

环境保护是我国的一项基本国策。对于公路工程施工项目，环境保护主要是指保护和改善施工现场的环境。公路施工企业应遵照国家和地方的法律法规以及公路行业的要求，采取有效措施控制施工现场的粉尘、废气、固体废弃物以及噪声、振动等对环境的污染和危害。施工企业应根据批准的建设项目环境影响报告，首先通过对环境因素的识别和评估，确定项目环境管理的目标；其次进行项目环境各类策划，并在各个阶段贯彻实施。

一、公路工程施工项目环境管理工作内容

在公路工程施工项目部中，项目经理负责现场环境管理工作的总体策划和部署，建立项目环境管理组织机构，制定相应的制度和措施，组织培训，使各级人员明确环境保护的意义和责任。公路工程施工项目部经理的环境管理工作应包括以下几个方面。

1.按照分区划块原则，搞好项目的环境管理，进行定期检查，加强协调，及时解决发现的问题，实施纠正和预防措施，保持现场良好的作业环境、卫生条件和工作秩序，做到污染预防。

2.对环境因素进行控制，制定应急准备和相应措施，并保证信息通畅，预防可能出现非预期的损害。在出现环境事故时，应消除污染，制定相应措施，防止环境二次污染。

3.应保存有关环境管理的工作记录。

4.进行现场节能管理，有条件时应规定能源使用指标。

二、公路工程施工项目环境管理体系

1993年6月，国际标准化组织（ISO）正式成立环境管理技术委员会（ISO/TC 207），其宗旨为："通过制定和实施一套环境管理的国际标准，规范企业和社会团体等所有组织

的环境表现，使之与社会经济发展相适应，改善生态环境质量，减少人类各项活动所造成的环境污染，节约能源，促进经济的可持续发展。"1996年，推出了ISO 14000系列标准。同年，我国将其等同转换为国家标准GB/T 24000系列标准。环境管理体系有利于保护人类生存和发展，促进国民经济的可持续发展，是建立市场经济体制和环境管理现代化的需要。环境管理体系主要包括以下几个方面的内容：

1.环境方针。环境方针是制定与评审环境目标和指标的框架，主要包括对遵守法律及其他要求、持续改进和污染预防的承诺。

2.环境因素。识别环境因素时要考虑到正常、异常、紧急等几种状态及过去、现在、将来等几种时态，识别向大气排放、向水体排放、废弃物处理、土地污染、原材料和自然资源的利用，其他当地环境问题。要及时更新环境方面的信息以确保环境因素识别的充分性和环境因素评价的科学性。

3.法律和其他要求。组织应建立并保持程序以保证活动、产品或服务中环境因素遵守法律和其他要求，还应建立获得相关法律和其他要求的渠道，包括对变动信息的跟踪。

4.目标和指标主要包括三点。

（1）组织内部各管理层次、各有关部门和岗位在一定时期内均有相应的目标和指标。

（2）组织在建立和评审目标时，应考虑的因素主要有：环境影响因素、遵守法律法规和其他要求的承诺、相关方要求等。

（3）目标和指标应与环境方针中的承诺相呼应。

5.环境管理方案。组织应制定一个或多个环境管理方案，以保证环境目标和指标的实现。方案的内容一般可以有：组织目标、指标的分解落实情况，使各相关层次与职能在环境管理方案与其所承担的目标、指标相对应，并应规定实现目标、指标的职责、方法和时间表等。

6.组织结构和职责。环境管理体系的有效实施要靠组织的所有部门承担相关的环境职责，必须对每一层次的任务、职责、权限做出明确规定，形成文件并给予传达。最高管理者应指定管理者代表并明确其任务、职责、权限，应为环境管理体系的实施提供各种必要的资源。管理者代表应对环境管理体系建立、实施、保持负责，并向最高管理者报告环境管理体系运行情况。

7.培训、意识和能力。组织应明确培训要求和需要特殊培训的工作岗位和人员，建立培训程序，明确培训应达到的效果，并对可能产生重大影响的工作，要有必要的教育、培训、工作经验、能力方面的要求，以保证他们能胜任所负担的工作。

8.信息交流。组织应建立信息交流程序，使其能在组织的各层次和职能间交流有关环境因素和管理体系的信息，以及外部相关方信息的接收成文，答复，特别注意涉及重要环境因素的外部信息的处理并记录其决定。

9.环境管理体系文件。环境管理体系文件应充分描述环境管理体系的核心要素及其相互作用，应给出查询相关文件的途径，明确查找的方法，使相关人员易于获取有效版本。

10.文件控制。组织应建立并保持有效的控制程序，保证所有文件的实施，注明日期（包括发布和修订日期）、字迹清楚、标志明确，妥善保管并在规定期间予以保留等要求，还应及时从发放和使用场所收回失效文件，防止误用，建立并保持有关制定和修改各类文件的程序。环境管理体系重在运行和对环境因素的有效控制，应避免文件过于烦琐，有利于建立良好的控制系统。

11.运行控制。组织的方针、目标和指标及重要环境因素有关的运行和活动，应确保它们在程序的控制下运行，某些活动有关标准在第三层文件中已有具体规定的，程序可予以引用。对缺乏程序指导可能偏离方针、目标、指标的运行应建立运行控制程序，但并不要求所有的活动和过程都建立相应的运行控制程序。应识别组织使用的产品或服务中的重要环境因素，并建立和保持相应的文件程序，将有关程序与要求通报供方和承包方，以促使他们提供的产品或服务符合组织的要求。

12.应急准备和响应。应建立并保持一套程序，使之能有效确定潜在的事故或紧急情况，并在其发生前予以预防，减少可能伴随的环境影响。发生一旦紧急情况，及时做出响应，尽可能地减少由此造成的环境影响。组织应考虑可能会有的潜在事故和紧急情况，采取预防和纠正的措施应针对潜在的和发生的原因，必要时特别是在事故或紧急情况发生后，应对程序予以评审和修订，确保其切实可行，并定期按程序有关规定进行试验或演练。

13.监测和测量。对环境管理体系进行例行监测和测量，既是对体系运行状况的监督手段，又是发现问题及时采取纠正措施、实施有效运行控制的首要环节。

（1）监测的内容，通常包括：组织的环境绩效（如组织采取污染预防措施收到的效果，节省资源和能源的效果，对重大环境因素控制的结果等），有关的运行控制（对运行加以控制，监测其执行程序及其运行结果是否偏离目标和指标），目标、指标和环境管理方案的实现程度，为组织评价环境管理体系的有效性提供充分的客观依据。

（2）对监测活动，在程序中应明确规定：如何进行例行监测，如何使用、维护、保管监测设备，如何记录和保管记录，如何参照标准进行评价，什么时候、向谁报告监测结果和发现的问题等。

（3）组织应建立评价程序，定期检查有关法律法规的持续遵循情况，以判断环境方针有关承诺的符合性。

14.纠正与预防措施。组织应建立并保持文件程序，用来规定有关的职责和权限，对不符合的进行处理与调查，采取措施以减少其影响。对已存在和潜在不符合的情况及时采取纠正与预防措施，同时要分析原因。由纠正与预防措施引起的程序文件的任何更改，均应遵守实施并予以记录。

15.记录。组织应建立对记录进行管理的程序，明确对环境管理的标识、保存、处置的要求。组织的程序文件中应规定记录的内容。记录应字迹清楚、标识清楚、可追溯。

16.环境管理体系审核。组织应制定、保持定期开展环境管理体系内部审核的程序、方案。审核程序和方案的目的是判定其是否满足符合性（即环境管理体系是否符合对环境管理工作的预定安排和规范要求）和有效性（即环境管理体系是否得到正确实施和保持），向管理者报告管理结果。对审核方案的编制依据和内容要求，应立足于所涉及活动的环境的重要性和以前审核的结果。审核的具体内容应规定审核的范围、频次、方法，对审核组的要求、审核报告的要求等。

17.管理评审。组织应按规定的时间间隔进行，评审过程要记录，形成文件。评审的对象是环境管理体系，目的是保证环境管理体系的持续适用性、充分性、有效性。评审前要收集充分必要信息，作为评审依据。

三、公路工程项目文明施工

公路工程项目文明施工是指保持工程施工场地整洁、卫生，施工组织科学，施工程序合理的一种施工活动。实现文明施工，不仅要着重做好现场的场容管理工作，而且要做好现场材料、机械、安全、技术、保卫、消防和生活卫生等方面的管理工作。一个工地的文明施工水平是该工地乃至所在企业各项管理工作水平的综合体现。公路工程施工项目文明施工工作应包括下列内容。

1.进行现场文化建设。

2.规范场容，保持作业环境整洁卫生。

3.创造有序生产的条件。

4.减少对居民和环境的不利影响。

近年来，在引入国外先进管理理念的同时，我国公路工程施工项目管理水平得到不断提高，但施工现场管理混乱的现象还是比较严重，距离创建文明施工现场的距离还比较远。尽管国家有关部门对施工现场文明施工要求多年，但是施工现场管理的"脏、乱、差"现象依然是个普遍的共性问题。

"脏、乱、差"严重制约项目管理水平的提高。有些项目的现场管理混乱，施工无计划，操作无标准，规章制度不健全，岗位责任不落实；有人不干活、有活无人干；设备管理落后，"跑、漏、滴、冒"的现象比较常见，机械发生故障较多，严重影响施工正常进行；材料、机具、设备到处乱放，浪费惊人，质量、安全事故频频发生等现象的存在，严重制约建筑企业生产力的发展。有些项目全员劳动生产率偏低，生产力得不到提高，利润滑坡，效益不高，出现这些问题，也与忽视施工现场科学管理存在很大关系。施工现场还是事故隐患多发地点，尤其是桥梁施工现场露天高空作业和联合作业较多，人员流动性大、物体坠落和物体打击等事故最易发生。所以，加强施工现场文明施工管理力度，在施工现场改善施工作业人员条件，对防止事故伤害的发生具有很大的现实意义。项目经理部应对现场人员进行培训教育，提高其文明意识和素质，树立良好的形象，并按照文明施工标准，定期进行评定、考核和总结。

四、公路工程施工项目现场管理

公路工程施工项目现场是企业人流、物流、信息流的汇集地，是工人和其他管理人员直接从事施工活动、创造使用价值和社会价值的场所，是生产力的载体，也是工程产品最终形成的场所。公路工程施工企业向社会和市场提供的工程产品必须通过施工现场建造起来，即企业投入生产的各种生产要素，只有在施工现场优化组合后才能转换为生产力。工程施工进度的快慢，质量的优劣，成本的高低，效益的好坏都与施工现场管理水平息息相关。所以做好施工现场管理工作显得越来越重要了。

1.公路工程施工项目现场管理基本规定

（1）项目经理部应在施工前了解经过施工现场的地下管线，标出位置，加以保护。施工时发现文物、古迹、爆炸物、电缆等，应当停止施工，保护现场，及时向有关部门报告，并按照相关规定处理。

（2）施工中需要停水、停电、封路而影响环境时，应经有关部门批准，事先告示。在行人、车辆通过的地方施工，应当设置沟、井、坎洞覆盖物和标志。

（3）项目经理部应对施工现场的环境因素进行分析，对于可能产生的污水、废气、噪声、固体废弃物等污染源采取措施，进行控制。

（4）施工垃圾和渣土应堆放在指定地点，定期进行清理。装载材料、垃圾或渣土的运输机械，应采取防止尘土飞扬、洒落或流溢的有效措施。施工现场应根据需要设置机动车辆冲洗设施，冲洗污水应进行处理。

（5）除有符合规定的装置外，不得在施工现场熔化沥青和焚烧油毡、油漆，亦不得焚烧其他可产生有毒有害烟尘和恶臭气味的废弃物。项目经理部应按规定有效处理有毒有害物质，禁止将有毒有害废弃物现场回填。

（6）施工现场的场容管理应符合施工平面图设计的合理安排和物料器具定位管理标准的要求。

（7）项目经理部应依据施工条件，按照施工总平面图、施工方案和施工进度计划的要求，认真进行所负责区域的施工平面图的规划、设计、布置、使用和管理。

（8）现场的主要机械设备、模具、施工临时道路、各种管线、施工材料制品堆场及仓库、土方及垃圾堆放区、变配电间、消火栓、警卫室，现场的办公、生产和生活临时设施等的布置，均应符合施工平面图的要求。

（9）现场入口处的醒目位置，应公示工程概况、职业健康安全纪律、防火须知、职业健康安全生产和文明施工规定、施工平面图、项目经理部组织机构图及主要管理人员名单。

（10）施工现场周边应按当地有关要求设置围挡和相关的职业健康安全预防设施。危险品仓库附近应有明显标志及围挡设施。

（11）施工现场应设置畅通的排水沟渠系统，保持场地道路的干燥坚实。施工现场的泥浆和污水未经处理不得直接排放。有条件时，可对施工现场进行绿化布置。

2.公路工程施工现场环境保护

（1）公路工程项目施工现场环境保护基本规定

公路工程项目施工现场环境保护应执行下列规定。

①项目经理部应当遵守国家有关环境保护的法律规定，采取措施，控制施工现场的各种粉尘、废气、废水、固体废弃物以及噪声、振动对环境的污染和危害。

②妥善处理泥浆水，未经处理不得直接排入河流。

③除设有符合规定的装置外，不得在施工现场熔融沥青或者焚烧油毡、油漆以及其他会产生有毒、有害烟尘和恶臭气体的物质。

④采用有效措施控制施工过程中的扬尘。

⑤禁止将有毒有害废弃物用做土方回填。

⑥对产生噪声、振动的施工机械，应采取有效控制措施，减轻噪声扰民。

⑦工程施工由于受技术、经济各种限制，对环境的污染不能控制在规定范围内的，项目经理部应会同业主事先报请当地人民政府建设行政主管部门和环境保护行政主管部门批准。

（2）施工现场环境保护措施

①生态环保措施

A.对开挖土方，回填土方过大的路段，施工应避开雨期，并在雨期来临之前，将开挖、回填弃方的边坡处理完毕。

B.对于施工取土，要做到边开采，边平整，边绿化，对于在公路两侧取土，要做好规划，要有利于耕地改造。南方地区可与修建养鱼、养虾池有计划地结合起来，并与路基保持一定的距离，杜绝随意取土。

C.对于雨水较多的地区，在公路施工中，会出现边坡的崩塌、滑坡现象，因此凡是大面积护坡处需增设截水沟，有组织地排除雨水。

D.施工过程中，对可能产生雨水地面经流处开挖路基时，应设置临时性的土沉淀池，以拦截泥沙，必要时在沉淀池的出水侧设置土工布围栏，待路建成后，将土沉淀池推平、绿化或还耕。

E.对路堤边坡应及时植草绿化，在修筑较高挡土墙的同时，每隔一定距离栽植易发芽的灌木。

F.对施工临时的占地，应将原有土地表层耕作的熟土堆在一旁，待施工完毕再将这些熟土推平，恢复原土地表层。

②大气污染防治措施

A.公路施工的堆料场、灰土拌和站等应设于空旷的地方，200 m 范围内不应有集中居民区、学校等。

B.在采用沥青路面的路段，设置沥青混凝土搅拌站的位置应选择适当，既要方便，又要符合卫生要求，卫生防护距离规定保护距离为 300 m。同时，沥青混凝土搅拌站应设在离开居民区、学校等环境敏感点以外的下风向处；此外，不宜采用开敞式、半封闭式沥青熬化作业工艺。

C.施工材料运输公路及便道应采取定时洒水降尘措施，对一些粉状材料，运输时应加以遮盖。

③水污染防治措施

A.一些施工材料，如沥青、油料、化学品等不宜堆放在民用、水井及河流湖泊附近，防止雨水冲刷进入水体。

B.施工人员的生活污水、生活垃圾、粪便等应集中处理，不能直接排入水体，施工管理区生活污水等无法接入市政排水管理时，要建化粪池进行处理。

C.桥梁施工中施工机械、船只要严格检查，防止油料泄露。严禁将废油、施工垃圾等随意抛入水体。

④噪声防治措施

A.当施工路段或工地距居民距离小于 150 m 时，为保证居民夜间休息，在规定时间内停止施工。

B.对于施工现场附近的学校和单位，施工项目部与其进行商议，调整施工时间或采取其他措施，尽量减小施工噪声对教学和工作的干扰。

C.施工项目部要注意保养机械，使机械维持最低声级水平，安排工人轮流操作机械，减少工人接触高噪声的时间，对在声源附近工作时间较长的工人，可采取发放防声耳塞、头盔等保护措施，使工人进行自身保护。

D.采取吸声、隔声、隔振和阻尼等声学处理的方法来降低噪声。吸声是利用吸声材料

（如玻璃棉、矿渣棉、毛毡、泡沫塑料、吸声砖、木丝板、干蔗板等）和吸声结构（如穿孔共振吸声结构、微穿孔板吸声结构、薄板共振吸声结构等）吸收通过的声音，减少室内噪声的反射来降低噪声。隔声是把发声的物体、场所用隔声材料（如砖、钢筋混凝土、钢板、厚木板、矿棉被等）封闭起来与周围隔绝。常用的隔声结构有隔声间、隔声机罩、隔声屏等。隔振，就是防止振动能量从振源传递出去。隔振装置主要包括金属弹簧、隔振器、隔振垫（如剪切橡胶、气垫）等。常用的材料还有软木、矿渣棉、玻璃纤维等。阻尼就是用内摩擦损耗大的一些材料来消耗金属板的振动能量并转换成热能散失掉，从而抑制金属板的弯曲振动，使辐射噪声大幅度地削减。常用的阻尼材料有沥青、软橡胶和其他高分子涂料等。

使施工现场保持良好的施工环境和施工秩序，是公路工程施工项目管理的重要内容。施工现场是工程产品生产的场所，企业要从现场获得产品的附加值才能在社会上生存和发展；现场也是问题萌芽产生的场所，是施工活动的第一线，无论出现什么问题，都是直接来自现场；施工现场能够反映员工的思想动态，工作态度会直接或间接地影响产品和生产效率。项目管理水平的高低，就看其现场管理是否整洁美观，是否秩序井然，是否很好地引导广大员工有组织、有计划地开展工作，经济合理地达成目标。

第八章　公路工程施工项目进度管理及优化

第一节　公路工程施工项目进度管理概述

进度管理工作的好坏直接关系到参建各方的经济利益。进度计划安排合理、跟踪检查适时到位，能够节约时间、降低成本，达到参建各方共赢的目的。

项目管理中一项关键内容就是合理地安排项目进度，它的目的是保证按时完成项目、合理分配资源、提高项目的经济效益。进度管理就是采用科学的方法确定进度目标，编制进度计划和资源供应计划，对制订的进度计划与实际的进度进行管理，控制整个项目的总进度。

一、公路工程施工项目进度管理的概念

1.公路工程施工进度管理的特点

公路工程施工生产是劳动过程和自然过程的结合，其施工中受自然条件的影响很大，使其施工组织、施工程序及施工工艺因实施条件的变化而进行相应的调整与改变。因此，公路工程施工计划管理非常复杂，任何不周全或草率从事的施工计划，均会给项目施工管理带来困难，所以应予以足够的重视。施工计划管理是通过计划把承包人项目施工管理的各项工作组织起来，以施工生产活动为主体，制订各项专业性计划并对其进行平衡、协调，监督与控制。公路工程施工计划管理具有下列特点。

（1）计划的被动性

施工任务来源于工程招标市场，施工单位每年有多少任务，性质和规模的大小都很难确定，使计划编制比较被动。要想改变被动局面，必须做好招揽工程任务的预测、调查研究和信息资料的搜集工作，从而提高施工计划的编制质量。

（2）计划的多变性

公路工程施工项目的多样性、结构工程的复杂性及施工条件的差异性，造成施工中不可预见的因素较多。工程施工现场的分散使劳动力、材料及施工机具设备处于流动供应状态。同时，受业主、监理及其他有关单位的影响等均带来施工计划的变化，这种多变性要

求在编制施工计划时，要留有一定的调整余地。

（3）计划的不均衡性

公路工程结构特点及不同工程部位的施工性质，以及不同季节的影响，都会造成施工计划的不均衡性，为此要求在编制施工计划时力求均衡，取得较好的经济效益。

2.进度管理的作用

公路建设项目有技术要求高、投资大、建设周期长、涉及面广、干扰因素多等特点。为使项目的进展能达到预期目标，并争取早日投入使用而获取经济效益，针对施工全过程的进度控制是十分必要的。进度管理的目的是按照承包合同规定的进度和质量要求完成工程建设任务；同时，把项目费用控制在预算范围内，为企业获得合理的利润。而要保证进度管理目的的实现需要做好以下几项工作。

（1）对项目工作进行分解

要对项目的进度进行管理，必须首先对项目工作进行分解，工作分解就是先把复杂的项目逐步一层一层地分解，直到将项目工作拆分成一个个单独的、可执行的工作，形成被称为工作分解结构的 WBS（Work Breakdown Structure），并在此基础上对项目工作进行逻辑关系排序，分配资源、估计工期，然后形成计划。项目工作分解是项目目标进一步明确的前提，也是进行项目进度计划控制的基础。

（2）制订施工进度计划

所谓进度计划是指在工作分解结构的基础上对项目、任务所做出的一系列时间、资源方面的安排。在项目进行之前编制进度计划是一件必要的事情，进度计划给出了任务在时间上的安排，同时也反映出任务在整个项目中所处的位置，任务由谁来负责完成，需要什么样的资源，任务之间的逻辑关系等。另外，通过编制进度计划可以对任务的工期、资源和成本做出优化选择，得出切实可行的进度计划。

在工程投标时，已经按照招标文件或规定编制了粗略的施工方案和进度计划，中标后又根据现场施工条件和合同中的工期，编制出详细的施工进度计划。计划的内容包括确定开工前的各项准备工作、选择施工方法和组织流水作业、协调各个工种在施工中的搭接和配合、安排劳动力和各种施工物资的供应、确定各分部分项工程的目标工期和全部工程的完工时间等。施工计划安排应适当，既不能太紧，又不能太松。计划太紧造成无法完成，计划太松则不能发挥施工效率。

（3）组织进度计划的实施

施工进度计划报业主审批后须严格执行，把进度计划布置下去，调配人力、施工物资和资金，确保到位。及时检查和发现影响进度的问题，并采取适当的技术和组织措施，必要时修订和更新进度计划。

（4）与业主保持密切的沟通

定期向业主报告工程进展，对业主提出的"变更指令"和"赶工"或"加快指令"及时做出反应和处理。与业主的良好合作是顺利实施进度计划的一个重要条件。

（5）监督各分包单位的工作，及时协调分包单位的施工配合。

3.进度管理的系统原理

为了确保工程进度目标实现，承包人要编制年度总目标的计划体系。主要包括：总体进度计划、单项工程进度计划、年度计划、季度月份生产计划，以及与这些进度计划相适应的资源供应计划，资金需求计划，各项生产任务完成报告。

施工进度计划的实施保证从内容上可分为组织保证、技术保证、合同保证、经济保证；从工程项目建设的参与方来分有承包人、监理和业主的保证。

承包人的项目经理部是进度计划实施的重要保证，是保证系统的组织保证。从项目经理到项目经理部的各职能部门，为确保工程进度目标，要齐心协力、各尽其职，加强内部管理，尤其应注重人、机、料三大要素的优化配置与协调工作。项目经理应将整个工程逐项分解，由粗到细，最后形成月生产计划和周工作计划下达或上报监理，以便实施和监督。对工程进度的控制应派专人记录进度的实际情况，收集反映进度的数据，统计整理汇总实际进度的数据，形成实际进度报表，并将其与计划进度进行比较和分析，以利于后续工程施工。不同层次人员有不同的进度控制职责，做到分工协作，共同组成一个纵横连接的承包商进度控制保证系统。

4.进度管理的要求

（1）科学预测工程招标市场，确定合理的计划管理目标。

（2）承包签约的项目以合同工期为目标，倒排或正排施工计划。

（3）施工计划管理时既要保证重点工程，又要协调兼顾一般项目。

（4）施工方案、施工工艺及施工顺序均应合理安排。

（5）力求各项工程的施工计划均衡、紧密配合，还应留一定的调整余地，以适应施工中实际变化的情况。

（6）项目施工管理中的各项工作在计划编制上要紧密衔接。

二、公路施工项目进度管理的基本程序

公路工程施工项目进度管理是公路工程项目施工管理的中心环节，是一种周期性的循环过程，即编制计划、执行计划、检查计划的结果和计划的偏差及影响因素，采取纠正措施，然后进入下一个循环。

1.确定施工进度目标

根据施工合同确定的开工日期、总工期和竣工日期，确定施工进度目标，明确计划开

工日期和计划竣工日期，并确定项目分期分批的开工日期和竣工日期。

2.编制施工进度计划

施工进度计划应根据工艺关系、组织关系、搭接关系、起止时间、劳动力计划、材料计划、机械计划及其保证性计划等因素综合确定。

3.报送开工申请报告

向监理工程师提出开工申请报告并应按监理工程师下达的开工令指定的日期开工。

4.实施施工进度计划

承包人实施施工计划时必须对照原计划进行检查，在工程实施期间，应及时掌握影响和妨碍工程进展的不利因素，促进工程按计划进行。在项目实施过程中，由于外部各种不确定因素的存在，往往会使实际进度与计划进度发生偏差，如不能及时发现并纠正这些偏差，必然会影响项目进度管理目标的实现。因此，当出现进度偏差时，项目管理者应根据项目跟踪提供的信息，对计划进度目标与实际进度达成目标值进行比较，找出偏差及其原因，采取措施调整纠正，并不断预测未来进度状况。

5.进度计划的调整

跟踪计划的实施并进行监督，当发现工程现场的组织安排、施工顺序或人力和设备与计划进度上的方案有较大差异时，应对原工程进度计划及现金流动计划予以调整，调整后的工程进度计划应符合工程现场实际情况，并应保证满足合同工期的要求。

6.进度控制总结

进度控制是指在限定的工期内，以事先拟订的合理且经济的项目进度计划为依据，对整个项目过程进行监督、检查、指导和纠正的行为过程。在施工进度计划完成后，项目经理部应及时进行施工进度控制总结，并编写进度控制报告，可体现在"项目管理工作总结"中。

第二节　公路工程施工项目进度计划的编制及实施

一、施工项目进度计划编制依据及原则

1.施工项目进度计划编制依据

公路施工项目进度计划是对工程实施过程进行管理的前提。因此，在工程开始施工前，必须制订一份科学、合理的工程项目进度计划，确定一个合理的计划工期。计划工期在确定时的依据有 7 个。

（1）合同或上级规定的开工日期、竣工日期。

（2）工程图纸。

（3）各类定额。

（4）劳动力、材料、机械供应情况。

（5）主导工程的施工方案（施工顺序、施工方案、作业方式）。

（6）有关施工现场的水文、地质、气象和经济资料。

（7）已建成的同类工程或相似项目的实际工程进度情况是编制本项目施工进度计划的重要参考资料。

承包商在接到中标通知书后，应认真阅读技术规范设计图纸，并对现场的地形地貌、征地拆迁等情况进行认真调查研究，做好相关的施工组织设计，编制既切实可行、符合合同，又能指导施工的施工计划。

2.施工项目进度计划编制原则

在编制施工项目进度计划前，必须深入做好调查研究，充分估计可能发生的各种情况；安排进度计划时，应扣除法定的节假日，估计雨季或其他原因需停工的时间，指令工期或合同工期与这些必要的停工时间差，根据实际安排施工作业时间。另外，还要考虑机械设备、工程材料、劳动力及施工日期上保留一定的机动时间，在出现意外情况时可以进行调整和补救。

在制订施工项目进度计划时，应该遵守以下原则。

（1）确保工期的原则

以合同工期为目标，符合合同条件及技术规范。根据工程量、业主的总体施工计划和阶段施工计划，编制和调整实施性施工计划，并以此为基础进行生产要素的资源配置，确保工期进度及工程质量。

（2）均衡生产和重点突出的原则

既要保证重点工程，又要兼顾一般项目。对于重点项目，预料可能的施工障碍及变化，着重考虑相应的施工方案和措施，优先安排，重点保障，组织专业化施工，力争提前竣工。其余工程按照均衡生产的原则组织施工。各项工程的施工计划不仅要均衡、紧密配合，还应留一定的调整余地，以适应施工中实际变化的情况。

（3）技术创新与管理创新的原则

工程建设中积极推进技术创新和既有技术成果的转化，优化施工方案；积极进行管理创新，工程进度实行适时网络技术，始终把握关键线路。优化生产要素配置，努力提高作业效率，保证施工进度。施工组织、施工方法、施工方案、施工工艺及施工顺序均应合理安排。

（4）合理分段、科学组织的原则

结合项目的工程数量和技术要求合理划分作业区段，分段应清楚明了，以便于管理，表明施工中全部活动及其他活动的相关联系，充分利用人力及设备。同时，在施工过程中，应优化施工组织管理，根据具体情况可采取平行作业、顺序作业或者流水作业的方法组织施工。

3.进度计划的主要作用

（1）通过项目计划确定项目各项任务范围，并制定各项任务的时间表，阐明每项任务必需的人力、物力、财力并确定预算，保证项目顺利实施和目标实现。

（2）可借以确定项目各成员和工作的责任范围以及相应的职权，以便按要求去指导和控制项目的工作，减少风险。

（3）通过计划科学地组织和安排，可以保证有秩序地实施，合理地协调项目各工作之间的关系，提高项目的整体效益。

（4）可作为分析、协商及记录项目范围变化的基础。这样就为项目的跟踪控制过程提供了一条基线，用以衡量进度、记录各种偏差及决定预防或整改措施，便于对项目进度进行管理。

二、施工进度计划的编制

1.施工进度计划的主要内容

根据工程项目实施的阶段，工程项目进度计划可分为总体进度计划及年度、月度进度计划。对于某些重要项目，如桥梁、隧道、立体交叉等，还要单独编制关键工程进度计划。

（1）总体进度计划

工程项目的施工总进度计划是用来指导工程全局的，是工程从开工到竣工各个主要环节的总体进度安排，起着控制工程总体及各个单位工程或各个施工阶段工期的作用。承包商自接到中标通知书之日起，在合同条件约定时间内，提交一份格式和细节都符合监理工程师规定的工程总进度计划以取得监理工程师的同意。总体进度计划的编制可以采用横道图、斜线图、进度曲线图或网络计划图，但不论采用何种方式，在总体进度计划中，均应包括工程项目的合同工期，完成各单位工程及各施工阶段所需要的工期、最早开始时间和最迟结束时间，各单位工程及各施工阶段需要完成的工程量及现金流动估算，各单位工程及施工阶段所需配备的人力和机械数量，各单位工程或分部工程的施工方案和施工方法等。

（2）年度、月度进度计划

比较大的工程项目需要编制年度、月进度计划，年度进度计划要受工程总体进度计划的控制，而月度进度计划又受年度进度计划的控制。

① 度进度计划

年度进度计划统一安排全年的年度施工任务，确定各项年度生产指标，根据年度季节、气候的不同，合理安排施工进度。因此，在年度进度计划中应反映：本年度计划完成的单位工程及施工阶段的工程项目内容、工程数量及投资指标，施工队伍和主要施工设备的数量及调配顺序，不同季节及气温条件下各项工程的时间安排在总体进度计划下对各分项工程进行局部调整或修改的详细说明等。因此，在年度计划的安排中，应重点突出组织顺序上的联系，如大型机械的转移顺序、主要施工队伍的转移顺序等。首先安排重点、大型、复杂、周期长、占劳动力和施工机械多的工程，优先安排主要工种或经常处于短线状态的工种施工任务，使其能连续工作。

②月度进度计划

月度进度计划可以确定月度施工任务，如本月施工的工程项目，主要的工程量，有谁完成及其相互的配合，指导施工作业，进行月度施工各项指标的平衡汇总，以便综合衡量完成的工程数量和工程投资，作为考核月度施工进度情况的依据。因此，在月度施工进度计划中应反映：本月计划完成的各项工程内容及顺序安排，完成本月及各项工程的工程数量及投资额，完成各分项工程的施工队伍及人力和主要设备的配额，在年度计划下，对各单位工程或分项工程进行局部调整或修改的详细说明等。

（3）关键工程进度计划

关键工程进度计划是指在一个公路工程施工项目中起控制作用的关键工程，如某一桥梁工程、隧道工程或立体交叉工程的进度计划。由于关键工程的施工工期常常关系到整个工程项目施工总工期的长短，因此，在施工进度计划的编制过程中将单独编制关键工程进度计划。关键工程进度计划中应包括：具体施工方案和施工方法，总体进度计划及各道工序的控制日期，现金流动估算，各施工阶段的人力和设备的配额及运转安排，施工准备及结束清场的时间安排，对总体进度安排计划及其他相关工程的控制、依赖关系和说明等。

2.施工进度计划的形式及其编制方法

施工进度计划一般用横道图、斜线图、网络计划图等表示。

（1）横道图

横道图又称甘特图，是美国工程师亨利·甘特在第一次世界大战期间创造的一种生产进度表达方法。横道图以时间为横坐标，以各分项工程或施工工序为纵坐标，按一定的先后施工顺序和工艺流程，用带时间比例的水平横道线对应项目或工序持续时间的施工进度计划图表。横道图一般由两大部分组成：左部分为主要表格，包括编号、工程名称、施工方法、工程量或工作量的单位及数量等；右部分为指示图表，用水平横道线形象地表示出分项工程或施工工序的施工进度，其线条长度代表施工持续时间长短，线条位置表示施工过程，线条上方的数字表示该项目所需的劳动力数量。

横道图可以方便地表达施工计划的总工期和各分项工程或施工工序的持续时间，便于计算完成施工计划所需的劳动力、材料、机械设备及资金等各种资源用量。横道图编制施工进度计划有简单、形象、直观、易懂，便于检查和计算资源用量等优点。但横道图不能很好地表达各分项工程或施工工序之间的逻辑关系，无法反映工作的机动使用时间，反映不出关键工作，不能定量分析，计划执行过程中实施计划偏离原计划时，只能进行局部简单调整，施工期限与地点关系无法表达，无法进行施工组织及施工方案的比较与优化。因此，横道图只适用于编制集中性工程进度计划、材料供应计划或简单工程进度计划。

（2）斜线图

斜线图又称为垂直图法或垂直坐标表示法，以纵坐标表示施工工期，横坐标表示里程或工程位置，各施工项目的施工进度则以不同形式的斜线或垂线表示，工程量和简易的施工平面图在其下方表示。图 8-1 为某工程的施工进度斜线图。

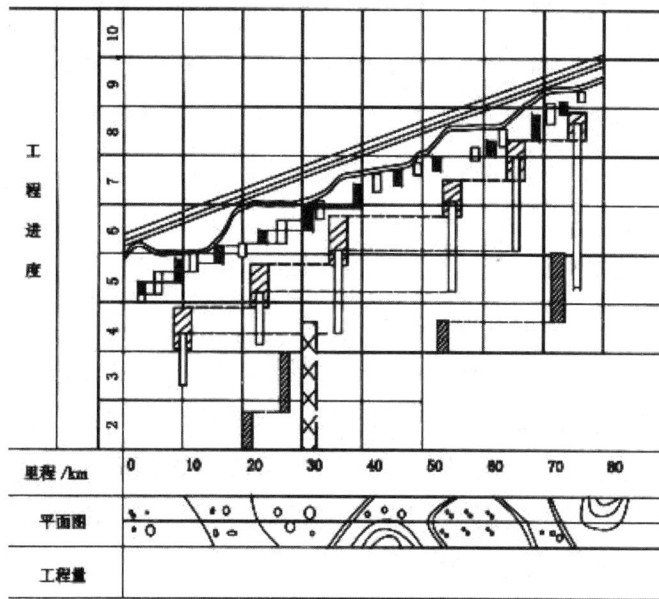

图 8-1 某工程的施工进度斜线图

由此可见，斜线图与横道图相似，在斜线图中，各分项工程或施工工序的相互关系、施工紧凑程度及施工速度十分清楚，工程的分布情况和施工日期也十分清楚，可直接确定各时间点上施工队伍所在的施工位置和应完成的工程数量。但斜线图不便于将工序划分很细，不能反映各项目或工作之间的复杂关系，不能确定工作的机动时间及关键工作，不能用计算机进行定量分析，计划的编制及修改工作量较大，不能进行计划方案的比较及优选等。因此，斜线图主要用于里程较长、等级较低、管理较粗的施工组织。

三、项目初始进度计划的优化

初始的进度计划可能在时间方面超出要求，在资源方面出现供不应求或不平衡的情况；

或者在时间和资源方面的潜力尚未得到最佳的发挥。因此要使项目进度计划如期实现，并使项目工期短、资源消耗少、成本低。就必须优化和改进初始的进度计划。狭义的进度计划的优化是指对初始网络计划的调整和优化方法，是在初始计划形成后，根据已构建的网络计划模型和各任务的时间参数分别为解决进度计划的工期、成本和资源等问题所做的分析和计算。广义的进度计划的优化，是指在进度计划形成的全过程中对进度计划的优化。进度计划优化的内容包括工期优化、成本优化、资源优化等。

四、施工项目进度计划的实施

施工项目进度计划的实施就是按施工进度计划开展施工活动，落实和完成计划。施工项目进度计划逐步实施的过程就是项目施工逐步完成的过程。为保证项目各项施工活动，按施工进度计划所确定的顺序和时间进行，以及保证各阶段进度目标和总进度目标的实现，应做好下面的工作。

1.检查各层次的计划，并进一步编制月（旬）作业计划。

2.综合平衡，做好主要要素的优化配置。

3.层层签订承包合同，并签发施工任务书。

4.全面实行层层计划交底，保证全体人员共同参与计划实施。

5.做好施工记录，掌握现场实际情况。

6.做好施工中的调度工作。

7.预测干扰因素，采取预控制措施。

第三节　公路工程施工项目进度计划调整及优化

公路工程进度受自然因素尤其是天气、工艺环节、组织方式、机械等因素的影响很大，实际施工进度往往与计划发生偏差，施工组织及进度控制具有很大的困难和风险。因此，在施工进度出现偏差时，需要动态调整与优化，修改、制订新进度计划并执行，为公路工程施工进度管理提供服务。

一、施工进度计划检查

在施工项目的实施过程中，进度计划的不变是相对的，变是绝对的；平衡是相对的，不平衡是绝对的，实际进度与计划进度完全一致几乎是不可能的。要经常检查施工实际进度情况，与计划进度相比较，要密切关注关键工作，避免造成工作盲目和被动。若出现偏差，应分析产生偏差的原因及对原计划的影响程度，采取一定的措施加强调整后续进度计划，使进度符合目标要求。

进度检查主要是了解工程进度是否发生了延误，即正在施工的各工程或分项工程的实际进度与计划进度相比有无偏差。若正在施工的工程出现延误，则可能影响后续工程的开工时间及原定工期。因此，需对原工程计划和现金流动计划进行调整，施工进度计划在实施中的调整必须依据施工进度计划检查结果进行。

二、公路工程施工进度偏差的识别与分析

进度偏差的识别与分析是项目进度管理的一个重要环节，也是进度计划调整的基础。常用的进度偏差识别方法有横道图比较法、S形曲线比较法、香蕉曲线比较法和前锋线比较法。

1.横道图比较法

横道图比较法是一种反映进度实施进展状况的方法。在项目实施中检查实际进度收集的信息，经整理后直接用横道线并列标于原计划的横道线处，进行直观比较的方法。根据工程项目实施中各项任务的速度不同，以及提供的进度信息不同分为匀速进展横道图比较法、双比例单侧横道图比较法、双比例双侧横道图比较法。

（1）匀速进展横道图比较法

匀速进展是指工程项目中，每项任务的实施进展速度都是均匀的，即在单位时间内完成的任务都是相等的，累计完成的任务量与时间呈线性变化。该方法只适用于任务从开始到完成的整个过程中，其进展速度是不变的，累计完成的任务量与时间成正比。若任务的进展速度是变化的，用这种方法就不能进行实际进度与计划进度之间的比较。

（2）双比例单侧横道图比较法

双比例单侧横道图比较法是一种适用于任务的进度按变速进展的情况，实际进度与计划进度进行比较的方法。该方法在表示任务实际进度的涂黑粗线同时，标出其对应时刻完成任务的累计百分比，通过该百分比与其同时刻的计划累计百分比来比较任务的实际进度与计划进度。这种比较法，不仅适用于进展速度是变化情况下的进度比较，还能提供某一指定时间二者比较的信息。当然，这要求实施部门按规定的时间记录当时的任务完成情况。

（3）双比例双侧横道图比较法

将表示任务进度的涂黑粗线，按检查时间和完成的百分比交替绘制在计划横道线上下两侧，其长度表示该时间内完成的任务量。任务计划完成累计百分比标于横道线上方，任务实际完成累计百分比标于横道线下方的检查日期处，通过两个上下相对的百分比来比较该任务的实际进度与计划进度。

2.S形曲线比较法

对于大多数项目来说，单位时间的资源消耗，通常是中间多而两头少，即前期资源消耗较少，中间阶段单位时间投入的资源量较多，在到达高峰后又逐渐减少直至项目完成，

累加后的曲线呈 S 形变化。在 S 形曲线图上有两条曲线，一条是按计划时间累计完成任务量的 S 形曲线，另一条是按项目的各检查时间实际完成的任务量绘制的曲线。

（1）S 形曲线的概念

S 形曲线即工程进度曲线，也称现金流动曲线，因其曲线形状呈 S 形而得名。S 形曲线以工期为横轴，以累计完成的工程费用百分比或累计完成的工程量的百分比为纵轴的图表化曲线，是针对横道图监控工程进度时，计划进度与实际进度的比较只能在各个分项工程或工作之间，无法对整个工程进度情况进行全局性的管理这一不足而提出的。

一般情况下，项目施工初期应进行临时工程建设或各项施工准备工作，劳动力和施工机械的投入逐渐增多，每天完成的工作量逐渐增加，因此施工速度逐渐加快，即工程进度曲线的斜率逐渐增大，此阶段的曲线呈凹形；在项目施工稳定期间，施工机械和劳动力投入量大而保持不变时，若不出现意外作业时间损失，且施工效率正常，则每天完成的工作量大致相等，这时施工速度近似为常数，工程进度曲线的斜率几乎不变，该阶段曲线接近为直线；在项目实施后期，主体工程项目已经完成，剩下修理加工及清理现场等收尾工作，劳动力和施工机械逐渐退场，每天完成的工作量逐步减少，此时，施工速度逐渐变慢，即工程进度曲线的斜率逐渐变缓，此阶段的曲线为凸形。由此可见，一般工程进度曲线大致呈 S 形。

（2）S 形曲线的作用

由于 S 形曲线是工程进度曲线也是现金流动曲线，所以，在公路工程项目施工进度及费用管理中均可使用。其在工程中的具体作用如下。

①判断编制的施工进度计划是否合理

合理的施工进度计划曲线形状大致呈 S 形，劳动力、材料和施工机具设备供应及工程费用使用分配符合一般规律。若工程初期曲线不是凹形，或施工稳定期间曲线不是直线，或工程后期曲线不是凸形等，就说明施工中资源配置违背了一般规律，应对计划进行重新修订。

②控施工进度计划

当实际进度按计划进度正常施工时，其实际进度与计划进度曲线相吻合，此时说明实际进度正常。但在进度计划实际中，如果实际进度比计划进度提前，则实际进度曲线用虚线表示，应在 S 形曲线上方，照此施工，工期会提前。如果实际进度比计划进度滞后，则虚线表示的实际进度在 S 形曲线下方，如此施工，工期将延后。

③工程计量及费用支付的依据

S 形曲线是工程进度与累计完成的工程量或工作量的百分比图表化曲线，也是工程项目实施中进度与现金流动关系曲线。项目实施期间完成了多少工程量或工作量，在实际进度曲线上一目了然，据此可方便进行中期工程量的计量与支付。

（3）S形曲线的信息表达

比较两条S形曲线可以得到如下信息：

①项目的实际进度与计划进度比较情况；

②项目进度超前或拖后的时间；

③项目实际任务量的完成情况；

④项目后期的进度预测。

因此，使用S形曲线能够有效对工程的实际进度进行管理，是判断工程全局进度情况的工具。

三、公路工程施工进度预测

由于公路工程施工过程总是具有很强的随机性和不确定性，实际的施工进程与原始的工程计划可能会存在较大的差异，因此施工需要不断根据实际已经完成的进度内容来调整后期的安排方案，以贴近实际施工过程。已经完成的工程不再具有不确定性，从施工现场采集到这些确定性信息后，根据这些信息对剩余的工程进行预测。在进行公路工程施工进度预测时，应注意以下几点。

1.进度预测的初始状态根据当前实际施工进度面貌确定。如根据已完成的路基土石方高程、施工时间及顺序形成当前的施工面貌，进行以后工程的预测。

2.施工参数根据实际施工情况动态调整。在最初的计划制订中，施工参数的选取只能根据经验或者类似工程的数据，如机械配套的选取，设备的数量、服务时间、工序环节等，这样制订的计划可能与实际有一定的出入。现场施工不仅跟机械的性能等有关，还跟操作人员的技术水平、自然因素等有关。因此，在进行后续工作的预测时需要根据实时监控系统反馈的现场施工参数做动态调整分析。

3.进度预测可以从工程初始到全部工序完成为止，涉及整个施工过程的工程进度，也可以根据实际施工过程中的需要，从任意时刻起始，到任意时刻终止的任意时间段进行进度的预测。

这些表明了在公路工程施工进度预测和控制工程中，应重视进度控制的动态性、实时性，从而使得预测结果更加符合施工真实情况，实现施工过程的实时控制。针对不同资源水平和施工组织情况，进行施工过程的施工进度、道路行车情况、合理的机械设备配套，对施工进度方案、道路行车运输进行可视化分析，优化施工方案。

四、施工进度偏差分析

施工进度的控制是施工方案优化的关键。基于实时监控的信息，仿真预测未来施工面貌，若与计划存在偏差，分析进度偏差产生的原因并采取相应的措施。一般情况下，公路工程进度的调整是不可避免的。因此，应及时了解和掌握工程实际进展情况，分析和检查影响进度偏差的原因，为工程施工进度的调整和控制提供信息依据。在进度管理中，尤其要注意对进度偏差的分析，分析步骤有四个。

1.分析是否是在施工的关键环节出现了进度偏差。若是，无论偏差大小，都必须及时采取应对措施；若不是，就要进一步比较偏差是否大于总时差。

2.进度偏差与总时差关系分析。进度偏差大于总时差，采取措施进行调整，如果进度偏差小于总时差，进度偏差不影响总工期。接着要进一步分析进度偏差与自由时差的关系。

3.进度偏差与自由时差关系分析。进度偏差大于自由时差，对后续工作有影响。进度偏差等于或小于自由时差，则不影响后续工作。

五、公路工程施工进度计划调整及优化

1.公路工程施工进度计划调整

在公路工程施工进度控制中，一方面要分析当前形象进度与计划的偏差，另一方面要分析当前施工参数条件下将来的形象进度与计划的偏差，可以根据实际工程施工面貌或动态仿真预测得到的形象面貌与计划形象进度做比较，分析偏差是否存在。若有偏差，则需对施工方案采取适当的调整措施，以尽可能保证计划的施工进度顺利实施。

如果发现原有的进度计划已落后，不适应实际情况，为了确保工期，实现进度控制的目标，就必须对原有的进度计划进行调整，形成新的进度计划，作为进度控制的新依据。但采取的调整措施到底会对进度带来多大的影响，能否保证工程按期完工等问题仍需要进行分析。可以根据得到调整后的形象进度与计划做比较，分析进度的改善情况，从而评价调整措施有效性。这样，通过对多个可行的调整方案进行评价分析，从中可寻求出一个较优的调整方案。通常，调整公路工程进度计划的主要方法有以下几种。

（1）采用内外平衡的方法，加大协调攻关力度，理顺各方关系和管理环节，创造有利于施工的内外环境，采用一定的激励、奖励措施，发挥员工的主观能动性和创造性，合理加大资源配置，科学施工，以达到施工计划进度的目的。

（2）压缩关键工作的持续时间，不改变工作之间的顺序关系，而是通过缩短网络计划中关键线路上的持续时间来缩短已被拖长的工期。具体采取的措施有：增加工作面，延长每天的施工时间，增加劳动力及施工机械数量的组织措施；改进施工工艺和施工技术以缩短工艺技术间歇时间，采取更先进的施工方法以减少施工过程或时间，采用更先进的施工机械的技术措施；提高资金数额，对所采取的技术措施给予相应的经济补偿；改善外部配合条件，改善劳动条件等其他配套措施。在采取相应措施调整进度计划的同时，考虑选择费用增加较少的关键工作为压缩的对象。

（3）组织搭接作业或平行作业：不改变工作的持续时间，而只改变工作的开始时间和完成时间。这种调整情况有：对于大型工程项目，有多项的单位工程，而这些单位工程之间的制约比较小，从而可调整的幅度比较大，因此比较容易采用平行作业的方法来调整进度计划；对于单位工程项目，由于受工作之间工艺关系的限制，可调整的幅度较小，通常采用搭接作业的方法来调整施工进度计划。

当工期拖延得太长，或采取某种方法未能达到预期效果，或可调整的幅度又受到限制时，还可以同时用这两种方法来调整施工进度计划，以满足工期目标的要求。

在进度管理过程中，若发现有较大延误的事件，应认真处理好这些延误事件。首先，通过进度检查判断其延误是否对工期造成影响。若对工期无影响，一般无须处理，对虽然还未造成工期延误但本身延误较大的非关键工作也要特别关注；若影响工期，要考察工期将拖延多少。其次，通过现场记录和有关文件或资料分析这些延误事件的原因或责任，若是非承包商原因造成的工期延误，应及时提出索赔意向书，计算索赔金额和时间；若是承包商自身的原因，对工期延误不大的，要加强内部管理，优化资源配置，争取在后续施工中抢回失去的时间，若对工期影响较大，应及时采取加快进度的措施。

2.公路工程进度计划优化

公路工程进度计划就是根据项目实施具体的日程安排，规划整个工作项目的工作进展，其目的就是控制时间，节约时间，而项目严格的时间要求决定了进度计划在项目管理中的重要性。工程项目进度计划的优化指对项目进度计划进行调整，使之更加经济、高效，符合项目合同工期及质量要求的过程。对进度计划的优化就是通过不断调整计划的初始方案，在满足各种约束条件下的同时按照某个衡量指标来制定最优的计划方案，从以上对进度计划的影响因素来看，资源与费用对进度计划的影响最大，在实际工程中也是最受人关注的部分。项目进度计划的优化一般可以通过以下几个途径来实现。

（1）在不增加资源的前提下压缩工期。在进行工期优化时，首先应在保持系统原有资源的基础上对工期进行压缩，如果还不能满足要求，再考虑向系统增加资源。在不增加系统资源的前提下压缩工期有两条途径：一是不改变网络计划中各项工作的持续时间，通过改变某些活动间的逻辑关系达到压缩总工期的目的；二是改变系统内部资源配置，削减某些非关键活动的资源，将削减下来的资源调到关键工作中去以缩短关键工作的持续时间，从而达到缩短总工期的目的。

（2）平衡资源供应，压缩关键活动工期。从关键路线的定义可以看出，关键路线的长度就是项目的工期，所以要压缩项目工期就必须缩短关键活动时间，将初始网络计划的计算工期与合同指令工期相比较，求出需要缩短的工期，通过压缩关键路线的方法进行多次测试计算直到符合指令工期的要求为止。

在网络计划中，关键线路控制着任务的工期，因此缩短工期的着眼点是关键线路。但是采取硬性压缩关键工作的持续时间来达到缩短工期的目的，并不是很好的办法。在网络计划的时间优化时，缩短工期主要是通过调整工作的组织措施来实现。可以采取以下几种方法。

①顺序作业调整为搭接作业。前后工序投入施工的时间间隔（流水步距）越小，施工的搭接程度越高，总工期就越短。

②对工程项目进行合理排序。如果一个施工可以分成若干个流水段，不同的流水顺序总工期不同，就可以找出总工期最短的最优流水次序。

③相应地推迟非关键工序的开始时间。

④相应地延长非关键工作的持续时间，而将其人力、物力调到关键工作上去以达到压缩关键工作持续时间、缩短工期的目的。

⑤从计划外增加资源。因为项目进度计划的总工期是由关键线路的长度决定的。因此，要缩短计划工期，必须压缩关键线路，可以通过增加资源投入等方法来达到压缩工期的目的。

其中，后三种方法，当关键线路压缩以后，原来的次关键线路可能会成为新的关键线路，如果其长度仍超过规定工期，则还要对这条线路进行压缩，压缩这条线路上的工序施工时间，直到满足规定工期的要求为止。因此，在压缩工期时，应选择那些既是关键工作，又是组成次关键线路的工作来压缩，将会同时缩短关键线路和次关键线路，从而收到事半功倍之效。

第四节　公路工程施工进度管理的总结

国内公路工程建设单位一般采用资本金30%的条件，以贷款方式启动项目。由于受还贷压力和自身经济利益的驱动，都要求按计划进行工程控制，甚至要求提前达标完工，也就是对工程进度尽可能地进行压缩。而公路工程受诸多因素的限制，进度影响问题特别突出，这样就导致了作为建筑承包商的施工企业的进度风险越来越大，给建筑工程建设进度管理带来巨大的压力，也使建筑施工企业的进度管理动机越来越成为自觉行为。

工程实践证明，切实有效的进度控制能够准确掌握项目建设所需的时间及各项资源，有利于管理者在项目的实施过程中合理地编制施工进度计划并进行资源调配，进而加快施工进度、降低工程成本。在项目进度的控制中，应该把握以下几点。

一、项目进度管理核心问题是对员工的管理

改革开放以来，我国的经济飞速发展，机械制造技术大步前进，设备国产化进程加快。经济的发展和设备制造成本的降低，使设备的购置和投入已经不是当前建筑工程施工进度管理的核心问题。特别是进入 21 世纪后，建筑行业发展势头强劲，随着工程设计与施工技术的进步，现代建设工程的规模变得越来越大，施工过程也因此成为一项十分复杂的生产活动。施工过程不但要投入大量人工和机械设备，还有大量的施工建筑材料制品的生产、运输、贮存和供应工作，要使人、财、物等各种生产要素统一协调地发挥其效用，其难度与复杂性与日俱增。稍有不慎就有可能出现因窝工、停工进而影响到整个工程施工的顺利进行。因此，在现代公路工程项目施工中，对人的管理就成了工程进度管理的核心问题。

二、多目标综合管理

在项目的具体管理实施过程中，需要在精确分析了进度、安全、质量、成本四者之间的逻辑关系以及相互影响的基础上，研究在安全、质量、成本约束下如何进行进度优化。以便在项目管理过程中，进度计划的制订和实施均能实现进度目标、安全目标、质量目标以及成本目标的综合优化。然后，根据各项任务目标的要求，精心规划、科学组织、合理安排，对任务目标进行具体分解，并细化到每天、每人，具体落实到每个施工队伍。全员、全过程、全面参与进度控制，每月（周）按时检查施工任务的完成情况，并对检查中存在的实际问题进行分析与研究，及时制定解决办法，并具体落实，实现各项分期目标。

三、项目进度计划的合理编制和实施

在施工过程中，项目经理部应根据项目总体进度计划编制出月度进度计划，为了确保计划的实施，坚持召开工程例会，每月月底检查现场施工进展状态，并且和计划进度做比较，做出施工总结。对没能按时完成的施工任务，分析其影响进度的关键因素并制定出切实可行的调整措施，加强施工现场的调度与管控力度，加强人员、机械设备、物资材料的调配及供应力度，保证施工活动的有序进行。

施工进度计划实施检查后，应向企业提供进度计划报告。承包商应根据现场提供的每月施工进度记录，及时进行统计和标识，通过分析和整理，每月向总监理工程师及其代表和业主提交一份每月工程进度报告。在施工进度计划完成后，项目经理部应根据施工进度计划、实际记录、检查结果、调整资料，及时对施工进度控制经验、施工进度控制中存在的问题、施工进度计划方法及施工进度控制的意见进行分析和总结。

四、提高进度控制的信息化

在进度控制过程中，应当将工作信息流程与网络技术相结合，使工程项目进度控制高效率运行。还有些软件可以实现工程项目进度的可视化，控制或演示工程形象进度和实体结构的完工情况，使项目参与者感官认识工程施工状态，既可以监督项目进展状况，又可提高项目实施者的积极性。在我国，许多大型的工程项目实践中，正在使用相关专业软件对项目要素进行科学的控制管理，效果很好。但是，也有很多项目的进度管理没有充分利用相关的项目管理软件，使得管理效率较低。所以，项目进度的信息化管理方面还有待进一步地学习和提高，以望在今后的项目管理中日趋完善。

第九章　公路工程施工项目信息管理

第一节　公路工程施工项目信息管理概述

公路工程施工项目信息化是解决公路建设项目管理中突出问题的有效措施，是提高项目管理水平有效控制项目成本的重要途径，其本质就是应用成熟的计算机、网络、通信等硬件以及项目管理平台和财务管理、材料机械管理、计量支付管理、劳务管理、成本管理、大数据分析等软件共同组成一个有效的系统化项目管理集成，用户通过系统进行协同，决策部门通过系统形成的实时动态统计、对比数据进行管理控制和决策。

信息在工程实际中是动态的、不断变化的和不断产生的，应及时处理数据，及时得到信息，才能做好工程管理工作，避免事故的发生，真正做到事前管理信息。

一、公路工程施工项目信息管理分类

公路工程施工项目的信息量大、构成情况复杂，按照不同的类型、信息的内容、项目实施的主要工作环节以及参与项目的各个方面等情况进行分类。

1.按项目管理的目标划分

（1）投资控制信息。投资控制信息是指与投资控制直接有关的信息。如各种估算指标、类似工程造价、物价指数、设计概算、概算定额、施工图预算、预算定额、工程项目投资估算，合同价组成，投资目标体系，计划工程量，已完工程量，单位时间付款报表，工程量变化表，人工、材料调差表，索赔费用表，投资偏差，已完工程结算，竣工决算、施工阶段的支付账单，原材料价格，机械设备台班费，人工费，运杂费等。

（2）成本控制信息。成本控制信息是指与成本控制直接有关的信息。如项目的成本计划、工程任务单、限额领料单、施工定额、对外分包经济合同、成本统计报表、原材料价格、机械设备台班费、人工费、运杂费等。

（3）质量控制信息。质量控制信息是指与项目质量控制直接有关的信息。如国家或地方政府部门颁布的有关质量政策、法令、法规和标准等，质量目标体系和质量目标的分解，质量目标的分解图表，质量控制的工作流程和工作制度、质量保证体系的组成、质量

控制的风险分析，质量抽样检查的数据、各种材料设备的合格证、质量证明书、检测报告、质量事故记录和处理报告等。

（4）进度控制信息。进度控制信息是指与项目进度控制直接有关的信息。如施工定额，项目总进度计划、进度目标分解、项目年度计划、项目总网络计划和子网络计划、计划进度与实际进度偏差，网络计划的优化、网络计划的调整情况，进度控制的工作流程、进度控制的工作制度、进度控制的风险分析，材料和设备的到货计划、各分项分部工程的进度计划、进度记录等。

（5）合同管理信息。合同管理信息是指与公路工程相关的各种合同信息。如工程招投标文件，工程建设施工承包合同，物资设备供应合同，咨询、监理合同，合同的指标分解体系，合同签订、变更、执行情况，合同的索赔等。

2.按项目信息的来源划分

（1）项目内部信息。项目内部信息取自公路项目本身，如工程概况、设计文件、施工方案、合同结构、合同管理制度、信息资料的编码系统、信息目录表、会议制度、监理班子的组织项目的投资目标、项目的质量目标、项目的进度目标等。

（2）项目外部信息。项目外部信息是指来自项目外部环境的信息，如国家有关的政策及法规、国内及国际市场与原材料及设备价格、物价指数、类似工程造价类似工程进度、投标单位的实力、投标单位的信誉、毗邻单位情况等。

3.按项目的性质划分

（1）技术信息。技术信息是最基本的组成部分，如工程的设计，技术要求、规范，施工要求、操作和使用说明等，这部分信息也是公路工程信息的主要组成部分。

（2）经济信息。经济信息是公路工程施工项目信息的一个重要组成部分，也是经常受到各方面关注的部分之一，如材料价格、人工成本、项目的财务资料、现金流情况等。

（3）管理信息。管理信息有时在公路工程信息中并不是很引人注目，如项目的组织结构、具体的职能分工、人员的岗位责任、有关的工作流程等，但它设定了一个项目运转的基本机制，是保证项目顺利实施的关键因素。

（4）法律信息。法律信息指项目实施过程中的一些法规、强制性规范、合同条款等，这些信息与建设工程模型并不一定有直接的对应关系，但它们设定了一个比较硬性的框架，项目的实施必须满足这个框架的要求。

二、公路工程施工项目信息管理的基本要求及工作原则

1.公路工程项目信息管理的基本要求

信息管理是指对信息收集、整理、处理、贮存、传递与应用等一系列工作的总称。工程项目的信息管理应根据其信息的特点，有计划地组织信息沟通，以保证及时准确地获得

各级管理者所需的信息，达到能正确作出决策的目的。为全面、及时、准确地向项目管理人员提供有关信息，公路工程施工项目信息管理应满足以下几方面的基本要求。

（1）要有严格的时效性。一项信息如果不严格注意时间，那么信息的价值就会随之消失。因此，应适时提供信息。

（2）要有针对性和实用性。信息管理要做到如何根据需要，提供针对性强、十分适用的信息。如果仅仅能提供成沓的细部资料，其中又只能反映一些普通的、不重要的变化，这样会使决策者不仅要花费许多时间去阅览这些作用不大的烦琐细状，而且仍得不到决策所需要的信息，使信息管理起不到应有的作用。

（3）要有必要的精确度。要使信息具有必要的精确度，需要对原始数据进行认真的审查和必要的校核，避免分类和计算的错误，保证信息有效、可靠。但信息的精度应以满足使用要求为限，并不一定是越精确越好，过度的精度需耗用更多的精力、费用和时间，易造成浪费。

（4）要考虑信息成本。各项资料的收集和处理所需要的费用直接与信息收集的多少有关，如果要求越细、越完整，则费用将越高。在进行工程项目信息管理时，要综合考虑信息成本及信息所产生的收益，寻求最佳的切入点。

2.项目信息管理工作的原则

公路工程产生的信息数量巨大，种类繁多，所以为了便于信息的搜集、处理、贮存、传递和利用，在进行项目信息管理具体工作时，应遵循以下基本原则。

（1）标准化原则。在公路工程施工项目的实施过程中要求对有关信息的分类进行统一，对信息流程进行规范，产生控制报表则力求做到格式化和标准化，通过建立健全的信息管理制度，从组织上保证信息生产过程的效率。

（2）定量化原则。公路工程产生的信息不应该是项目实施过程中产生数据的简单记录，而应该是经过信息处理人员的比较与分析。所以采用定量工具对有关数据进行分析和比较是十分必要的。

（3）有效性原则。项目信息管理者所提供的信息应针对不同层次管理者的要求进行适当加工，针对不同管理层提供不同要求和浓缩程度的信息。例如，对于项目的高层管理者而言，提供的决策信息应力求精练直观，尽量采用形象的图表来表达，以满足其战略决策的信息需要。

（4）时效性原则。公路工程的信息都有一定的生产周期，如月度报表、季度报表、年度报表等，这都是为了保证信息产品能够及时服务于决策。所以，公路工程的成果也应具有相应的时效性。

（5）可预见原则。公路工程产生的信息作为项目实施的历史数据，可以用于预测未来的情况，管理者应通过采用先进的方法和工具为决策者制定未来的目标和行动规划提供必要的信息。如通过对以往投资执行情况的分析，对未来可能发生的投资进行预测，作为采取事先控制措施的依据。

（6）高效处理原则。通过采用高性能的工程信息管理系统，尽量缩短信息在处理过程中的延迟，项目信息管理者的主要精力应放在对处理结果的分析和控制措施的制定上。

三、公路工程施工项目信息管理现状

1.信息管理手段落后

在公路工程施工项目管理过程中，涉及投标管理、合同管理、材料管理、设备管理、质量安全管理等多方面，数据庞大复杂，手工汇总不及时并且容易出错，无法满足现代化施工企业的管理需要，有些企业将大量的项目历史数据和有用信息或分散保存在各机构及部门的计算机中，或是锁在文件柜中。这种信息的存在形式形成了一个个的"信息孤岛"，一方面，使信息不能方便迅速地流转与查询，增加了沟通和协调工作的难度，无法进行信息的深度加工分析，形成有效的决策支持数据。另一方面，由于公司员工的频繁流动，造成了企业大量宝贵的信息资源流失，给企业带来了巨大损失。企业运营过程中缺乏有效的、先进的信息管理控制手段。

2.信息化建设意愿强烈

很多企业已经意识到信息管理的重要性，希望通过借助信息化建设，解决面临的项目监控和管理难度大、信息及时传输困难、管理经验和数据不能有效积累等困难，从而进行科学管理、科学决策。很多企业需要一个集成化的管理信息系统，通过实施该系统，可以实现：

（1）企业和项目目标的有效协同管理。

（2）有效积累历史数据，有助于企业和项目的经营管理。

（3）实现投标的合理化和高效化。

（4）及时进行成本核算、成本分析和过程监控。

（5）规范企业的业务管理流程。

第二节　公路工程施工项目信息管理系统

一、公路工程施工项目信息管理系统含义

信息管理系统也可以简洁地定义为能对数据和信息进行采集、存储、加工和再现，并能回答用户一系列问题的系统。信息系统的四大功能为数据采集、管理、分析和表达。简

单来说，信息系统是基于数据库的问答系统。

公路工程施工项目信息管理系统在公路建设管理领域内的具体应用，主要是研究系统中信息传递的逻辑程序和数学模型，并研究如何利用计算机处理这些信息和描述数学模型的方法与手段。它是以人为主导，以公路工程施工项目为目标系统的信息管理系统，利用计算机和其他通信设备，能够对公路工程施工项目信息进行收集、传输、加工、更新维护和使用的人机系统，它既包括代替人工各种烦琐日常业务处理系统，也包括为管理人员提供有效信息、协助领导者进行决策的决策支持系统。公路工程施工项目信息管理系统是针对目前大规模公路工程建设过程中的项目（如某段公路、某独立大桥）如何进行全方位的综合协调管理而开发的信息系统，它是从施工项目的角度出发，将项目管理中诸多复杂的因素全面地、有机地结合起来考虑实施计算机管理，以辅助管理者高质量、低消耗、按期地完成工程项目。

信息管理系统通过提供各种信息决策管理方案，并被实施以进行系统管理，为管理决策服务。公路工程施工项目信息管理系统的建立，应使每个信息系统都有其明确的目标，并为目标服务。现代化管理需要大量的信息支持，建立完善的公路工程施工项目管理信息系统，是进行有效管理的基础，是公路工程施工项目管理者（业主、监理方、承包商等）对项目进行有效投资控制、进度控制、质量控制和合同管理的有力工具。

二、公路工程施工项目信息管理系统模块构成

公路工程施工项目信息管理系统的开发研究是一项复杂的系统工程，它涉及公路工程、管理、计算机等多门学科，因此，做好系统的总体规划是确保开发成功的一项重要工作。在开发研究时，根据工程项目管理理论的内容，考虑到公路工程施工项目和我国国内公路工程建设行业的特点（施工战线长、部门分散、涉及单位多、各方距离远、工程款额大等），利用计算机系统分析设计的方法，可将公路工程施工项目信息管理系统大致划分为以下几个子系统。

1.办公自动化（OA）系统

办公自动化系统建设的范围和内容一般是以企业内部网（Intranet）为基础，以实现办公业务的数字化、提高决策效能为目的，是企业长期信息化建设的基础。办公自动化的建设，应该覆盖企业的每一个角落。通过设计合理的工作流程，改善影响工作效率的各个环节，可以优化现有的管理组织结构，调整管理体制，实现部门间、岗位间工作程序的规范化、制度化和自动化，推动企业的管理制度、工作方式和办事程序与先进的办公自动化系统相适应，增加协同工作能力，实现提高工作效率的目的。如果办公自动化的工作流程中缺少了任何一个职能部门，都可能影响企业整体效率的提高，否则，该部门对企业来说就

并不是必不可少的。因此，OA 系统只有覆盖企业的所有部门，将各部门结合成一个整体，消除企业内部的"信息孤岛"，才能真正发挥 OA 系统的作用，从整体上提高企业的效率。

2.网络招投标管理系统

招投标管理是指为保证招投标工作和工程项目的招投标活动符合国家的有关法律法规，维护国家和社会的利益，保证招标与投标的公平、合理。对招投标工作进行的领导与管理，是我国政府建设管理的职能之一。

相对于其他工程项目而言，公路工程施工项目的招投标有其自身的一些特点。它包含的面比较广泛，具体涉及项目开发招标、监理招标、勘察设计招标、工程施工招标以及材料设备的采购招标。

3.工程项目档案管理系统

随着改革开放与市场经济的发展，公路档案的作用被越来越多的人所认识，档案工作不再是过去单纯的保管，而是要求能利用现代化计算机技术、电视录像技术快速检索，提供准确而详尽的信息资料以加快公路建设事业的发展，提高档案信息的社会效益。

公路工程施工项目的档案作为基础文件的备份，必须具有查询修改以及结果输出的功能，档案的管理必须流程化，保证档案信息的完整性和条理性。

4.计量合同管理系统

项目合同管理的功能是根据法律、政策和企业经营目标的要求，运用指导、组织、监督等手段，促使当事人依法签订、履行、变更合同和承担违约责任，制止和查处利用工程合同进行的违法活动，从而保证工程项目建设顺利进行。建立一个良好的工程计量程序，可以帮助监理工程师提高工作效率，并达到控制工程计量的目的。在计量前，监理工程师必须审查与之有关的文件资料。因此，承包人在提出计量申请的同时，或接到监理工程师计量通知的同时，需向监理工程师提交有关的文件资料，包括开工申请单或上道工序的中间交工证书、承包人的自检资料、工程质量检验表及有关的质量评定意见。

合同管理子系统应该既可以对已有合同进行修改、查询，也可以新建项目合同，通过管理人员和技术人员对合同基本信息的录入和修改，根据实际情况和需要对合同进行完善，最终输出所需的报表和形象图形。

5.工程造价预警管理系统

工程造价预警管理系统是指在保证公路建设项目工程质量和工期目标的前提下，为了实现项目的造价目标，在工程实施过程中，通过对大量的造价资料的分析研究，归纳出现场造价目标控制的数学模型，利用计算机跟踪技术，随时警报工程造价的执行情况，以确保造价目标的实现。本系统应该包含经营管理、计划进度、计量支付、基础数据管理和系统维护等模块。

6.工程项目计划进度统计管理系统

工程项目计划进度统计管理系统是指对项目各阶段的工作内容、工作程序、延续时间和衔接关系来编制计划，并指导付诸实施，并在实施的过程中进行滚动调整、修订，以进入下一循环，最终实现系统的优化管理。进度统计管理技术的方法是指通过各种计划的编制、优化、实施、调整而实现进度控制，包括流水作业法、科学排序法、网络计划方法、滚动计划方法、电子计算机辅助进度管理等。

7.工程质量管理系统

工程质量管理系统包括建筑工程产品实体质量和服务质量两方面。由于公路工程施工项目的特殊性，其质量管理需要更好地实现系统性和信息化，以实现与其他诸方面管理控制的协调。

8.工程项目网站

工程项目网站致力于介绍、宣传公路工程建设进展情况，全面反映该工程建设状况及建设成果，向社会各界提供包括该公路工程建设、监理、施工、设计、监督及地方关系处理等各方面的信息，并及时报道路基、桥梁、路面、交通工程等工程建设的最新进展情况及各项招投标信息、材料信息以及公路工程机械信息等。

三、公路工程施工项目信息管理系统建立过程

公路工程项目信息管理系统是以公路工程施工项目为核心，以对项目的进度、质量、合同、成本及文档等管理为对象，通过对项目管理中诸多复杂的、关联性强的数据进行处理，为从事施工项目管理工作的有关人员提供信息服务及辅助决策。公路工程施工项目管理中的管理内容、管理方式、管理目标等有其独特的特点，通过深入调查与分析，结合企业过程与数据类的基本特征，识别出系统中的企业过程与数据类，并建立两者之间的信息结构，从而完成子系统的划分。

项目施工控制，应先根据施工方案编制施工组织设计，报经监理工程师审批后，才批准施工。在施工中，具体应做好质量控制、进度控制、费用控制以及合同管理。可利用施工项目信息管理系统来实现上述控制。从现阶段的大部分施工企业和人员状况来看，在项目上能做到完全实现有一定的难度，但可利用现有的一些商品化软件和硬件设备实现施工项目信息管理的辅助系统，再加上人工的一些干预和传递，也可大大减轻人的脑力劳动，有利于实现项目中资源的动态控制，对降低成本、提高质量、加快进度是很有意义的，也是很有成效的。开发信息管理系统的必要条件是使管理对象具有合理的组织机构、工作流程及管理手段。

1.计算机辅助编制实施性的施工组织设计

（1）收集有关数据

参数、定额、价格、技术方案等。

（2）选择施工方案，确定工艺流程

可利用本企业以往的经验，在方案数据库和工艺数据库中选择所需要的施工方法和方案，以及工艺流程。结合本项目的特点做一些修改。如果企业没有构造方案库或工艺信息库，可借用已有的商品化软件进行选择和修改。如果本项目的方案和工艺流程是新的且有特点，就可增加到数据库中，为将来的相似项目施工提供帮助。

（3）制订工程项目施工进度计划（项目管理软件应用）

决定计划的三个要素是工作的名称或代号、工作之间的逻辑关系和工作的持续时间。

①用 WBS 方法对项目进行分解（即进行工作划分）。

WBS（Work Breakdown Structure）方法也叫工作分解结构法，即自上而下逐级将工程项目分解为一个一个具体的工作（分项工程或工序）。人的认识总要有个过程，WBS 方法就是符合人的认识过程。对于一个新工程尤其如此，它可以让人们由粗到细地逐步求精、逐层细化。在分解项目时应注意几个问题。

A.考虑与组织管理的层次划分相对应，并注意与施工方法相一致。

B.划分时要兼顾质量评定标准、概预算和工程量清单的分项划分，一定不能出现划分的工作与这些分项划分交叉的情况。

C.作为一个工作（分项或工序），在其工作持续时间内的效率是近似均匀的，工料机的分配是均匀分布的。

②确定各工作之间的逻辑关系。

所谓工作之间的逻辑关系就是各工作之间施工时的先后顺序关系。工作间的逻辑关系可进一步分为：工艺关系和组织关系。工艺关系是由施工工艺决定的先后顺序关系，一般来说是固定的。组织关系是由施工组织者安排的先后顺序，一般不是固定的，会随现场的情况或资源状况而发生改变。因此，在确定工作之间的逻辑关系时，首先考虑工艺关系，其次考虑组织关系，或者在进度计划初稿做出后，对进度计划调整优化时再考虑组织关系。确定组织关系时，常考虑的因素有四个。

A.资源（工、料、机）的限制情况和现场运输状况。

B.工作面的局限性。

C.工序之间安排应注意安全和质量的因素（台风季节、雨季、冬季、汛期等）。

D.有损坏性的工序应先安排。

③各工作持续时间的确定

确定工作持续时间的方法有两种。

A.计算法。

首先要计算出各工作的工程量，并确定各工作相应的效率（产量定额或时间定额）；其次计算出时间或资源配置数量。

a.正向计算法：

在已知工程量和效率情况下，假设资源数量，计算出持续时间。

$t = f$（工程量、效率、资源量）

b.反向倒算法：

在已知工程量和效率的情况下，该工作又是关键控制工作时（如土石方工程），它的持续时间绝不能超过限定时间，因此先定时间反向计算资源数量。

B.估算法。

这种方法一般凭经验估计（经验法），也可以请教有经验的人估计（专家法）或参考相似的工程（类比法）来确定时间。估算的方法在实际应用中较为广泛。

④进度计划三个要素输入计算机的过程。

将进度计划三个要素整理后汇总成为一张表格，对应输入计算机中（目前已有成熟的软件，如 MS-Project、同州、同望等），计算机自动形成进度计划（初稿），进度计划在计算机中可以有多种表示形式。

A.网络图（时标、单代号、双代号）。

B.横道图。

C.S 形曲线。

⑤进度计划初稿的调整和修改。

计划初步编制完成后往往需要调整，主要表现有三点。

A.工作持续时间长短的调整。

B.某些工作所安排的时间段可能存在不合理，例如：台风季节、雨季、冬季或汛期等，可以通过对这些工作加上强制时限来进行调整。

C.调整工程的总工期，使其符合要求的工期。修改、调整计划，可以对进度计划"选择"（分类裁剪）出所需要的部分。

（4）资源供应计划和资金使用计划的编制

在进度计划编制完成后，通过对各项工作进行资源配置来自动产生动态的资源供应（或需求）计划和资金计划。编制步骤如下。

①建立资源库和定额库。

建立资源库和定额库的方法有两种。

A.手工建立，逐个输入资源的属性和定额组成。

B.借用已有的数据建立：

a.利用已有的计划调用"转入"并做一些修改建立；

b.利用预算结果"导入"来建立。

②对各工作进行资源配置

资源配置有两种方式。

A.逐个输入各工作需要的资源名称和资源数量等数据。

B.利用定额方式来配置资源，可大大减少输入的数据量。

③确定各工作的间接费率并输入。

④根据需要输出不同形式的资源和资金计划。

A.按工程位置或内容排列的不同资源供应（需求）计划，其形式是按单位时间段（季、月、周、日）分布的资源量计划和资金量计划。

B.按资源名称排列出（检索出），用于工程各个部位的数量，并随时间段分布。

这两种形式的资源计划以及资金计划，对于资源的动态管理是非常重要的。利用资源计划，及时动态地组织安排和采购所需资源（工、料、机），以及施工单位内部的材料供应部门可以很方便地了解各施工段落，在什么时候需要多少数量的什么类型材料，设备管理部门也可以了解到何时何地、需提供什么类型的设备和设备数量。

⑤编制资金计划。

输入各资源的单价，计算机系统就会自动计算出工程的直接费用以及各工作随时间分布（每天或每月）的直接费用。对每个工作输入其间接费率，系统就能计算出各工作的间接费和工程间接费以及总费用。根据工程的分部或分项，分别输出其工程分部或分项的费用并随时间的分布状况和数量来汇总金额。

⑥施工平面图绘制。

目前，市面上有不少绘制施工平面图的软件（如梦龙、同望、同州），可以满足工程上的需要，这些软件在使用上比直接使用 AutoCAD 要简便得多，它们的系统存在着大量施工平面图的样本和图例，并采用多层覆盖模式组合形成施工平面图。

2.项目的管理和项目的跟踪

计划实施后，应当定期对计划的执行情况进行检查，收集实际的进度、成本数据，并输入项目管理软件中。需要输入的数据通常包括：检查日期、工作的实际开始/完成日期、工作实际完成的工程量、工作已进行的天数、正在进行的工作的完成率、工作实际支出的费用等。在将实际发生的进度/成本信息输入计算机后，就可以利用项目管理软件对计划进行更新。更新后应检查项目的进度能否满足工期要求，预期成本是否在预算范围内，是否出现因部分工作的推迟或提前开始（或完成）而导致的资源过度分配（指资源的使用超出资源的供应）。这样，可以发现存在的潜在问题，及时调整项目计划保证项目的预期目标的实现，如通过压缩关键路径来满足工期要求等。项目计划调整后，应及时通过书面形式或电子形式通知有关人员，使调整后的计划得到贯彻和落实，起到指导施工的作用。需要强调的是，项目计划的跟踪、更新、调整和实施过程需要不断地反复进行，直至项目结束。

3.施工中计算机辅助计量支付系统

可以将进度计划的内容传送到计量支付系统中，作为计量支付的计划内容。将计量支付中的实际计量结果作为项目管理系统中的实际进度反映到进度计划的管理和跟踪上。进而作为后续进度计划调整的参考依据。实际支付量和实际完成量之间有一定的偏差值，而且对于概述（累加）性的工作要借用工作量（金额）来反映工程的进度。

4.基于互联网的建设工程项目信息管理系统（在线控制）

（1）基于互联网的建设工程项目信息管理系统概念

基于互联网的建设工程项目信息管理系统可以简称为 Internet-based PIMS。其主要功能是安全地获取记录、寻找和查询项目信息。它相当于在项目实施全过程中，对项目参与各方产生的信息和知识进行集中式管理，即项目各参与方有共用的文档系统，同时也有共享的项目数据库。它不是某一个具体的软件产品或信息系统，而是国际上工程建设领域一系列基于 Internet 技术标准的项目信息沟通系统的总称。它具有以下基本特点。

①以 Extranet 作为信息交换工作的平台，其基本形式是项目主题网。与一般的网站相比，它对信息的安全性有较高的要求。

②基于互联网的建设工程项目信息管理系统采用 100% 的 B/S 结构，用户在客户端只需要安装一个浏览器即可。浏览器界面是用户通往全部授权项目信息的唯一入口，项目参与各方可以不受时间和空间的限制，通过定制（Customize）来获得所需的项目信息。传统的项目管理信息系统的用户只能是一个工程参与单位，而基于互联网的建设工程项目信息管理系统的用户是建设工程的所有参与单位。

③与其他在建筑业中应用的信息系统不同，基于互联网的建设工程项目信息管理系统的主要功能是项目信息的共享和传递，而不是对信息进行加工、处理。虽然基于互联网的建设工程项目信息管理系统的发展趋势是与项目信息处理系统（如一些项目管理软件系统）进行集成，但就其核心功能而言，项目信息门户系统是一个信息管理系统，而不是一个管理信息系统，其基本功能是对项目的信息（包括文档信息和数据信息）进行管理（包括分类、存储和查询）。

④基于互联网的建设工程项目信息管理系统不是一个简单的文档系统，基于互联网的建设工程项目信息管理系统通过信息的集中管理和门户设置为项目参与各方提供一个开

放、协同、个性化的信息沟通环境。对虚拟项目组织协同工作和知识管理的有力支持是基于互联网的建设工程项目信息管理系统与一般文档系统的最大区别。

（2）基于互联网的建设工程项目信息管理系统的体系结构

一个完整的基于互联网的建设工程项目信息管理系统的体系结构包括以下八层。

①基于 Internet 技术标准的信息集成平台，是项目信息门户实施的关键，它必须对来自不同信息源的各种异构信息进行有效集成。

②项目信息分类层，在信息集成平台基础上，对信息进行有效的分类编目以便参与各方的信息利用。

③项目信息搜索层，为项目参与各方提供方便的信息检索服务。

④项目信息发布与传递层，能支持信息内容的网上发布。

⑤工作流支持层，使项目参与各方通过项目信息门户完成一些工程项目的日常工作流程，如工程变更等。

⑥项目协同工作层，使用同步（在线交流）和异步（线程化讨论）手段使项目参与各方结合一定的工作流程进行协作和沟通。

⑦个性化设置层，使项目参与各方实现基于角色（Role-based）的界面设置。

⑧数据安全层，基于互联网的建设工程项目信息管理系统有严格的数据安全保证措施，用户通过一次登录就可以访问所有的信息源。

以上八层结构，是一个完整的基于互联网的建设工程项目信息管理系统所应具备的逻辑结构，每一层都可以通过不同的软件和技术得以实现，目前大多数基于互联网的建设工程项目信息管理系统都具备这一框架。

第三节　公路工程施工项目文档管理系统

一、公路工程施工项目资料文档

在公路工程施工项目中，许多信息都是以资料文档为载体进行收集、加工、传输、存储、检索、输出和反馈的，因此工程资料文档管理是公路工程施工项目信息管理的重要组成部分。公路工程资料应随工程进度及时收集和整理，并应按专业分类，认真书写，字迹清楚，项目齐全、准确、真实。在采用计算机辅助信息管理时，对公路工程资料文档的管理应采用资料数据打印输出+手写签名和全部数据采用计算机数据库管理并行的方式进行，格式应符合有关规范标准的规定。对规模较大的工程项目，可通过选购市面上合适的计算机工程资料管理系统来进行工程资料的管理，实现资料管理标准化、规范化和科学化。

1.文档的概念

（1）建设工程文件概念

建设工程文件是指在工程建设过程中形成的各种形式的信息记录，包括工程准备阶段文件、监理文件、施工文件、竣工图和竣工验收文件，也可简称为工程文件。

①工程准备阶段文件。开工以前，在立项、审批、征地、勘察、设计、招投标等工程准备阶段形成的文件。

②监理文件。监理单位在工程设计、施工等阶段监理过程中形成的文件。

③施工文件。施工单位在工程施工过程中形成的文件。

④竣工图。工程竣工验收后，真实反映建设工程项目施工结果的图样。

⑤验收文件。建设工程项目竣工验收活动中形成的文件。

（2）建设工程档案概念

建设工程档案是指在工程建设活动中直接形成的具有归档保存价值的文字、图表、声像等各种形式的历史记录，也可以简称为工程档案。

（3）建设工程文件档案资料

建设工程文件和档案组成建设工程文件档案资料。

（4）建设工程文件档案资料载体

①纸质载体：以纸张为基础的载体形式。

②缩微品载体：以胶片为基础，利用缩微技术对工程资料进行保存的载体形式。

③光盘载体：以光盘为基础，利用计算机技术对工程资料进行存储的形式。

④磁性载体：以磁性记录材料（磁带、磁盘等）为基础，对工程资料的电子文件、声音、图像进行存储的方式。

（5）工程文件归档范围

①对与工程建设有关的重要活动、记载工程建设主要过程和现状、具有保存载体的文件，均应收集齐全，整理立卷后归档。

②工程文件的具体归档范围按照现行《建设工程文件归档整理规范》中"建设工程文件归档范围和保管期限表"共五大类执行。

2.建设工程文件档案资料管理职责

（1）通用职责

①工程各参建单位填写的建设工程档案应以施工及验收规范、工程合同、设计文件、工程施工质量验收统一标准等为依据。

②工程档案资料应随工程进度及时收集、整理，并应按专业归类，认真书写，字迹清楚，项目齐全、准确、真实，无未了事项。表格应采用统一表格，特殊要求需增加的表格

应统一归类。

③工程档案资料进行分级管理，建设工程项目各单位技术负责人负责本单位工程档案资料的全过程组织工作并负责审核，各相关单位档案管理员负责工程档案资料的收集、整理工作。

④对工程档案资料进行涂改、伪造、随意抽撤、丢失等，应按有关规定予以处罚，情节严重的，应依法追究法律责任。

（2）建设单位职责

①在工程招标及与勘察、设计、监理、施工等单位签订协议合同时，应对工程文件的套数、费用、质量、移交时间等提出明确要求。

②收集和整理工程准备阶段、竣工验收阶段形成的文件，应进行立卷归档。

③负责组织、监督和检查勘察、设计、施工、监理等单位和立卷归档工作，也可委托监理单位监督、检查工程文件的形成、积累和立卷归档工作。

④收集和汇总勘察、设计、施工、监理等单位立卷归档的工程档案。

⑤在组织工程竣工验收前，应提前由当地城建档案管理部门对工程档案进行预验收，未取得工程档案验收认可文件，不得组织工程竣工验收。

⑥对列入当地城建档案管理部门接收范围的工程，工程竣工验收3个月内，向当地工程建设档案管理部门移交一套符合规定的工程文件。

⑦必须向参与工程建设的勘察、设计、施工、监理等单位提供与建设工程有关的原始资料，原始资料必须真实、准确、齐全。

⑧可委托承包单位、监理单位组织工程档案的编制工作，负责组织竣工图的绘制工作，也可委托承包单位、监理单位、设计单位完成，收费标准按照所在地相关文件执行。

（3）监理单位职责

①应设专人负责监理资料的收集、整理和归档工作，在项目监理部，监理资料的管理应由总监理工程师负责，并指定专人具体实施，监理资料应在各阶段监理工作结束后及时整理归档。

②监理资料必须及时整理、真实完善、分类有序。在设计阶段，对勘察、测绘、设计单位的工程文件的形成、积累和立卷归档进行监督、检查；在施工阶段，对施工单位的工程文件的形成、积累、立卷归档进行监督、检查。

③可以按照委托监理合同的约定，接受建设单位的委托，监督、检查工程文件的形成积累和立卷归档工作。

④编制的监理文件的套数、提交内容、提交时间，应按照现行《建设工程文件归档整理规范》的要求，编制移交清单，双方签字、盖章后，及时移交单位，由建设单位收集和

汇总。监理公司档案部门需要的监理档案，按照《公路施工监理规范》的要求，及时由项目监理部提供。

（4）施工单位职责

①实行技术负责人负责制，逐级建立健全施工文件管理岗位责任制，配备专职档案管理员，负责施工资料的管理工作。工程项目的施工文件应设专门的部门（专人）负责收集和整理。

②建设工程实行总承包的，总承包单位负责收集、汇总各分包单位形成的工程档案，各分包单位应将本单位形成的工程文件整理、立卷后及时移交总承包单位。建设工程项目由几个单位承包的，各承包单位负责收集、整理、立卷其承包项目的工程文件，并应及时向建设单位移交，各承包单位应保证归档文件的完整、准确、系统，能够全面反映工程建设活动的全过程。

③可以按照施工合同的约定，接受建设单位的委托进行工程档案的组织、编制工作。

④按要求在竣工前将施工文件整理汇总完毕，再移交建设单位进行工程竣工验收。

⑤负责编制的施工文件的套数不得少于地方城建档案管理部门要求，但应有完整施工文件移交建设单位及自行保存，保存期可根据工程性质以及地方城建档案管理部门有关要求确定。如确定单位对施工文件的编制套数有特殊要求的，可另行约定。

3.工程档案的编制和要求

工程档案编制和要求可参见工程竣工验收办法和档案管理办法。从便捷管理的角度尽可能将档案电子化。

二、公路工程施工项目文档建立方法

建立的电子文档管理系统应能对来往文件的目录进行登记，用户可按时间或文件类型进行查询，并且对图纸文件、资料等文档采用集中管理的方式，进行有序的组织，实现充分共享和重复使用。各种文档资料的数据在输入系统前必须进行分类和重新编成代码，才能为计算机所接受。例如，建设工程预算定额中的各类定额编号、各种材料的耗用量及费用等，都应编成相应代码。代码是由字母和数据组成。代码是概括表示某项数据、记录或文件。因此，代码比原始数据更简短，可节省存储空间。此外，代码能提高数据处理的效率，节省运算时间。设计代码时应注意以下几点。

1.每个代码只能确切表示所代表的唯一的某一个数据，不得混淆。

2.代码设计时要留有足够的位置，以适应以后发展的需要。

3.代码的标准化，即代码尽可能与外部系统一致。

4.当代码的数字符较多时，宜分成小段，便于读数。

5.代码中每位数，相应表示某一固定的内容。

三、公路工程施工项目数据管理系统

对于与公路项目有关的数据和与数据有关的过程，进行有效的管理。项目数据采用集中与分布式相结合的方法，建立中央项目数据库和各项目部门分布数据库。过程管理主要按照 ISO 9000 的要求，管理好数据流动的过程，并与信息沟通系统和文档管理进行有效的接口。项目数据管理的基础工作是进行合理的工程分解和编码。设备系统要分解到零件，土建要分解到工序，在此基础上，实现进度、投资、质量和合同管理的有机统一，同时要满足单项管理的特点。

公路工程管理系统的研究与开发在世界范围内已开展了近 40 年，其最大的突破是系统方法和计算机技术等新技术的应用。这些新技术的发展明确了公路工程管理软件最显著的变化就是从传统的静止孤立的系统向集成系统的转变。另外，计算机的处理速度、存储容量、数据自动采集、空间数据分析和可视化，以及数据管理和交换等技术的最新发展，促进了公路工程管理过程向系统化、科学化、现代化的方向不断发展。

第四节 公路工程施工项目信息管理实现要点

公路工程施工项目管理是一项复杂的系统工程，可以分为投标签约、施工准备、施工、验收交工与结算、运营维护等五个阶段。要成功地完成施工项目各阶段的目标，就必须加强施工项目的管理工作。项目信息管理可以为复杂工程施工项目管理提供一个理想的平台，可以把空间信息和属性信息融合在一起，为施工设计与管理提供强有力的分析工具，为决策分析提供迅速的信息支持，使施工管理水平上一个台阶，企业效益大有改观。

一、公路工程施工项目信息管理注意事项

公路工程施工项目信息化应用是一个复杂的整合、提高的过程，在信息化应用过程中，不但会有新知识的增加，更多的是新的管理流程、管理理念与原有企业或项目的管理制度的矛盾和冲突，这是一个"凤凰涅槃"的过程，如果把这个过程中的矛盾与冲突解决好，信息化应用的道路就会顺利很多。应用过程中，要重视以下问题。

1.信息化的过程是一个循序渐进的过程

信息化的应用必然要改变传统的工作方式与工作习惯，不仅需要信息化软件简单易用、界面友好，更需要应用人员逐步适应电子化的习惯。因为有些数据对于单个个体不一定有用，但是对于企业决策需要或者协同的同事却有较大价值，因此需要我们去做，这也是我们职责范围内的事情，因此信息化不一定总是能提高我们每个个体的工作效率。另外，有些信息的录入获取受到当今信息技术的制约，可能和传统手工方式有所差别，需要我们逐

步去理解和熟悉，一段时间的不习惯是正常现象，这些过程不可避免。

2.加强信息化的培训

通过培训让操作者了解系统的操作过程，更重要的是要逐步做到"知其然亦知其所以然"的操作体验，因为在日常工作中很多人做的只是整个工作链条和业务协同中的一部分，需要让他们了解企业中和自己相关的整个管理链条和管理逻辑，明确自身工作在整个链条中的位置与作用。

3.强化应用

公路工程施工项目信息化应用贵在坚持，尤其在实施建设初期。如果在前期困难阶段不能够充满信心，秉承坚持，则往往会半途而废，信息化刚刚建立起来，也不能因为收获了一点点成绩，就放松管理，这时更需要强有力的、规范化的管理。一个系统的东西，缺乏了持续的管理很容易变成乱局。

信息化的应用包括采购供应、财务管理、计划管理、资金管控、资产管理、风险管理、成本管理、人力资源管理、协同办公应用等子系统，项目只有不断使自身的管理与信息化各子系统相整合，不断提升自身的敏捷性和适应性，通过不断地创新来找到适合自身发展的管理模式、经营模式，及时进行管理变革，才能增强实力，在成长和竞争中保持优势。

通过信息化施工，将原来分割的、相互孤立的各项管理工作，有机、动态、规范地联系在一起，实现量化的施工全过程控制和科学管理，是公路工程施工的一项重要战略举措。公路工程施工企业只有抓住信息化建设的机遇，进行管理创新，才能在全球化、信息化的伟大变革中，提高竞争力，求得生存和发展。

二、公路工程施工项目信息管理关键问题

现代信息技术及工程管理信息系统的应用，不仅提高了信息处理的效率，而且在一定程度上规范了管理工作流程和目标控制工作的有效性，使项目管理工作科学化、现代化、标准化和敏捷化，无论在公路工程施工项目的建设管理阶段，还是在运营、养护阶段，都具有重要的意义。而公路工程施工项目管理信息系统的构建不仅仅是一个技术问题，它还涉及思想观念、管理模式、组织结构、企业文化、人员素质等一系列问题，要真正建立和使用工程管理信息系统，仅仅拥有数字化技术是远远不够的，还要处理好以下几个关键点。

1.网络安全问题

由于存在敏感性数据，在设计时，要对网络上的用户进行一些访问权限的设置，阻止其对网络资源的非法访问及尝试；建立完善的信息发布管理机制，针对不同类型的用户提供不同的信息，内部网络之间、内部网络和外部公共网之间的互联，可以利用 VLAN/ELAN、

防火墙等技术对访问进行控制，确保网络安全。

2.系统的可扩展性

管理信息系统的构建经过了前期准备、需求调解与分析、系统分析、系统设计、软件开发、软件测试、安装调试、使用培训、后期服务与支持等相关工作，其构建是一个人机合一的有层次的系统工程，其实施应该遵循"整体规划、分步实施、不断深入"的原则进行，工程管理信息系统设计时应努力整合工程参与方资源，实现数据共享，并具有开放性和可发展性，随着业务的发展，为以后的运营和养护提供基础数据。

3.硬件平台的搭建

以先进成熟的计算机和通信技术为主要手段，为公路建设项目管理信息系统的建设和应用搭建硬件平台，保证工程项目管理系统各种信息有效、安全、快速地传递，在网络设计时应遵循先进性、实用性、安全性、可靠性、可扩充性的原则，为客户提供一个带宽较高、稳定可靠、支持用户数和应用较多的网络系统。

4.人员素质的提高

构建项目管理信息系统，并不是一般先进技术的推广，而是要用最新的数字技术来支持，这就涉及所有项目参与人员的素质问题。没有高素质的员工就不能发挥数字技术应有的功能，这中尤其要注意的是参与各方领导者以及项目管理者素质的提高。

第十章　公路工程安全管理

第一节　公路工程安全管理的范围

一、路基工程施工安全管理

1.路基工程施工安全管理范围

路基工程施工安全管理的范围包括：土方施工、石方施工、高边坡施工、爆破作业、机械作业、挡护工程等。其中，各个管理方面都包含了对在过程中起到能动作用的人的管理和施工中的各种机械、工具等的管理，以及对施工环境的安全管理，即人们常说的"人、机、料、法、环"五个方面。

2.路基工程施工安全管理的一般要求

（1）建立健全路基施工安全保障体系。项目经理部应建立健全路基施工安全保障体系，全面落实安全生产责任制，建立相应的安全生产预防、预警、预控、安全检查、隐患排查、事故报告与处理、应急处置等安全生产保障措施。

（2）施工现场布置应有利于生产，方便职工生活。施工现场的临时驻地与临时设施的设置，必须避开泥沼、悬崖、陡坡、泥石流、雪崩等危险区域，选在水文、地质良好的地段。施工现场内的各种运输道路、生产生活房屋、易燃易爆仓库、材料堆放，以及动力通信线路和其他临时工程，应按照《公路工程施工安全技术规程》（JTG F90—2015）的有关规定绘制出合理的平面布置图。

（3）施工现场内的坑、沟、水塘等边缘应设安全护栏，场地狭小，行人和运输繁忙的地段应设专人指挥交通。

（4）路基用地范围内若有通信、电力设施、上下水道（管）等，均应协助有关部门事先拆迁或改造，对文物古迹应妥善保护，下挖工程开挖前，应根据设计文件复查地下构造物（电缆、管道等）的埋置位置及走向，并采取相应的安全防护措施。施工中如发现可疑物品时，应停止施工，报请有关部门处理。

（5）路基施工机械设备应有专人负责保养、维修和看管。各种机械操作手、电工必须持证上岗，同时经常加强对驾驶员、电工及路基作业人员的安全教育。

（6）路基施工现场必须做好交通安全管理工作。夜间施工，路口、边坡顶必须设置警示灯或反光标志，专人管理灯光照明。

（7）现场操作人员必须按规定佩戴个人安全防护用品。机械燃料库必须设消防防火设备。

（8）施工现场易燃品必须分开放置，保证一定的安全距离。

二、路面工程施工的安全管理

1.路面工程施工的安全管理范围

路面工程施工的安全管理范围包括：沥青路面工程的安全管理、水泥混凝土路面工程的安全管理。其中，包括对施工作业人员的安全管理、施工中机械的安全管理、施工环境的安全管理。

2.路面工程施工安全管理的一般要求

（1）确定施工方案，及时、准确发布路面施工信息。

施工前，施工单位应确定施工区的范围以及安全管理的施工方案，对路面情况进行深入细致的分析，并在开工前及时发布施工信息，警告过往车辆要注意施工路段的交通情况，提醒车辆绕道而行，避免车辆拥堵。

（2）详细划分施工区域，设置好安全标志，严格按警告区、上游过渡区、缓冲区、作业区、下游过渡区、终止区来划分施工区域。

（3）施工现场所有施工人员应统一穿着橘黄色的反光安全服，施工时还应设专职的交通协管员和专职安全员，而且安全员分班实行24h施工路段安全巡查。

（4）施工车辆必须配置黄色闪光标志灯，停放在施工区内规定的地点。不得乱停乱放，要摆放整齐，特别是在进出施工场地时，要绝对服从专职交通协管员的指挥，不得擅自进出。

（5）在施工区域两端应设置彩旗、安全警示灯、闪光方向标，给施工车辆和社会车辆以提示作用。

三、桥涵工程的安全管理

1.桥涵工程的安全管理范围

桥涵工程的安全管理范围包括：桩基工程的安全管理，墩台工程的安全管理，墩身、盖梁工程的安全管理，桥面工程的安全管理等。其中，各个管理方面都包含了对施工中人的安全管理，机械、工具等的安全管理以及施工环境的安全管理。此外，桥涵工程施工安全还要注意高处作业安全、缆索吊装施工安全、门架超重运输安全、混凝土浇筑安全、泵送混凝土安全、模板安装及拆除安全、脚手架安全、支架施工安全、钢筋制作安全、焊接作业安全等。

2.桥涵工程施工安全管理的一般要求

（1）高墩、大跨、进入水、结构复杂的大型桥梁施工，应对施工现场进行重大安全风险辨识与评估，并制定相应的安全技术措施。工程开工之前，应根据《公路工程施工安全技术规程》（JTG F90—2015）的要求制定出相应的安全技术操作规程，并及时向施工人员进行安全技术交底。

（2）施工人员进入施工现场必须正确佩戴个人安全防护用品、用具，严防高处坠落，物体打击，触电或其他各类机械的、人为的伤害事故发生。

（3）施工前应对施工现场安全防护设施、临时用电、临时机电机具、特种设备设施等进行全面的安全检查，确认符合安全要求后方可施工。

3.桥涵工程施工安全控制要点

（1）明挖基础施工安全控制要点。

①基坑开挖的方法、顺序以及支撑结构的安设，均应按照施工组织设计中的规定进行。开挖深度超过5m（含5m）的基坑（槽）的土方开挖、支护、降水工程或地质水文复杂的基坑开挖必须制定详细的施工方案和安全专项方案。

②基坑开挖时，要指派专人检查邻近建（构）筑物或临时设施的安全，并留有检查记录。

③开挖基坑深度超过1.5 m时，为方便上下，必须挖设专用坡道或铺设跳板，其宽度应超过60 cm。

④基坑开挖时要根据土壤、水文等情况，按规定的边坡坡度分层下挖，严禁局部深挖、拘洞开挖。如施工地区狭小或受其他条件限制，不能按标准放坡时，应采取固壁支撑措施。遇到有涌水、涌沙及基坑边坡不稳定现象发生时，应立即采取防护加固措施。

⑤基坑开挖过程中应随时检查坑壁边坡有无裂缝和坍塌现象，特别是雨后和解冻时期，必须视具体情况增加坡度或加固支撑。

⑥基坑边缘有表面水时，应采取截流措施。在有大量地下水流的情况下进行挖基时，应配足抽水机具。

⑦采取挖土机械开挖基坑，坑内不得有人作业。

⑧基坑开挖需要爆破时，应按国家现行的爆破安全规程办理。

⑨寒冷地区采用冻结法开挖基坑时，应根据地质、水文、气温等情况，分层冻结，逐层开挖。

（2）筑岛、围堰施工安全控制要点。

①人工筑岛，应搭设双向运输便道或便桥。

②采用挡土板或板桩围堰，应视土质、涌水、挖深情况，逐段支撑。施工中，遇有流沙、涌沙或支撑变形等异常情况，应立即停止挖掘，并立即撤出作业人员。

③采用吸泥船吹沙筑岛，要对船体吃水深度、停泊位置、管路射程及连接方法等，进行严格检在和试验。

④挖基工程所设置的各种围堰和基坑支撑，其结构必须坚固牢靠。

⑤基坑抽水过程中，要指派专人经常检查土层变化、支撑结构受力等情况；基坑支撑拆除时，应在现场技术负责人的指导下进行。

（3）钢板桩及钢筋混凝土板桩围堰施工安全控制要点。

①钢板桩围堰是一种比较传统的深水基础施工方法，使用钢板桩围堰时，要根据施工条件和安全要求及水深、地质等情况适当选择桩长，准确确定围堰尺寸、钢板桩数量、打入位置、入土深度和桩顶标高，使之既不影响水上施工，又不会伤及水下桩基等构造物。

②插打钢板桩（包括钢筋混凝土板桩）围堰前应对打桩机、卷扬机及其配套机具设备、绳索等，进行全面检查，经试验、鉴定合格后方可施工。

③钢板桩起吊应听从信号指挥，吊起的钢板桩未就位前，插桩桩位处不得站人。

④插打钢板桩宜插桩到全部合龙，然后再分段、分次打到标高。插桩顺序：在无潮汐河流一般是从上游中间开始分两侧对称插打至下游合龙；在潮汐河流，有两个流向的关系，为减少水流阻力，可采取从侧面开始，向上、下游插打，在另一侧合龙。插打钢板桩时，如因吊机高度不足，可改变吊点位置，在转换吊点时，必须先挂后换，使新吊点吃力后，并确定牢固，才能拆除原吊点。

⑤桩锤一般采用振动桩锤。钢板桩在锤击下沉时，初始阶段应轻打。

⑥使用沉拔桩锤沉拔板桩时，桩锤各部机件、连接件要确保完好，电气线路、绝缘部分要良好绝缘。

⑦拔桩时，应从下游向上游依次进行。遇有拔不动的钢板桩时，应立即停拔检查，可采取射水、振动等松动措施，严禁硬拔。

⑧采用吊机船拔除钢板桩，应指派专人经常检查吊机船的吃水深度、拔桩机或吊机受力情况，拔桩机和吊机应安装"限负荷"装置，以防超负荷作业。

⑨钢筋混凝土板桩采用锤击下沉时，桩头和桩尖部位，应采取加固措施。

（4）钻孔灌柱桩基础施工安全控制要点。

①钻机就位后，应对钻机及其配套设备，进行全面检查。

②各类钻机在作业中，应由本机或机管负责人指定的操作人员操作，其他人不得登机。

③每次拆换钻杆或钻头时，要迅速快捷，保证连接牢靠。

④采用冲击钻孔时，应随时检查选用的钻锥、卷扬机和钢丝绳的损伤情况，当断丝已超过 5%时，必须立即更换；卷扬机套筒上的钢丝绳应排列整齐。

⑤使用正、反循环及潜水钻机钻孔时，对电缆线要严格检查；钻孔过程中，必须设有专人，按规定指标，保持孔内水位的高度及泥浆的稠度，以防塌孔。

⑥钻机停钻，必须将钻头提出孔外，置于钻架上，严禁将钻头停留孔内过久。

⑦采用冲抓或冲击钻孔，应防止碰撞护筒、孔壁和钩挂护筒底缘。提升时，应缓慢平稳。钻头提升高度应分阶段（按进尺深度）严格控制。

（5）人工挖孔桩安全控制要点。

①严格施工队伍管理，施工人员必须经过安全培训，严格按施工方案进行。

②施工现场必须备有氧气瓶、气体检测仪器。

③施工人员下孔前，先向孔内送风，并检测确认无误，才允许下孔作业。

④施工所用的电气设备必须加装漏电保护器，孔下施工照明必须使用 24V 以下安全电压。

⑤采用混凝土护壁时，必须挖一节、打一节，不准漏打。

⑥孔下人员作业时，孔上必须设专人监护，监护人员不准擅离职守，保持上下通话联系。

⑦发现情况异常，如地下水、黑土层和有害气体等，必须立即停止作业，

⑧每个桩孔口必须备有孔口盖，完工或下班时必须将孔盖盖好。

⑨作业人员不得乘吊桶上下，必须另配钢丝绳及滑轮，并设有断绳保护装置。

⑩挖孔作业人员，在施工前必须穿长筒绝缘鞋，头戴安全帽，腰系安全带，井下设置安全绳。

⑪井口周边必须设置不少于周边 3/4 范围的围栏，护栏外挂密目网。

⑫作业人员严禁酒后作业，不准在孔内吸烟，不准带火源下井。

⑭井孔挖出的土方必须及时运走，孔口周围 1m 内禁止堆放泥土、杂物，堆土应在孔井边 1.5m 以外。

⑮井下人员应轮换工作，连续工作不宜超过 4h。

⑯井孔挖至 5m 以下时，必须设置半圆防护板，遇到起吊大块石时，孔内人员应先撤至地面。

（6）墩台施工安全控制要点。

①就地浇筑墩台混凝土，施工前必须搭设好脚手架和作业平台，模板就位后，应立即用撑木等固定其位置，以防倾倒砸人。

②用吊斗浇筑混凝土，吊斗提降，应设专人指挥。

③在围堰内浇筑墩台混凝土，应安设梯子或设置跳板，供作业人员上下。

④凿除混凝土浮浆及桩头，作业人员必须按规定佩戴防护用品。严禁风枪对准人。

⑤拆除模板，应划定禁行区，严禁行人通过。

（7）滑模施工安全控制要点

①高桥墩（台）、塔墩、索塔等高层结构，采用滑模施工时，应按照高处作业的安全规定，加设安全防护设施，穿戴好个人防护用品，并根据工程特点，编制单项施工方案及其安全技术措施，并向参加滑模施工人员进行安全技术交底。

②采用滑板施工，滑模及提升结构应按设计制作和施工，并严格按照施工设计安装。作业前要对滑升模板进行验算和试验，并应有足够的安全系数。顶杆和提升设备，应符合墩身的形状和要求。

③当塔墩等高层建筑采用爬模施工方法时，应进行特殊设计，在工厂制作。爬升架体系，操作平台、脚手架等，要保证具有足够的刚度和安全度。

④操作平台上的施工荷载，应均匀对称，不得超负荷。

⑤浇筑混凝土，不得用大罐漏斗直接灌入，防止冲击模板。

⑥模板每次提升前应进行检查，排除故障，观察偏斜数值。提升时，千斤顶应同步作业。

⑦操作平台的水平度、倾斜度应经常检查，发现问题应及时采取措施。

⑧主要机具、电器、运输设备等，应定机、定人，严格执行交接班制度。

⑨为防止模板发生倾斜、扭转。滑模施工宜采用油压千斤顶，并保持同步提升。

⑩支座安装，应按设计施工。采用盆式橡胶支座，可在场地装配后，整体或部分吊装就位。

⑪拆除滑模设备时，应做好安全防护措施。拆除时可视吊装设备能力，分组拆除或吊至地面上解体，以减少高处作业量和杆件变形。

（8）预制构件安装作业安全控制要点。

①装配式构件（梁、板）的安装，应制定安装方案，并建立统一的指挥系统。施工难度、危险性较大的作业项目应组织施工技术、指挥，作业人员进行培训。吊装作业所使用的起重设备都应符合国家关于特种设备的安全规程，并进行严格管理。

②吊装作业应根据吊装构件的大小、重量，选择适宜的吊装方法和机具，不准超负荷。

③吊钩的中心线，必须通过吊体的重心，严禁倾斜吊卸构件。

④起吊大型及有突出边棱的构件时，应在钢丝绳与构件接触的拐角处设垫衬。

⑤单导梁、墩顶龙门架安装构件时，各节点应连接牢固，在桥跨中推进时，悬臂部分不得超过已拼好导梁全长的1/3；墩顶或临时墩顶导梁通过的导轮支座必须牢固可靠。导

梁上的轨道必须平行等距铺设，墩顶龙门架使用托架托运时，托架两端应保持平衡稳定，行进速度应缓慢。龙门架顶横移轨道的两端应设置制动枕木。

⑥预制场采用千斤顶顶升构件装车及双导梁、桁梁安装构件时，千斤顶使用前，要做承载试验。构件进入落梁或其他装载工具横移到位时，应保持构件在落梁时的平衡稳定：顶升 T 梁、箱梁等大吨位构件时，必须在梁两端加设支撑。预制场和墩顶装载构件的滑移设备要有足够的强度和稳定性，牵引（或顶推）构件滑移时，施力要均匀；双导梁向前推进中，应保持两导梁同速进行。

⑦架桥机安装构件时，架桥机组拼、悬臂牵引中的平衡稳定及机具配备等，均应按设计要求进行；架桥机就位后，为保持前、后支点的稳定，应用方木支垫。构件在架桥上纵、横向移动时，应平缓进行。

（9）上部混凝土结构施工安全控制要点。

①作业前，对机具设备及其拼装状态、防护设施等进行检查，主要机具应经过试运转。

②施工中，应随时检查支架和模板，发现异常状况应及时采取措施。支架、模板拆除，应按设计和施工的有关规定的拆除程序进行。

③就地浇筑水上的各类上部结构，要按照水上作业的安全规定进行施工、作业。

（10）悬臂浇筑法施工安全控制要点。

①施工前，应组织有关人员进行安全技术交底，制定安全技术措施。挂篮组拼后，要进行全面检查，并做静载试验。

②施工操作人员进入现场时，必须戴安全帽。高空作业人员要体检。有不适病症的人员严禁上岗。托架、挂篮上的施工遇 6 级以上大风应停止作业。

③施工托架、挂篮安装时必须先安装好走道、栏杆，所有的栏杆使用扣件或绑扎成围，并检查其安全可靠性，托架、挂篮作业平台边缘必须设场脚板，以防止台上杂物坠落伤人。

④预应力张拉现场内与该工作无关的人员严禁入内，张拉或退楔时，千斤顶后面不得站人，以防预应力筋拉断或锚具弹出。

⑤设立桥面临时护栏。为保证施工人员在高空处的作业安全，防止材料、机具等物体从已浇筑好的桥面上坠落伤人，在已浇筑过的梁段上焊制安装 1.2m 高度的桥面临时护栏，作业区范围内使用安全网封闭施工。

⑥夜间施工要有良好的照明设备，危险地段设危险标志和缓行标志，配备足够的交通值勤人员，组织好过往行人及车辆，确保人员车辆的安全。

⑦使用连接器的锚点和吊带，必须在精轧螺纹钢筋端头做好油漆记号，安装时要保证钢筋安装到位，一般伸入连接器内不少于 8cm。

⑧一个挂篮主桁的后锚共需 4 根精轧螺纹钢筋，一个挂篮后锚总共需要 8 根精轧螺纹

钢筋锚固，挂篮行走到位后要及时锚固好。

⑨顶升挂篮的千斤顶、提升挂篮的葫芦要确保完好，严禁超负荷工作。

⑩4根前吊带受力要均匀，在调整标高时，4根吊带就要调好，不能先调好2根之后在没有仪器监控的情况下调另外2根。

⑪挂篮行走时，要确保吊带，模板等与挂篮分离，并派专人观察行走是否正常，挂篮、模板与箱梁或其他物品是否发生摩擦、牵挂，发现行走异常应立即停止，查明原因，处理后再开始。

⑫挂篮行走要对称进行，行走前要弹出纵向轴线，在轨道上画出行走控制刻度线，行走时两侧行程要保持一致，轴向正确。

⑬混凝土外观一致，对轻微错台，用扁钻子剔平，不得随意涂抹，吊带孔也要及时封堵。

（11）顶推及滑移模架法施工安全控制要点。

①采用顶推法施工，在墩台上也要有足够的工作面，以便更换滑道及留出安装支座的空间，并应验算在偏压情况下墩台结构的安全度。

②顶推施工所用的机具设备、材料在使用前，应全面检查、验收和试验。

③设计应提供主梁最大悬臂状态下允许挠度值及顶推各阶段的墩顶反力和顶推力，应换算为油压读数和允许的墩顶位移值，以便控制位移量。

④采用多点顶推或单点顶推，其动力均应有统一的控制手段，使其能达到同步、纠偏、灵活和安全可靠。

⑤上下桥墩和梁上作业时，应设置扶梯、围栏、悬挂安全网等安全防护设施。

⑥顶推施工中，应有统一的指挥信号。必要时，应备有便利的现场通信设备。

⑦用滑移模架法浇筑箱梁混凝土时，模架支撑于钢箱梁上，其前后端桁架梁必须用优质高强度螺栓连接好并拧紧。

⑧上岗作业必须穿防滑鞋、戴安全帽。拆卸底模人员，必须挂好安全带。

（12）预应力张拉施工安全控制要点。

①预应力钢束（钢丝束、钢绞线）张拉施工前，应检查张拉设备工具是否符合施工安全的要求。压力表应按规定周期进行检定。油泵开动时，进、回油速度与压力表指针升降保持一致，并平稳、均匀。

③后张法张拉时，应检查混凝土强度，必须达到设计要求强度后，方可进行张拉。

③钢束张拉应严格按规定程序进行。张拉作业中，应集中精力，仪表要看准，记录要准确无误，若出现异常现象（如油表振动剧烈，发生漏油，电机声音异常，发生断丝、滑丝等），应立即停机进行检查。

④张拉钢束完毕，退销时，应采取安全防护措施，防止销子弹出伤人。张拉时和完毕后，对张拉施锚两侧均应妥善保护，不得压重物。

⑤先张法张拉施工，除遵守张拉作业一般安全规定外，先张法张拉台座结构，应满足设计要求。张拉前，对台座、横梁及各种张拉设备、仪器等进行详细检查，合格后方可施工；先张法张拉中和未浇筑混凝土之前，周围不得站人和进行其他作业。浇筑混凝土时，严防振动。

（13）跨线桥及通道桥涵施工安全控制要点。

①公路桥跨越铁路或其他线路时，施工前，应编制专门的安全施工组织设计或安全专项方案。

②公路桥跨越铁路或其他线路时，施工期间，特别是梁体吊装阶段，应在施工现场及两端足够远处适宜地点设置人员和通信设备。要避免在列车通过的情况下，进行吊梁安装作业。

③对结构复杂、施工期较长的大型立交桥施工前，应编制专门的安全施工组织设计，确保不发生影响通车及坠物伤人事故；制定架梁吊装施工方案及安全技术措施，向作业人员进行安全技术交底和培训；配备通信设施，确保在紧急情况下，能够妥善处理发生的事故。

（14）斜拉桥、悬索桥（吊桥）施工安全控制要点。

①斜拉桥和悬索桥（吊桥）的索塔施工，属于高处或超高处作业，应根据结构、高度及施工工艺的不同情况，制定相应的专门的安全施工组织设计、安全作业指导书（操作细则）。

②索塔分节立模浇筑前，应搭好脚手架，扶梯、人行道及护栏。浇筑塔身混凝土，应按规定挂好减速漏斗及保险绳，漏斗上口应堵严，以防石子下落伤人。

③塔底与桥墩为铰接时，施工中必须将塔底临时固定。斜缆索全部安装并张拉完成后，方可撤除风缆并恢复铰接。

④施工期间，应与当地气象站建立联系，密切注意天气变化，大风、雷雨时，应立即停止作业。

⑤随着索塔升高，防雷电设施必须相应跟上，防雷系统未完善前，不得开工。

⑥缆索的制作与安装作业，应该做到：缆索施工时，不得撞伤锚头；缆索的防护层，不得有折损或磨伤；悬索桥的主索及斜拉桥的斜缆索，应进行破断试验，其破断力应满足设计要求；主索及斜缆索顶张拉时，应选择适当场地，埋设足够强度的地锚。对张拉设备，应严格检查，以确保安全。

⑦悬索桥施工中，临时架设的工作索，牵引索安装完毕后。应对索具，吊具等进行全面、仔细检查。

⑧悬索桥采取重力式锚碇时，对锚碇体的施工，应按照有关安全规定浇筑混凝土或砌体工程。锚碇体必须达到坚实牢固。

四、隧道工程施工的安全管理

1.隧道工程施工的安全管理范围

隧道工程施工的安全管理范围包括：隧道施工爆破作业的安全管理；隧道内运输的安全管理；隧道施工支护的安全管理；隧道施工衬砌的安全管理；隧道施工中通风、防尘、照明、排水，以及防火、防瓦斯的安全管理等。

2.隧道工程施工安全管理的一般要求

（1）隧道工程施工必须根据国家有关安全生产的法律法规、标准规范、施工组织设计等编制分部分项工程安全专项施工方案。

（2）隧道施工作业前，必须进行超前地质预报，全面了解地质状况，根据围岩等级进行钻爆设计，选择合适的施工方法和施工工艺，合理安排施工工序。

（3）洞外施工场地应平整不积水，应对车辆人员通道、进出材料、结构加工等进行合理布置，通畅有序。弃渣场地应设置在不堵塞河流、不污染环境、不毁坏农田的地段。

（4）隧道钻爆作业前，应对通风、排水、用电、通信进行专项设计，动力电线应与照明线路分开布设，照明器材及用电设备应根据隧道类型选用防爆型或非防爆型。

（5）分部分项工程作业前必须逐级向作业人员进行安全技术交底，交底人和被交底人应在交底书上签字。

（6）隧道施工所有进出洞的人员必须本人签字登记，并应建立完善的交接班制度和进出洞翻牌制度。

（7）隧道爆破工和炸药库保管员必须经过公安机关的专业培训并取得作业资格证方可上岗作业。

（8）进洞作业机动车辆应安装尾气净化装置或采取其他净化措施，防止有害气体洞内积聚对作业人员造成伤害。

（9）隧道软弱围岩施工应遵循"超前探、管超前、短进尺、弱（不）爆破、强支护、勤量测、紧衬砌"的原则，施工组织围绕这一原则开展施工。

（10）在2m以上的洞口边坡和平台上作业时，应遵守高处作业安全操作规程。

（11）应制定详细的隧道施工安全生产事故应急救援预案，建立完善的应急救援体系，配备应急救援人员和必要的应急救援物质，并定期进行救援演练。

五、水上工程施工的安全管理

1.水上工程施工的安全管理范围

水上工程施工的安全管理范围包括：针对水上施工的安全培训和安全技术交底；针对

水上施工气象、水文、海城、航道、海上紧急避险等外界施工环境的安全管理；针对水上交通、浮吊等施工机械的安全管理等。

2.水上工程施工安全管理的一般要求

（1）水上工程施工应严格按照《中华人民共和国海上交通安全法》《中华人民共和国内河交通安全管理条例》《中华人民共和国水上水下活动通航安全管理规定》及其他有关规定，制定相应的施工安全措施。

（2）在船舶通航的大江、大河、大海区城进行水上施工作业前，必须按《中华人民共和国水上水下施工作业通航安全管理规定》的程序，在规定的期限内向施工所在地海事部门提出施工作业通航安全审核申请，批准并取得水上水下施工许可证后。方可施工。

（3）水上作业施工前，应了解江、河、海城铺设的各种电缆、光缆、管道的走向，按规定采取有效措施予以保护，防止电缆、光缆及水下管道遭到损坏。

（4）项目应制定水上作业各分项工程安全实施方案和水上作业安全技术措施，防止施工便桥、平台、护筒口、模板施工低于水位，影响施工和行洪；对参加水上施工作业人员必须进行水上作业的安全知识教育和专项技术培训，并做好安全交底工作。

（5）水上施工必须在作业人员必经的栈桥、浮箱、交通船、水上工作平台、临时码头上配备安全防护装置和救生设施。

（6）进行水上夜间施工时，要有充足的灯光照明，尽量避免单人操作，特别是电焊作业时，最少安排两人相互监护。

（7）施工项目要与地方气象部门、海事部门建立工作联系，及时了解和掌握施工水域的气候、涌潮、浪况、潮汐、台风等气象信息，正确指导安全施工。

（8）作业人员进入水上作业时，必须穿好救生衣，戴好安全帽。乘坐交通船上下班时，必须等船停稳后，方可从指定的通道上下船。严禁从船上往下跳跃，防止拥挤、推拉、碰撞、摔伤或滑落水中。

（9）作业人员乘坐交通船必须有序上下，乘员必须穿救生衣入仓。航行途中乘船人员不得随意走动或倚靠船舷，严禁打闹、嬉戏及随意动用交通船上的救生用具和消防器材。交通船严禁超员超载。

（10）参加水上施工的船舶（打桩船、浮吊、驳船、拖轮、交通船）必须证照齐全，按规定配备足够的船员，船舶机械性能良好，能满足施工要求，并及时到海事监督部门签证。

（11）在浮箱上作业时，要注意来往船只航行时引起的涌浪造成浮箱颠簸，致作业人员摔伤或被移位物体碰撞、打击，造成伤害。

（12）航道水城上下游各布置一警示标牌，警示过往船舶不得随意进入施工航道。临时施工栈桥设置警示防雾灯，通航口位置设置导航灯，防止过往船舶撞击。

（13）遇有六级以上大风、大浪等恶劣天气时，应停止水上作业。

六、陆地工程的安全管理

1.陆地工程的安全管理范围

陆地工程的安全管理范围包括：各类人员的安全培训考核、特殊工种持证上岗以及各种安全技术交底等，针对人的安全管理；针对运输车辆、吊车、装载机、拌和站、摊铺机、压路机等的机械、机具的安全管理；针对施工现场各种安全防护，标志标语等的环境的安全管理。

2.陆地工程安全管理的一般要求

陆地工程安全管理是以保证公路工程施工项目在施工过程中以安全为目的的标准化、科学化的管理。其基本任务是发现、分析和控制工程施工过程中的危险、危害因素，建立安全管理体系，制定相应的安全管理措施，对各类从业人员进行安全知识的培训和教育，防止发生安全生产事故、职业病和财产损失。

其中包括：

（1）路基土方工程施工的安全管理；

（2）路基石方工程施工的安全管理；

（3）沥青路面工程施工的安全管理；

（4）水泥混凝土路面施工的安全管理。

七、高空工程施工的安全管理

1.高空工程施工的安全管理范围

高空工程施工的安全管理范围包括，高空作业人员管理：从业人员的安全培训、安全技术交底、现场安全监督检查等；高空作业临边防护及高空作业平台、高空防坠落等现场环境安全管理；高空作业机械、工具、各种用电等物的安全管理。

2.高空工程施工安全管理的一般要求

（1）高空作业施工前，应逐级进行安全技术教育及交底，落实所有安全技术措施和个人防护用品，未经落实时不得进行施工。

（2）高处作业中的安全标志、工具、仪表、电气设施和各种设备，必须在施工前加以检查，确认其完好，方能投入使用。

（3）悬空、攀登高处作业以及搭设高处安全设施的人员必须按照国家有关规定经过专门的安全作业培训，并取得特种作业操作资格证书后，方可上岗作业。

（4）从事高空作业的人员必须定期进行身体检查，诊断患有心脏病、贫血、高血压，癫痫症、恐高症及其他不适宜高处作业的疾病时，不得从事高处作业。

（5）高空作业人员应头戴安全帽，身穿紧口工作服，脚穿防滑鞋，腰系安全带。在有坠落可能的部位作业时，必须把安全带挂在牢固的结构上，安全带应高挂低用，不可随意缠在腰上，安全带长度不应超过 3 m。作业时要严格遵守各项劳动纪律和安全操作规程，严禁酒后和过度疲劳的人员进行登高作业。

（6）高空作业场所有坠落可能的物体，应一律先行撤除或予以固定。所用物件均应堆放平稳，不妨碍通行和装卸。工具应随手放入工具袋，拆卸下的物件及余料和废料均应及时清理运走，清理时应采用传递或系绳提溜方式，禁止抛掷。

（7）遇有六级以上强风，浓雾和大雨等恶劣天气时，不得进行露天悬空与攀登高处作业。台风暴雨后，应对高处作业安全设施逐一检查，发现有松动、变形、损坏或脱落、漏雨、漏电等现象，应立即修理完善或重新设置。

（8）所有安全防护设施和安全标志等，任何人都不得损坏或擅自移动和拆除。因作业必须临时拆除或变动安全防护设施，安全标志时，必须经有关施工负责人同意，并采取相应的可靠措施，作业完毕后立即恢复。

（9）施工中对高空作业的安全技术设施发现有缺陷和隐患时，必须立即报告，及时解决。危及人身安全时，必须立即停止作业。

（10）高处作业上下应设置联系信号或通信装置，并指定专人负责。

八、爆破工程施工的安全管理

1.爆破工程施工的安全管理范围

爆破工程施工的安全管理范围包括：对操作人员进行的培训考核、技术交底、考试取证、安全教育等安全管理；对炸药、雷管、导火索以及其他爆破器材等物的安全管理；对爆破现场的安全距离、安全防护、安全警示等环境的安全管理。

2.爆破工程施工安全管理的一般要求

在基础工程施工中，常会遇到顽石或岩石等需要爆破作业来解决。爆破施工危险大，施工中导致爆破工程事故的原因主要有两种：一是对爆破材料的品种和特性以及运输与贮存情况不了解，导致装卸、搬运不当引起爆炸造成伤害；二是对引爆材料的选择及其引爆方法等不了解或使用不当造成爆炸。因此，爆破工程施工必须制定相应的安全控制措施。

（1）从事爆破工程的施工单位必须取得相应的爆破资质，方能从事爆破工程施工作业。

（2）爆破工程施工前，施工方案必须报有关部门审批后才能实施。

（3）按照《爆破安全规程》规定，爆破作业人员应参加培训经考核取得有关部门颁发的相应类别和作业范围、级别的安全作业证，持证上岗。因此，爆破工程施工的作业人员必须按照国家有关规定经过专门的安全作业培训，并取得特种作业操作资格证书后，方可上岗作业。

（4）爆破作业和爆破作业单位爆炸物品的购买、运输、储存、使用、加工、检验与销毁的安全技术要求及管理工作要求，应严格按照《爆破安全规程》的相关规定实施。

第二节 公路工程安全管理的原则

1. "管生产必须管安全"的原则

"管生产必须管安全"的原则是公路施工企业必须坚持的基本原则，是指企业主管生产的各级管理人员在生产过程中必须坚持在抓生产的同时抓安全。"管生产必须管安全"的原则体现了"安全为了生产、生产必须安全"；体现了在计划、布置、检查、总结、评比生产工作的同时，计划、布置、检查、总结、评比安全生产工作，即实现生产与安全的"五同时"。

2. "谁主管谁负责、一把手负总责"的原则

"谁主管谁负责、一把手负总责"作为企业安全生产的原则，首先明确了企业法定代表人是安全生产第一责任人，对本企业安全生产应负全面责任；分管安全生产工作的副职，在其分管工作中涉及安全生产内容的，也应承担相应的领导责任。企业在制定安全生产领导责任制的同时还应当制定全员安全生产责任制。这样才能保证企业的安全生产管理做到全面覆盖，使安全责任落实到位。真正形成主要领导负总责、分管领导具体抓、其他领导协助办、各部门各司其职、各尽其责、分工负责、齐抓共管的安全生产工作新局面。

3. "预防为主"的原则

"预防为主"的原则，就是把安全生产工作的关口前移，超前防范，建立预教、预测、预想、预报、预警、预防的递进式、立体化事故隐患预防体系，改善安全状况，预防安全事故。在新时期，"预防为主"就是通过建设安全文化、健全安全法制、提高安全科技水平、落实安全责任、加大安全投入、强化有效的安全管理和技术手段，构筑坚固的安全防线。安全生产管理工作应该做到预防为主，减少和防止人的不安全行为和物的不安全状态，这就是对"预防为主"的原则要求。

4. "动态管理"的原则

"动态管理"的原则即安全管理过程是一个动态的管理过程。随着施工项目进展，安全管理的内容和重点也在发生着变化。所以，在公路工程施工安全管理方面要坚持"动态

管理"的原则。

5. "计划性、系统性"原则

安全管理的两个显著特点即计划性和系统性，安全管理和其他管理大同小异，都要将其列入年度或月度计划中去。企业的安全管理要依据企业安全生产实际和上级主管部门的要求，合理确定企业某时期的安全生产方向、目标值以及实现安全目标的主要措施。所以，安全管理要坚持计划性的原则。另外，安全管理作为一种企业管理模式也具有一定的系统性，它包括在企业管理的大系统中，同时安全管理自身也是一个系统，本身具有一定的整体性、相关性、目的性等。

6. "奖优和罚劣相结合"的原则

在公路工程施工安全管理当中既要采用奖励的管理手段，也要采用惩罚的管理手段。奖优要本着"精神鼓励与物质鼓励相结合"的原则，充分体现奖优罚劣。表扬先进，促进后进，形成有效的激励机制，做到奖励和惩罚相结合。

7. "安全第一"的强制性原则

"安全第一"就是要求在进行生产和其他活动时把安全工作放在一切工作的首要位置。当生产和其他工作与安全发生矛盾时，要以安全为主，生产和其他工作要服从安全，这就是"安全第一"原则。

8. "以人为本、关爱生命、安全发展"的原则

即在公路工程施工安全管理中，要处处做到把人的安全放到首位，以人为本，必须以人的生命为本，关爱生命、关注安全，从而做到安全发展。

9. "四不放过"的原则

"四不放过"的原则是指在发生安全生产事故时必须坚持的处理原则，即事故原因不查清不放过，事故责任人没处理不放过，事故相关者没得到应有的教育不放过，事故的防范措施不落实不放过。

10. "一岗双责"制的原则

实现安全生产"一岗双责"制就是在落实安全生产责任制的基础上，强调每个具体岗位兼有双重责任，即该岗位的本职工作责任和相应的安全生产责任。具体来说就是企业在安全生产工作中主要负责人负总责，其他副职既要履行分管业务工作职责，又要履行安全生产工作职责；在项目施工中要求各级管理人员在完成施工管理工作的基础上，同时承担施工中的安全管理工作。

11. "一票否决"的原则

对发生重特大事故的项目、部门和单位，将实行安全生产"一票否决"，即取消其参与各类综合性先进单位或先进个人或者干部晋职晋级的资格。"一票否决"也进一步坚持了"实事求是、公平公正、全面考核、公开透明"的安全生产事故处理原则，有助于突出落实安全生产领导责任。

第三节 公路工程安全生产事故隐患排查与治理

一、安全生产事故隐患排查的基本概念

安全生产事故隐患（简称事故隐患），是指生产经营单位违反安全生产法律、法规、规章、标准、规程和有关安全生产管理制度的规定，或者因其他因素在生产经营活动中存在可能导致事故发生的物的危险状态、人的不安全行为和管理上的缺陷。排查的依据是国家和有关部门的法律法规等。

排查的事故隐患分为一般事故隐患和重大事故隐患。一般事故隐患是指危害和整改难度较小，发现后能够立即整改排除的隐患；重大事故隐患是指危害和整改难度较大，应当全部或者局部停产停业，并经过一定时间整改治理方能排除的隐患，或者因外部因素影响致使生产经营单位自身难以排除的隐患。

二、安全生产事故隐患排查的目标及内容

公路工程安全生产隐患排查的目标是：落实工程项目安全生产主体责任和相关单位的安全管理责任，深入排查治理交通基础设施建设过程中的安全隐患，从而实现"两项达标""四项严禁""五项制度"的总目标。

1.两项达标

（1）施工人员管理达标：一线人员用工登记、施工安全培训记录、安全技术交底记录、施工意外伤害责任保险等都要符合有关规定。

（2）施工现场安全防护达标：施工现场安全防护设施和作业人员安全防护用品都要按照规定实行标准化管理。

2.四项严禁

（1）严禁在泥石流区、滑坡体、洪水位下等危险区域设置施工驻地。

（2）严禁违规进行挖孔桩作业，钻孔确有困难的不良地质区，设计单位要进行专项安全设计并按设计变更规定，经批准后实施。

（3）严禁长大隧道无超前预报和监控量测措施施工。

（4）严禁违规立体交叉作业。

3.五项制度

（1）施工现场危险告知制度。按照《公路水运工程安全生产监督管理办法》，严格安全技术交底制度，施工单位负责项目管理的技术人员，应当如实向施工作业班组、作业人员详细告知作业场所和工作岗位存在的危险因素，并由双方签字确认。在上述场所应设置明显安全警示标志，在无法封闭施工的工地，还应当悬挂当日施工现场危险告示，以告知路人和社会车辆。

（2）施工安全监理制度。按照《建设工程安全生产管理条例》、《公路水运工程安全生产监督管理办法》和《公路工程施工监理规范》，开展施工安全监理工作，加大现场安全监管力度。监理单位应当按照法律、法规和工程建设强制性标准进行监理，编制安全生产监理计划，明确监理人员的岗位职责、监理内容和方法，审查施工组织设计中的安全技术措施或专项施工方案，核验施工现场机械设备进场检查验收记录，对危险性较大的工程作业加强巡视检查，督促隐患整改。

（3）专项施工方案审查制度。按照《公路水运工程安全生产监督管理办法》，对下列危险性较大的分部分项工程应当编制专项施工方案，并附安全验算结果，经施工单位技术负责人、监理工程师审查签字确认后实施，由专职安全员进行现场监督。必要时，施工单位对上述所列工程的专项施工方案，还应当组织专家进行论证、审查。

（4）设备进场验收登记制度。按照《公路水运工程安全生产监督管理办法》，施工单位在工程中使用施工起重机械和整体提升式脚手架、滑模爬模、架桥机等自行式架设设施前，应当组织有关单位进行验收，或者委托具有相应资质的检验检测机构进行验收。使用承租的机械设备和施工机具及配件的，由承租单位和安装单位共同进行验收，验收合格的方可使用。验收合格后 30 d 内，应当向当地交通主管部门登记。

（5）安全生产费用保障制度。按照财政部和应急管理部联合发布的《高危行业企业安全生产费用财务管理暂行办法》，将安全生产费用支取使用情况纳入监理范畴。建设单位在施工招标文件中应当对安全生产保障措施提出明确要求。施工单位在工程投标报价中应当包含安全生产费用，一般不得低于工程造价的 1.5%，且不得作为竞争性条件。安全生产费用应当用于施工安全防护用具及设施的采购和更新、安全施工措施的落实、安全生产条件的改善，不得挪作他用。

第四节　安全专项方案与应急救援预案的编制

一、安全专项方案的编制

1.编制安全专项方案的法律依据

《建设工程安全生产管理条例》第二十六条明确规定：施工单位应当在施工组织设计中编制安全技术措施和施工现场临时用电方案，对下列达到一定规模的危险性较大的分部分项工程编制专项施工方案，并附具安全验算结果，经施工单位技术负责人、总监理工程师签字后实施，由专职安全生产管理人员进行现场监督。

（1）基坑支护与降水工程。

（2）土方开挖工程。

（3）模板工程。

（4）起重吊装工程。

（5）脚手架工程。

（6）拆除、爆破工程。

（7）国务院建设行政主管部门或者其他有关部门规定的其他危险性较大的工程。对前款所列工程中涉及深基坑、地下暗挖工程、高大模板工程的专项施工方案，施工单位还应当组织专家进行论证、审查。

2.安全专项方案编制的主要内容

安全专项方案编制应当包括以下内容。

（1）工程概况：危险性较大的分部分项工程基本概况、水文地质条件、施工平面布置、施工要求和技术保证条件。

（2）编制依据：相关法律、法规、规范性文件、标准、规范及图纸（国标图集）、施工组织设计等。

（3）分部分项工程影响质量、安全的风险源分析及相关预防措施。

（4）设计计算书和设计施工图等设计文件。

（5）施工准备：包括施工图进度计划、材料与设备计划。

（6）施工部署：包括技术参数、工艺流程、施工方法、施工技术要点。

（7）人员计划：专职安全生产管理人员、特种作业人员等资格要求。

（8）施工控制：检查验收、安全评价、预警观测措施。

（9）应急预案及处置措施。

3.危险性较大的工程范围

根据《公路水运工程施工安全标准化指南》中规定危险性较大的分部分项工程和超过

一定规模危险性较大的分部分项工程见表 10-1。

表 10-1 危险性较大的分部分项工程范围

序号	危险性较大的分部分项工程	超过一定规模危险性较大的分部分项工程
1	不良地质条件下有潜在危险性的土方、石方开挖	（1）深度大于或等于 5 m 的基坑（槽）的土（石）方开挖、支护降水工程； （2）开挖深度虽未超过 5 m，但地质条件、周围环境和地下管线复杂，或影响毗邻建筑（构筑）物的安全，或存在有毒有害气体分布的基坑（槽）的土方开挖、支护，降水工程
2	滑坡和高边坡处理	（1）滑坡量大于 10000 m 的中型以上滑坡体； （2）高度大于或等于 20 m 的土质边坡，或高度大于或等于 30 m 的岩质边坡
3	桩基础、挡墙基础，深水基础及围堰工程	（1）深度大于或等于 15 m 的人工挖孔桩或开挖深度不超过 15 m，但地质条件复杂或存在有毒有害气体分布的人工挖孔桩工程； （2）深度大于或等于 5 m 的挡墙基础； （3）水深大于或等于 20 m 的深水基础，水深大于或等于 10 m 的围堰工程
4	桥梁工程中的梁、拱、柱等构件施工	（1）长度大于或等于 40 m 的预制梁的运输与安装，钢箱梁吊装； （2）长度大于或等于 150 m 的钢管拱安装施工； （3）高度大于或等于 40 m 的墩柱，高度大于或等于 100 m 的索塔等的施工
5	隧道工程中的不良地质隧道，高瓦斯隧道，水底或海底隧道等	（1）隧道穿越高地应力区、岩溶发育区、区域地质构造、煤系地层，采空区等工程地质或水文地质条件复杂的地质环境； （2）浅埋，偏压，连拱、小净距、大跨度、变化断面等结构受力复杂的隧道工程； （3）Ⅵ级、Ⅴ级围岩连续长度占总隧道长度 10%以上且连续长度超过 50 m； （4）高瓦斯隧道； （5）长度大于或等于 1000 m 的水底，海底隧道
6	水上工程中的打桩船作业、施工船作业，外海孤岛作业，边通航边施工作业等	（1）离岸无掩护条件下的桩基施工； （2）开敞式水域大型预制构件的运输与吊装作业； （3）沉箱的浮运与安装作业； （4）深水防波堤施工； （5）在三级以上通航等级的航道上进行的水上水下施工
7	水下工程中的水下焊接、混凝土浇筑、爆破工程等	（1）水下爆破工程； （2）30 m 水深以上的潜水作业（水下焊接、混凝土浇筑等）
8	爆破工程	爆破工程为 C 级及以上
9	大型临时工程中的大型支架、模板、便桥的架设与拆除，桥梁、码头的加固与拆除	（1）50 m 及以上落地钢管脚手架工程，用于钢结构安装等满堂承重支撑体系，承受单点集中荷载 7 kN 以上； （2）混凝土模板支撑工程高度大于 8 m；跨度大于 18 m，施工总荷载大于 15 kN/m²，集中荷载大于或等于 20 kN/m； （3）挂篮、移动模架等模板施工工艺； （4）便桥搭设、中型桥梁、中型码头的加固与拆除
10	其他危险性较大的工程	上跨下穿或临近既有线路施工

二、应急救援预案的编制

1.应急救援预案编制的目的

应急救援预案是针对可能发生的事故，为迅速、有序地开展应急行动而预先制定的行动方案；是为了及时、有效地应对重大生产安全事故，保证职工生命安全与健康和公众生命，最大限度地减少财产损失、环境损害和社会影响而采取的重要措施。

安全生产事故应急救援的预案编制是应急救援体系建设工作的核心内容，是安全生产工作的重要组成部分，通过应急救援的预案编制，建立健全规范、科学、操作性强的应急预案体系，对于提高应对突发事（故）件的能力、保障人民群众的生命财产安全和企业健康发展具有十分重要的意义。

2.应急救援预案编制的依据

应急救援预案一般依据《中华人民共和国安全生产法》《建设工程安全生产管理条例》《安全生产事故报告和调查处理条例》《公路水运工程安全生产监督管理办法》《生产经营单位安全生产事故应急预案编制导则》等法律法规和本企业安全生产实际编制。

3.应急救援预案的类型

应急救援预案有综合应急预案、专项应急预案、现场处置方案三种主要类型。

4.应急救援预案编制的主要内容

（1）总则；编制的目的；适用范围；应急组织体系的确定、工作原则与职责分工；应急响应；信息发布；后期处置；人员物资等保障措施；培训与演练；奖励与处罚等。

（2）生产经营单位危险性分析：危险源与风险分析，主要阐述本单位存在的重点危险源及风险分析结果。

（3）应急组织机构及职责：明确应急组织形式，构成单位或人员，并尽可能以结构图的形式表示出来；指挥机构及职责，明确应急救援指挥机构总指挥、副总指挥、各成员单位及其相应职责。应急救援指挥机构根据事故类型和应急工作需要，可以设置相应的应急救援工作小组，并明确各小组的工作任务及职责。

（4）预防与预警措施：危险源监控、预警提示信息、信息报告与处置等。

（5）应急响应。

①响应分级。针对事故危害程度、影响范围和单位控制事态的能力，将事故分为不同的等级。按照分级负责的原则，明确应急响应级别。

②响应程序。根据事故的大小和发展态势，明确应急指挥、应急行动、资源调配、应急避险、扩大应急等响应程序。

③应急结束。明确应急终止的条件，事故现场得以控制，环境符合有关标准，导致次生、衍生事故隐患消除后，经事故现场应急指挥机构批准后，现场应急结束。

（6）信息发布：明确事故信息发布的部门、发布原则，事故信息应由事故现场指挥部及时准确向新闻媒体通报事故信息。

（7）后期处置：主要包括污染物处理、事故后果影响消除、生产秩序恢复、善后赔偿、抢险过程和应急救援能力评估及应急预案的修订等内容。

（8）保障措施。

①通信与信息保障。明确与应急工作相关联的单位或人员通信联系方式和方法，并提供备用方案。建立信息通信系统及维护方案，确保应急期间信息通畅。

②应急队伍保障。明确各类应急响应的人力资源，包括专业应急队伍、兼职应急队伍的组织与保障方案。

③应急物资装备保障。明确应急救援需要使用的应急物资和装备的类型、数量、性能、存放位置、管理责任人及其联系方式等内容。

④经费保障。明确应急专项经费来源、使用范围，数量和监督管理措施，保障应急状态时生产经营单位应急经费的及时到位。

⑤其他保障。根据本单位应急工作需求而确定的其他相关保障措施（如交通运输保障、治安保障、技术保障、医疗保障、后勤保障等）。

（9）培训与演练及奖励与处罚：要明确对本单位人员开展的应急培训计划，方式和要求，如果预案涉及社区和居民，要做好宣传教育和告知等工作；明确应急演练的规模、方式、频次、范围、内容、组织、评估、总结等内容；明确事故应急救援工作中奖励和处罚的有关内容。

第五节 公路工程临时用电安全要求

一、公路工程施工施工现场临时用电的基本原则

1.施工现场的电工、电焊工属于特种作业工种，必须按国家有关规定经专门安全作业培训，取得特种作业操作资格证书，方可上岗作业。其他人员不得从事电气设备及电气线路的安装、维修和拆除。

2.施工现场的临时用电必须采用 TN–S 接地，接零保护系统，即具有专用保护零线（PE线）、电源中性点直接接地的 220/380 V 三相五线制系统。

3.施工现场的临时用电必须按照"三级配电二级保护"设置。

4.施工现场的用电设备必须实行"一机、一闸、一漏、一箱"制，即每台用电设备必须有自己专用的开关箱，专用开关箱内必须设置独立的隔离开关和漏电保护器。

5.正确识别"小心有电、靠近危险"等标志或标牌，不得随意靠近、随意损坏和挪动标牌。

二、配电室的安全技术要点

1.施工现场配电室位置应靠近电源，周边道路畅通，进、出线方便，周围环境灰尘少、潮气少、振动小，无腐蚀介质，无易燃、易爆物品，不要设在容易积水的场所或其正下方，并避开污染源的下风侧。尽量靠近负荷中心，以减少线路的长度和导线的截面积，提高配电质量，便于维护。

2.配电室和控制室应能自然通风，并应采取措施防止雨雪和小动物出入；成列的配电屏（盘）和控制屏（台）两端应与重复接地及保护零线做电气连接。

3.配电屏（盘）正面的操作通道宽度单列布置不小于1.5 m，双列布置不小于2m，配电屏（盘）后的维护通道宽度不小于0.8 m，侧面的维护通道不小于1 m；配电室的顶棚距地面不低于3 m；配电室内设值班或检修室时，该室外距配电屏（盘）的水平距离应大于1 m，并应有屏障隔离；配电室内的裸母线与地面垂直距离小于2.5 m时，应采取遮栏隔离，遮栏下面通行道的高度不小于1.9 m；配电装置的上端距顶棚不小于0.5m.

4.配电屏（盘）应装设有功和无功电度表，并应分路装设电流、电压表；电流表与计费电度表不能共用一组电流互感器，配电屏（盘）应装设短路、过负荷保护装置和漏电保护器；配电屏（盘）上的各配电线路应编号，并标明用途标记；配电屏（盘）或配电线路维修时，应悬挂停电标志牌，停、送电必须由专人负责。

5.配电室的建筑物和构筑物的耐火等级应不低于3级，室内应配置沙箱和绝缘灭火器；母线均应涂刷有色油漆；配电室的门向外开，并配锁，由专人保管。

三、施工现场配电线路的安全技术要点

施工现场的配电线路包括室外线路和室内线路。室内线路通常有绝缘导线和电缆的明敷设和暗敷设，室外线路主要有绝缘导线架空敷设和绝缘电缆埋地敷设两种，也有电缆线架空明敷设的。

1.室外线路的安全技术要点

（1）室外架空线路由导线、绝缘子、横担及电杆等组成。室外架空线路必须采用绝缘铜线或绝缘铝线，铝线的截面积大于1 mm^2，铜线的截面积大于10 mm^2。

（2）架空线路严禁架设在树木、脚手架及其他非专用电杆上，且严禁成束架设；在临近输电线路的建筑物上作业时，不能随便往下扔金属类杂物；更不能触摸、拉动电线或电线接触钢丝和电杆的拉线。

（3）严禁在高压线下方搭设临建、堆放材料和进行施工作业；在高压线一侧作业时，

架空线与施工现场地面最小距离一般为 4 m，与机动车道一般为 6 m，与铁路轨道一般为 7.5 m。

（4）电杆埋设深度宜为杆长的 1/10+0.6 m，但在松软地质处应加大埋设深度或采用卡盘等加固。跨越机动车道的成杆应采取单横担双绝缘子；15°~45° 的转角杆应采用双横担双绝缘子；45° 以上的转角杆应采用十字横担：直线杆采用针式绝缘子，耐张杆采用蝶式绝缘子。

（5）敷设电缆的方式和地点，应以方便、安全、经济、可靠为依据，电缆直埋方式，施工简单，投资省，散热好，应首先考虑敷设地点应保证电缆不受机械损伤或其他热辐射，同时应尽量避开建筑物和交通设施。

（6）电缆直接埋地的深度不小于 0.6 m，并在电缆上下均匀铺设不小于 50 mm 厚的细沙，再覆盖砖等硬质保护层，并插上标志牌；电缆穿过建筑物、构筑物时须设置套管。

（7）室外电缆线架空敷设时，应沿墙壁或电杆设置，严禁用金属裸线作绑线，电缆的最大弧垂距地面不小于 2.5 m。

2.室内线路的安全技术要点

（1）在宿舍工棚、仓库、办公室内严禁使用电饭煲、电水壶、电炉、电热杯等较大功率电器。如需使用，应由项目部安排专业电工在指定地点安装可使用较高功率电器的电气线路和控制器。严禁使用不符合安全的电炉、电热棒等。

（2）严禁在宿舍内乱控乱接电源，非专职电工不准乱接或更换熔丝，不准以其他金属丝代替熔丝（保险丝）；严禁在电线上晾衣服和挂其他东西等。

（3）室内线路必须采用绝缘导线，距地面高度不得小于 2.5 m；接户线在挡距内不得有接头，进线处离地高度不得小于 2.5 m，过墙应穿管保护，并采取防雨措施，室外端应采用绝缘子固定；室内导线的线路应减少弯曲，采用瓷夹固定导线时，导线间距应不小于 35 mm，瓷夹间距应不大于 800 mm，采用瓷瓶固定导线时，导成间距应不小于 100 mm，瓷瓶间距应不大于 1.5 m；钢索配线的吊架间距不宜大于 12 m，采用护套绝缘导线时，允许直接敷设于钢索上。

（4）导线的额定电压应符合线路的工作电压；导线的截面积要满足供电容量要求和机械强度要求，但铝线截面应不小于 2.5 mm²，铜线的截面应不小于 1.5 mm²，导线应尽量减少分支，不受机械作用；室内线路布置尽可能避开热源，应便于线路检查。

四、施工现场配电箱与开关箱设置的安全技术要点

1.施工现场临时用电一般采用三级配电方式，即总配电箱（或配电室），总配电箱以下设分配电箱，再以下设开关箱，开关箱以下就是用电设备。

2.总配电箱应设在靠近电源的地区；分配电箱应装设在用电设备或负荷相对集中的地

区；分配电箱与开关箱的距离不得超过 30 m；开关箱应由末级分配电箱配电，开关箱与其控制的固定式用电设备的水平距离不宜超过 3m。

3.配电箱与开关箱应装设在通风、干燥及常温场所。严禁装设在有严重损伤作用的瓦斯、烟气、蒸汽、液体及其他有害介质中，不得装设在易受撞击、振动、液体侵溅以及热源烘烤的场所；配电箱与开关箱周围应有足够两人同时工作的空间和通道，不得堆放任何妨碍操作、维修的物品，不得有杂草、灌木等。

4.配电箱、开关箱应采用铁板或优质绝缘材料制作，铁板厚度应大于 1.5 mm；配电箱内的电器应首先安装在金属或非木质的绝缘电器安装板上，然后整体紧固在配电箱箱体内；金属板与配电箱箱体应作电气连接。

5.配电箱、开关箱内的连接线采用绝缘导线，接头不松动，不得有外露带电部分；配电箱、开关箱内的工作零线应通过接线端子板连接，与保护零线接线端子板分设；配电箱、开关箱的金属箱体，金属电器安装板以及箱内电器的不应带电金属底座、外壳等必须做保护接零，保护零线应通过接线端子板连接。

6.动力配电箱与照明配电箱宜分别设置，如合置在同一配电箱内，动力和照明线应分路设置。

7.配电箱、开关箱中的导线进线口和出线口应设在箱体的下底面，严禁设在箱体的上顶面，侧面，后面城箱门处；进线和出线应加护套分路成束并做防水弯；导线束不得与箱体进、出口直接接触；进入开关箱的电源线，严禁用插销连接；移动式配电箱、开关箱的进口线、出口线必须采用橡胶绝缘电缆。

8.配电箱、开关箱应装设牢固、端正，移动式配电箱、开关箱应装设在坚固的支架上，固定式配电箱、开关箱的下底面与地面的垂直距离应大于 1.3 m，小于 1.5 m；移动式分配电箱、开关箱的下底与地面的垂直距离宜大于 0.6 m，小于 1.5 m；所有的配电箱、开关箱必须防雨、防尘。

五、配电箱、开关箱内的电器装置安全技术要点

1.配电箱、开关箱内的电器装置必须可靠完好，严禁使用破损、不合格电器，各种开关电器的额定值应与其所控制的用电设备的额定值相适应。

2.每台用电设备应有各自专用的开关箱，必须实行"一机、一闸、一漏"制，严禁用同一个开关电器直接控制两台及两台以上的用电设备（含插座）。

3.在停、送电时，配电箱、开关箱之间应遵守合理的操作顺序。

送电操作顺序：总配电箱——分配电箱——开关箱。

断电操作顺序：开关箱——分配电箱——总配电箱。

正常情况下，停电时首先分断自动开关，然后分断隔离开关；送电时先合隔离开关，

后合自动开关（出现电气故障时的紧急情况除外）。

4.使用配电箱、开关箱时，操作者应接受岗前培训，熟悉所使用设备的电气性能和掌握有关开关的正确操作方法。

5.总配电箱、分配电箱应装设总隔离开关和分路隔离开关、总熔断器和分路熔断器（或总自动开关和分路自动开关）。总开关电器的额定值，动作整定值应与分路开关电器的额定值、动作整定值相适应。

6.总配电箱还必须安装漏电保护器、电择表、总电流表、总电度表和其他仪器。开关箱内的开关电器必须在任何情况下都可以使用电设备实行电源分离。

7.开关箱内也必须安装漏电保护器，使用于潮湿和有腐蚀介质场所的漏电保护器应采用防溅型产品，总配电箱和开关箱中的漏电保护器应合理选用，使之具有分级分段保护的功能，漏电保护器至少每月检查一次，确保完好有效。

六、配电箱、开关箱使用与维护的安全技术要点

1.施工现场所有配电箱、开关箱都要由专人负责（专业电工），所有配电箱、开关箱应配锁，并标明其名称、用途，做出分路标记。

2.开关箱操作人员应熟悉开关电器的正确操作方法；施工现场停业作业 1h 以上时，应将动力开关箱断电上锁。

3.配电箱、开关箱内不得放置任何杂物，不得挂接其他临时用电设备；使用和更换熔断器时，要符合规格要求，严禁用铜丝等代替保险丝。

4.所有配电箱和开关箱每月必须由专业电工检查、维修一次，电工必须穿戴绝缘防护用品，使用电工绝缘工具；非电工人员不许私自乱接电器和动用施工现场的用电设备。

5.配电箱的进线和出线不得受外力，严禁与金属尖锐断口和强腐蚀介质接触。

七、自备发电机组的安全技术要点

1.大型桥梁施工现场、隧道和预制场地，应有自备电源，以免因电网停电造成工程损失和出现事故。

2.施工现场临时用自备发电机组的供配电系统应采用三相五线制中性点直接接地系统，并须独立设置，与外电线路隔离，不得有电气连接；自备发电机组电源应与外电线路电源联锁，严禁并列运行；发电机组应设置短路保护和过负荷保护。

3.发电机控制屏宜装设交流电压表、交流电流表、有功功率表、电度表、功率因素表、频率表和直流电流表。

4.发电机组的排烟管道必须伸出室外。发电机组及其控制配电室内严禁存放储油桶。

5.在非三相五线制供电系统中，电气设备的金属外壳应做接地保护，其接地电阻不大

于 4Ω，且不得在同一供电系统上有的接地、有的接零。

八、电动机械设备的安全技术要点

1.塔式起重机、拌和设备、室外电梯，滑升模板、物料提升机等需要设置避雷装置的井字架等，除应做好保护接零外，电动机械的金属外壳，必须有可靠的接地措施或临身接地装置，防止电动机械的金属外壳带电，电流就会通过地线流入地下，从而避免人身触电事故的发生。

2.电动机械的供电线路必须按照用电规则安装，不可乱拉乱接。

3.电动施工机械的负荷线，必须按其容量选用无接头的多股铜芯橡胶护套软电缆，其中绿/黄色线在任何情况下只能用作保护零线或重复接地。

4.每一台电动机械的开关箱内，除应装设过负荷、短路、漏电保护装置外，还必须装设隔离开关，以便在发生事故时，迅速切断电源。

5.大型桥梁外用电梯，属于载人、载物的客货两用电梯，要设置单独的开关箱，特别要有可靠的极限控制及通信联络。

6.塔式起重机运行时，要注意与外电架空线路或其他防护设施保持安全距离。

7.移动电动机械须事先关掉电源，不可带电移动电动机械。

8.电动机械发生故障需停电检修。同时，须悬挂"禁止合闸"等警告牌，或者派专人看守，以防有人误将闸刀合上。

9.电动机械操作人员要增强安全观念，严格执行机电设备安全操作规程。在操作时，应穿工作服、绝缘鞋等个人安全防护用品，严禁用手和湿布擦电动机械设备或在电线上悬挂衣物。

九、电动工具使用的安全技术要点

1.施工现场使用的电动工具一般都是手持式的，如电钻、冲击钻、电锤、射钉枪、电刨、切割机、砂轮机、手持式电锯等，按其绝缘和防触电性能可分为三类，即Ⅰ类工具、Ⅱ类工具、Ⅲ类工具。

2.一般场所（空气湿度小于 75%）可选用Ⅰ类或Ⅱ类手持式电动工具，其金属外壳与 PE 线的连接点不应少于两处。装设的额定漏电动作电流不大于 15mA，额定漏电动作时间小于 0.1s 的漏电保护器。

3.在潮湿场所或金属构架上操作时，必须选用Ⅱ类或由安全隔离变压器供电的Ⅲ类手持式电动工具，严禁使用Ⅰ类手持式电动工具。使用金属外壳Ⅲ类手持式电动工具时，其金属外壳可与 PE 线相连接，并设漏电保护。

4.在狭窄场所（锅炉内、金属容器、地沟、管道内等）作业时，必须选用由安全隔离变压器供电的Ⅱ类手持式电动工具.

5.手持电动工具应配备装有专用的电源开关和漏电保护器的开关箱，严禁一台开关接两台以上设备，其电源开关应采用双刀控制；使用手持电动工具前，必须检查外壳、手柄、负荷线、插头等是否完好无损，接线是否正确（防止相线与零线错接）。

6.手持电动工具开关箱内应采用插座连接，其插头、插座应无损坏，无裂纹，且绝缘良好；发现手持电动工具外壳、手柄破裂，应立即停止使用并进行更换。

7.手持式电动工具的负荷线应采用耐气候型橡胶护套铜芯软电缆，并且不得有接头。在使用前必须作空载检查，运转正常后方可使用。

8.作业人员使用手持电动工具时，握其手柄，不得利用电缆提拉，且应穿绝缘鞋，戴绝缘手套。

9.长期搁置不用或受潮的工具在使用前应由电工测量绝缘阻值是否符合要求。

十、施工现场照明电器的安全技术要点

1.一般场所选用额定电压为 220V 的照明器，特殊场所必须使用安全电压照明器，如隧道工程、有高温、导电灰尘或灯具距地高度低于 2.4m 等场所，电源电压应不大于 36 V；在潮湿和易触及带电体场所的照明电源电压不得大于 24 V；特别潮湿场所，导电良好地面、锅炉或金属容器、管道内工作的照明电源电压不得大于 12 V。

2.临时照明线路必须使用绝缘导线。临时照明线路必须使用绝缘导线，户内（工棚）临时线路的导线必须安装在离地 2 m 以上支架上；户外临时线路必须安装在离地 2.5m 以上支架上，零星照明线不允许使用花线，一般应使用软电缆线。

3.在坑洞内作业，夜间施工或作业工棚、料具堆放场、仓库、办公室、食堂、宿舍及自然采光差等场所，应设一般照明、局部照明或混合照明。在一个工作场所内，不得只设局部照明。

4.停电后作业人员须及时撤离现场的特殊工程，如夜间高处作业工程、隧道工程等，还必须装设由独立自备电源供电的应急照明。

5.对于夜间可能影响飞机及其他飞行器安全通行的主塔及高大机械设备或设施，如塔式起重机外用电梯等，应在其顶端设置醒目的红色警戒照明。

6.正常湿度（≤75%）的一般场所，可选用普通开启式照明器。

7.潮湿或特别潮湿（相对湿度大于 75%）的场所，属于触电危险场所，必须选用密闭性防水照明器或配有防水灯头的开启式照明器。

8.含有大量尘埃但无爆炸和火灾危险的场所，属于触电一般场所，必须选用防尘型照明器，以防灰尘影响照明器安全发光。

9.有爆炸和火灾危险的场所，亦属触电危险场所，应按危险场所等级选用防爆型

照明器。

10.存在较强振动的场所，必须选用防振型照明器。

11.有酸碱等强腐蚀介质场所，必须选用耐酸碱型照明器。

12.一般 220 V 灯具室外高度不低于 3 m，室内不低于 2.4 m；碘钨灯及其他金属卤化物灯安装高度宜在 3 m 以上。

13.任何灯具必须经照明开关箱配电与控制，应配置完整的电源隔离、过载与短路保护及漏电保护电器；灯具的相线开关必须经开关控制，不得直接引入灯具。

14.进入开关箱的电源线，严禁用插销连接。

15.暂设工程的照明灯具宜用拉线开关控制，其安装高度为距地面 2~3 m，职工宿舍区禁止设置床头开关。

十一、施工现场安全用电技术档案八个要点

1.施工现场用电组织设计的全部资料。

2.修改施工现场用电组织设计资料。

3.用电技术交底资料。

4.施工现场用电工程检查验收表。

5.电气设备试、检验凭单和调试记录。

6.接地电阻、绝缘电阻、漏电保护器漏电动作参数测定记录表。

7.定期检（复）查表。

8.电工安装、巡检、维修、拆除工作记录。

十二、触电事故的原因分析

1.缺乏电气安全知识，自我保护意识淡薄

电气设施安装或接线由非专业电工操作，而是由自己安装。安装人又无基本的电气安全知识，装设不符合电气基本要求，造成意外的触电事故。发生这种触电事故的原因都是缺乏电气安全知识，无自我保护意识。

2.违反安全操作规程

施工现场中，有人图方便，不用插头，在电箱乱拉乱接电线。还有人在宿舍私自拉接电线照明，在床上接音响设备、电风扇，有的甚至烧水、做饭等，极易造成触电事故。也有人凭经验用手去试探电器是否带电或不采取安全措施带电作业，或带着侥幸心理在带电体（如高压线）周围作业，不采取任何安全措施，违章作业，造成触电事故等。

3.不使用 TN-S 接零保护系统

有的工地未使用 TN-S 接零保护系统，或者未按要求连接专用保护零，无有效的安全

保护系统。不按"三级配电二级保护""二机、一闸、一漏、一箱"设置，造成工地用电使用混乱，易造成误操作，并且在触电时，安全保护系统未起可靠的安全保护效果。

4.电气设备安装不合格

电气设备安装必须遵守安全技术规定，否则由于安装错误，当人身接触带电部分时，就会造成触电事故。如电线高度不符合安全要求，太低，架空线乱拉、乱扯，有的还将电线拴在脚手架上，导线的接头只用老化的绝缘布包上，以及电气设备没有作保护接地、保护接零等，一旦漏电就会发生严重触电事故。

5.电气设备缺乏正常检修和维护

由于电气设备长期使用，易出现电气绝缘老化，导线裸露，胶盖刀闸胶木破损，插座盖子损坏等。如不及时检修，一旦漏电，将造成严重后果。

6.偶然因素

电力线被风刮断，导线接触地面引起跨步电压，当人走近该地区时就会发生触电事故。

第六节　特种设备安全控制要求

一、特种设备的概念及安全管理的必要性

特种设备是指那些涉及生命安全、危险性较大的，使用、管理不当容易发生安全事故的设备。按照《特种设备安全监察条例》规定：特种设备主要包括锅炉、压力容器（含气瓶，下同）、压力管道、电梯、起重机械、客运索道、大型游乐设施和场（厂）内专用机动车辆。这些特种设备数量多、分布广，涉及生产、生活各个方面，是人们日常工作、生活中广泛接触且不可缺少的设备设施。国家对各类特种设备的安全管理十分重视，相继制定了有关方面的法规、标准，有效降低了特种设备事故的发生。但是，由于近年来各类特种设备的数量急剧增加，在生产制造和使用运营过程中安全问题仍十分严峻，重大安全生产事故隐患依然存在。因此，必须采取强有力的措施，加强对特种设备的安全监管，杜绝各类设备事故，减少人员伤亡和财产损失。

二、特种设备安全控制要求

特种设备安全管理的范围和一般要求在前面章节已经简单地进行了描述，但特种设备的安全管理除了满足上述一般要求外，还必须明确以下安全控制要点。

1.按照《特种设备安全监察条例》规定：特种设备生产、使用单位的主要负责人应当对本单位特种设备的安全和节能全面负责。

2.按照《大型起重机械安装安全监控管理系统实施方案》要求，以公路建设、铁路建

设、电站建设、船舶修造等行业（领域）为重点，逐步在新造和在用大型起重机械上安装安全监控管理系统，强化大型起重机械技术安全管理和控制，促进现场操作标准化和规范化，实现大型机械安全形势的根本好转。

3.特种设备安全管理制度

（1）特种设备安全责任制：包括各职能部门安全责任制和各岗位安全责任制。

（2）特种设备安全规章制度：包括特种设备安装使用、维护保养、监督检查、管理制度，特种设备隐患排查和整改制度，特种设备报检制度，特种设备安全培训制度等；特种设备安全技术交底制度、特种设备事故应急救援制度等。

（3）特种设备安全操作规程：根据特种设备种类以及相关的法规、安全技术规范的要求，编制特种设备各岗位安全操作规程。

（4）特种设备应急救援预案：根据本单位特种设备使用情况，制定重大事故应急救援预案和防范突发事故的应急措施，以便在发生事故时，能果断、准确、迅速地将影响范围缩小到最低限度；配备相应的抢险装备和救援物资；每年至少组织一次救援演练。

4.特种设备的行政许可

（1）特种设备使用单位应当在设备投入使用前或者投入使用后30d内到设备所在地市以上的特种设备安全监督管理部门办理特种设备使用登记。登记标志应当置于或者附着于该特种设备的显著位置。

（2）特种设备行政许可变更。特种设备停用、注销、过户、迁移、重新启用应到特种设备安全监督管理部门办理相关手续。

（3）特种设备作业人员必须持证上岗。特种设备作业人员必须经有关主管部门考核合格，取得国家统一格式的证书方可上岗操作。作业人员必须与企业办理聘任手续并到有关部门备案。

5.特种设备定期检验

（1）特种设备报检。特种设备使用单位应在特种设备检验合格有效期届满前1个月向特种设备检验检测机构提出定期检验要求（各特种设备的检验日期可从检验报告、合格标志查看）。

（2）特种设备报检要求。起重机械报检时，必须提供保养合同、有效的作业人员证件。

（3）特种设备换证。特种设备检验合格后，携带使用证、检验合格标志、检验报告、保养合同、保养单位的保养资质到有关主管部门办理年审换证手续。

6.特种设备安全培训

发生特种设备事故的原因主要表现为人的不安全行为或者设备的不安全状态。按照

《特种设备安全监察条例》要求，特种设备使用单位应当对特种设备作业人员进行特种设备安全、节能教育和培训，保证特种设备作业人员具备必要的特种设备安全、节能知识。因此，对人为因素，应通过培训教育来纠正。特种设备的作业人员包括设备的安装、维修保养、操作等人员。特种设备作业人员在持证上岗的基础上，做到有安全培训计划、有培训记录、有培训考核。

7.特种设备使用的相关记录

（1）特种设备日常使用状态记录（特种设备运行记录）。

根据特种设备的类别做好特种设备日常使用状态记录，对关键岗位的设备，要做到在生产中每隔一定时间就对主机设备的运行参数作完整的记录，每班将设备状况、有无故障、检修内容全部记录在运行日记中，班班交接，并将设备的使用状态全部记录在案。

（2）特种设备维护保养记录

特种设备多为频繁动作的机电设备，机械部件、电器元件的性能状况及各部件间的配合情况，直接影响特种设备的安全运行。因此，对使用的特种设备进行经常性的维修保养是非常重要的。如果本单位没有维修保养能力，则应委托有资质的单位代为维修保养。需要强调的是，一定要委托有资质的单位并签订维修保养合同。建立的设备技术档案，也要有维修保养记录，以备查证。

（3）特种设备检查记录。

国家对特种设备实行安全检验制度，其目的是从第三方的立场，公平、公正地进行检验，以确保其安全。国家市场监督管理总局已颁布了电梯、施工升降机、厂内机动车辆、游乐设施等监督检验规程。在国家强制检验的基础上，设备的使用单位应根据特种设备类别做好特种设备定期自行检查记录（包括日检、月检、年检记录），每月至少进行一次自行检查，并记录在案。

（4）特种设备运行故障和事故记录。

做好特种设备运行故障和事故记录，当特种设备出现运行故障和事故时，详细记录故障或事故出现的原因、解决方法等。

（5）定期检验整改记录。

将每次定期检验主要存在问题及落实整改情况记录在案。

8.特种设备档案管理

（1）统一档案盒规格。

特种设备的档案盒应统一规格。档案盒侧面应注明设备的类别，盒内要附上有关档案内容目录。

（2）档案分类。

①文件法规类。将特种设备的法律法规、文件统一存放。

②综合管理类。将特种设备安全责任制、管理制度、操作规程、特种设备安全管理机构、管理结构图、专职兼职安全管理员任命书、特种设备使用管理安全责任承诺书等统一存放。

③特种设备台账类。使用账本或信息化管理系统对特种设备台账进行管理，账物相符，能方便索引到相应的档案信息。至少包括如下内容：设备分布情况、特种设备台账、特种设备作业管理人员和作业人员台账、技术档案、应急救援等。

9.特种设备现场安全管理

（1）悬挂使用登记证。

特种设备使用登记证（可使用复印件）应置于特种设备旁边。

（2）安全标志、标识的张贴。

①电类合格标志。电梯、大型游乐设施等特种设备的检验合格标志应置于易为乘客注意的显著位置；起重机检验合格标志应张贴在该设备的电源控制箱的空白处；叉车的检验合格标志应张贴在叉车的显眼位置。

②警示标志、安全注意事项。电梯、大型游乐设施等特种设备的警示标志安全注意事项应置于易为乘客注意的显著位置。

③禁用标志。特种设备停用后，应将设备的电源断开，在设备显眼的地方张贴"禁止使用"的标志。

④压力管道标志。在压力管道显眼地方，应标明管道的介质名称及介质流向。

（3）重点监控特种设备标志。

纳入本单位安全管理重点监控的特种设备，应在设备明显位置，标注"重点监控特种设备"。

（4）特种设备管理制度、责任制、操作规程的张贴。

将特种设备管理制度、责任制、操作规程张贴到相应的部门、工作岗位、特种设备使用场所。

（5）设备安全运行情况。

①特种设备的安全附件在校验有效期内，并灵敏可靠；特种设备在许可条件下使用，无异常情况出现。

②特种设备作业人员持有效证件上岗（随身携带副证以备检查），对设备运行情况及时进行记录（查验设备运行记录），无违章作业现象。

（6）设备环境情况。

设备的工作环境应整洁、明亮通畅，符合安全环保、节能降耗的使用要求。

结　语

对于公路施工管理的内涵一般从两个角度分析，分别是广义角度和狭义角度。从广义的角度看公路施工管理主要指全面管理施工的全过程产作业管理。在公路工程施工项目中，随着社会经济的不断发展，对于公路工程施工项目的施工质量要求也随之增多，在这种环境下，要必须加大公路工程项目的施工管理力度，以此提高公路工程项目施工质量。但是公路建设是一项周期长、投资大的项目，具有较大的不可预见性，并且过程中所涉及行政、经济、法律和技术等多方面内容，很多施工单位都难以完全达到标准。在我国经济高速发展，特别是大中小城市交通拥堵，疏通工作需求猛增的情况下，公路工程建设是很好的解决方案，它可以有力地缓解中国的交通危机，稳定人民生活工作的基本需要，还能在一定程度上缓解人民的精神压力，但公路工程施工项目中因管理不当而引发的各种问题，必须有效地遏制，勿等事态恶化，无法控制的时候才警醒，就要花费更大的代价来控制这个困局。而施工项目管理就是为使项目实现所要求的质量，所规定的时限、所批准的预算、所进行的全过程、全方位的规划组织、控制与协调。项目管理的对象是项目，由于项目是一次性的，故项目管理需要用系统工程的观念理论和方法进行管理。具有全面性、科学性和程序性。项目管理的目标就是项目的目标，界定了项目管理的主要内容是"三控制、二管理、一协调"，即进度控制、质量控制、费用控制，合同管理、信息管理，组织协调。

综上所述，在公路工程施工管理中，可以从多方面进行改善解决，在做好以上几种改善措施的基础上，同时还要结合工程的实际情况，制定相应的施工方案，并根据施工进度就相关因素影响适当调整、优化施工方案，切实做好施工的质量管理；从多方面、深层次的改善招投标市场架构，健全相关的制度和规范，才能更好地保证施工管理的水平和公路的施工质量。也要在公路工程施工项目在建设的同时，必须全面地树立先进的管理方法和提高保证质量意识，要充分理解管理的运用对公路工程建设可能产生的重大影响，在开发建设公路工程规划设计以及施工过程中，要充分考虑方方面面涉及管理问题，使公路工程在造福人类的同时，不致有安全质量隐患。

参考文献

[1]赵士元.公路工程施工质量管理问题分析与对策[J].绿色环保建材，2021（01）：105-106.

[2]杨梓钰.公路工程项目管理关键问题分析[J].大众标准化，2021（01）：207-208.

[3]杨晓旭.简析精益思想在公路工程施工管理中的实践[J].黑龙江交通科技，2020，43（08）：228+230.

[4]韩超锋.公路工程施工项目管理内容及优化措施探讨[J].居舍，2020（20）：145-146+134.

[5]吴仲义.公路工程施工项目管理技术的应用[J].黑龙江交通科技，2020，43（06）：228-229.

[6]何奕超.基于关键路径法的公路工程施工项目管理分析[J].工程建设与设计，2020（10）：237-238.

[7]曹丽.公路工程施工项目精细化管理的探析[J].四川水泥，2020（05）：172.

[8]梁伟坚.公路工程业主方实施中的项目管理[J].人民交通，2020（05）：62-63.

[9]周盼盼，金菊.新时期公路施工安全质量管理策略探讨[J].建材与装饰，2020（13）：281+283.

[10]王慧玲.刍议公路工程施工项目管理技术的应用[J].农家参谋，2020（09）：137.

[11]苏建斌.公路工程项目施工中的成本管理及其控制[J].现代企业，2020（04）：23-24.

[12]王宇杰.基于公路工程施工项目管理内容与优化措施的思考[J].城市住宅，2020，27（03）：179-180.

[13]柏晶.公路工程施工项目管理关键问题分析[J].现代物业（中旬刊），2020（01）：106.

[14]王超.公路工程施工项目管理重点关注问题分析[J].建筑技术开发，2019，46（23）：112-113.

[15]梅赟超.公路工程招投标中常见问题及预防措施[J].交通世界，2019（33）：130-131.

[16]代小平.公路工程施工与竣工结算阶段的造价控制[J].经济管理文摘，2019（22）：102-103.

[17]钟大勇.刍议公路工程施工项目管理技术的应用[J].科技经济导刊，2019，27（31）：52.

[18]张海岸.公路工程施工项目管理关键问题研究[J].交通世界，2019（26）：139-140.

[19]李天琼.浅析如何提高公路工程施工总承包项目管理水平[J].城市建设理论研究（电子版），2019（28）：16.

[20]张超.公路工程施工项目管理内容及优化措施探讨[J].现代盐化工，2019，46（02）：101-102.

[21]潘双平.刍议公路工程施工项目管理技术的应用[J].低碳世界，2019，9（07）：305-306.

[22]朱传龙.公路工程施工与养护管理措施分析[J].地产，2019（14）：114+130.

[23]董岩.公路工程施工中目标成本管理应用[J].建筑技术开发，2019，46（13）：116-117.

[24]贾艳红.公路工程施工项目管理措施探讨[J].交通世界，2019（17）：159-160.

[25]王丽华.基于作业成本法公路施工项目成本管理研究[D].蚌埠：安徽财经大学，2019.

[26]王吉红.公路工程施工质量控制信息化建设[J].甘肃科技，2019，35（08）：107-109.

[27]李国军.浅议公路工程施工项目管理[J].公路交通科技（应用技术版），2019，15（04）：319-322.

[28]李华娟.公路工程施工项目管理存在的问题及改进措施探析[J].安徽建筑，2019，26（03）：201-202.

[29]唐永生.公路工程施工项目管理内容及优化措施[J].居舍，2019（06）：133.

[30]李志国.公路工程施工项目管理中存在的问题及改进策略[J].交通世界，2018（36）：144-145.

[31]邱磊.浅析公路工程施工项目的精细化管理[J].科技创新导报，2018，15（34）：141+143.

[32]和泽锋.公路工程施工项目管理中的问题及对策[J].交通世界，2018（26）：159-160.

[33]吴海荣.公路工程施工项目管理关键问题的研究[J].交通世界，2018（25）：148-149.

[34]沈帅.公路工程施工项目成本管理探讨[J].科技资讯，2018，16（24）：53+55.

[35]杜志刚.公路工程施工项目管理关键问题分析[J].交通世界，2018（19）：134-135.

[36]赵鹏.对公路工程施工项目管理存在问题的剖析[J].城市建设理论研究（电子版），2018（12）：138.

[37]张维东.浅谈公路工程施工项目管理[J].科技资讯，2018，16（11）：67-68.

[38]李小可.公路工程施工项目管理内容及优化措施[J].交通世界，2018（Z2）：204-205.

[39]韩守勇.公路工程施工项目管理内容及优化措施[J].居舍，2018（03）：113+60.

[40]程华.公路工程现场施工项目管理[J].科技资讯，2017，15（36）：43-44.